예수와 다석

다석 사상으로 본 예수의 영성

예수와 다석

박영호 지음

교양인
GYOYANGIN

서른 해 전 쉰 살 즈음에 서해대교가 놓인 서해안 바닷가에서 서녘 하늘을 붉게 물들이며 소리 없이 지는 저녁 해를 바라보고 있었다. 해 빠짐의 장관을 황홀경에 빠져 바라보며 나는 지는 해에 고별 인사를 건넸다. '지는 해여, 지금은 네게 나의 대역(代役)을 맡기고자 한다. 건방진 부탁이지만 들어주기 바란다. 지금 네가 지는 것은 내가 영원한 심연으로 빠지는 것이다.' 다시 말하면 내가 이 세상을 떠나 죽는 것이다. 죽는 나는 사람의 아들인 제나(ego)이다. 제나를 보내는 나는 우주 정신의 아들인 얼나이다. 멸망의 생명인 제나(몸나)와 영원한 생명인 얼나의 영결(永訣)이다.

예수는 이를 "죽음에서 생명으로 옮김이다."(요한 5:24)라고 말하였다. 옮김(μεταβεβηκεν, 메타베배겐)은 불교의 깨달음과 같은 말이다. 그 뒤로는 제나로는 안 난 셈치고 또 죽은 셈 쳐서 제나 없는 무아(無我)로 사는 것이다. 얼나는 우주 정신(한얼님)의 아들로서 우주 정신의 뜻대로 사는 것이다. 그러므로 나에 대한 모욕도 칭송도 나와는 상관이 없다. 모두 얼생명의 임자이신 우주 정신의 몫이다. 이렇게 제나 없는 삶이 예수가 말한 자유로운(ελευθεροω, 엘류데로오) 삶이고, 석가가 말한 풀려난(moksha, 목샤) 삶이다. 몸나의 생사(生死)와 수성(獸性)에서 벗어나 초월한 삶이다. 예수의 얼나(πνεύμα, 프뉴마), 석가의 얼나(Dharma, 다르마)는 우주 정신의 생명으로 하나이다. 이 얼나밖에 귀중한 것은 없다. 예수와 석가는 이 얼나를 증거하기 위해 이 세상에 왔다고 말하였다. 이 사람도 이 얼나를 드러내는 것밖에 할 일이 없다. 예수를 본보기로 한 얼나의 실체를 밝히고자 한 것이 이 《예수와 다석》이다.

20세기에서 가장 으뜸가는 크리스천을 들라면 목사요 학자요 의사인 슈바이처일 것이다. 슈바이처는 "기독교는 반드시 예수의 진리 사상으로 충만해야 하는데 지금의 기독교는 예수의 진리 정신으로 이뤄진 온전한 기독교라고 할 수 없다."(슈바이처, 《인생을 말한다》)라고 주장하였다. 그래서 예수의 영성 신앙을 찾아 가지자는 것이다.

류영모의 말이다. "한얼님의 생명과 예수의 생명은 얼로는 한 생명이다. 예수의 몸생명은 땅의 어버이가 낳았지만 예수의 얼생명은 예수가 광야에서 기도하는 동안에 스스로 깨달았다. 깨달았다는 것은 어버이로부터 받은 제나에서 한얼님으로부터 받은 얼나로 주체가 옮긴 것이다." 예수는 이를 "죽음(제나)에서 생명(얼나)으로 옮김이라고 하였다."(요한 5:24)

다석 사상에 높은 관심을 가지고 성원해주는 류인걸 이사장님(성천문화재단), 정양모 회장님(다석학회), 구자홍 회장님(LS, 미래원), 김태은 대표님(진안고원농산)께 경의를 표한다. 다석사상 연구에 열과

성을 다하는 회원님 여러분(민항식, 김병규, 김성섭, 신왕식, 이주성, 구교성, 김진웅, 최성무, 한총구, 허순중, 원용강, 박용호, 정수복, 박영찬, 박우행, 민원식, 조영행, 오종윤, 송용성, 정성국, 김성언, 조승자, 한규숙, 김경희, 나성자, 장석수, 춘오)께 고마움을 전하는 바이다.

2017년 겨울
덕유산 진안 자락 명상 골방에서
박영호

1부

한얼님께 가는 길

그림, 만나, 하나

　구약성경에 창세기는 오늘날 사람들이 읽어보면 옛날 사람들의 유치한 생각에서 나온 일종의 신화에 지나지 않으나 사람들이 뭔가 온전한 자리에서 떨어진(타락한) 느낌을 그려놓은 것으로서 큰 의미가 있다고 하겠다. 그것을 류영모는 이렇게 나타내었다.

　"우리는 본디부터 여기 있었던 게 아니고 어디서 떨어져 나왔다는 느낌이 이 마음속에 있다. 고독하고 비천한 이곳으로 낮아지고 떨어졌다는 생각이 든다. 이렇게 타락된 느낌이 있으니까 본디의 온전한 모습으로 오르려고 한다. 어디서 떨어졌을까? 거기 온전한 데가 있을 거라 생각된다. 거기가 곧 계(거기, 彼岸)다. '계'서 떨어졌으니 계로 올라가자는 게 한얼(天) 사상이다. 떨어졌다는 것은 온통에서 한 긋(點)이 된 것이다. 떨어진 나란 한 긋에 불과하다는 느낌이 든다. '계'는 온전하고 원대(遠大)한 태허공(太虛空)으로 생각된다. 이 세상에 떨어진 것은 다 태허공의 찌꺼기다. 회전하는 안락의자에 올라앉아 있으니 높이 올라간 것 같을지 모르지만 떨어진 찌꺼기에 지나지 않는다."(류영모, 《다석어록》) 예수가 산상수훈에서 한 말씀이다. "한 얼로 계시는 아버지께서 온전하신 것같이 너희도 온전하라."(마태 5:48) 나란 낱(개체)이라 외롭고 몬(물질)이라 비천한 것이다.

차라리 참외(瓜)는 외롭지 않는데 사람은 외톨(개체)이가 되어 외롭다. 그래서 子 + 瓜는 외로울 고(孤)가 되고 me + lone이 멜론(참외)이 된다. 그리하여 낱인 나는 빔이라 온전하시고 얼이라 거룩하신 참나인 한얼님께로 돌아가야 한다. 그러므로 나는 온통이요 참나인 한얼님을 그리고 만나서 하나 되고자 한다. 이것이 사람이 사는 목적이요 보람인 것이다. 그런데 이렇게 참나요 온통인 한얼님을 바로 찾아간 이는 아주 드물다. 예수, 석가를 비롯하여 열 손가락에 꼽힐 정도밖에 안 된다. 그래서 참나이신 한얼님을 바로 찾아간 이는 아주 적은 것을 예수는 길로 비유하고 석가는 흙으로 비유하였다. 예수는 이 땅의 몸님으로 만족하는 넓은 길로 가는 이는 많으나 한얼님을 찾는 좁은 길로 가는 이는 적다고 하였다. 석가는 이 땅의 몸님으로 만족하는 이는 이 땅의 흙만큼 많으나 한얼님(니르바나님)을 찾는 좁은 길로 가는 이는 엄지손가락 손톱 위에 얹히는 흙처럼 적다고 하였다. 이렇게 참나인 한얼님을 바로 찾는 이가 적은 것은 사람들이 몸나에 갇혀 몸나밖에 모르기 때문이다. 몸나가 거짓나임을 알고 몸나를 버리고 얼나로 솟나야 하는데 몸나가 참나인 줄로 착각하고 살다 보니 가정에 붙잡히고 누리(세상)에 갇힌다. 류영모의 말이다.

"우리가 몸을 가지고 이 세상에 나왔다는 것은 몬(物, 물질)에 갇혔다는 말이다. 이 세상에 나온 것은 참 못난 것이다. 몬에 갇혀 있음은 참 못난 짓이다. 이 몸틀(肉體)을 쓴 것을 벗어버리기 전에는 못난 거다. 내 말은 마지막엔 몬(物)이 아닌 빔(空)을 말하려는 것이다. 빔(空)이 아니면 참(眞)이 아니다. 지구에서 꾸어 온 것, 시공간(時空間)에 빚진 것을 마지막 때 털어버리는 것은 송장이 되어 땅에 드러눕는 거다. 물질과 시공간에 빚진 속박에서 벗어나 자유하는 것이다. 그러므로 얼나가 임자이니까 얼을 자꾸 다져 졸라 붙잡아야 한다. 얼을 붙잡으려고 하는 게 우리의 일이다. 어디까지 가든 얼을 참나로 붙잡자는 게 우리의 일이다."(류영모,《다석어록》)

　어머니가 낳아준 몸나(제나)밖에 모르는 나로서는 이 몸나를 부정하기가 쉽지 않다. 이 사람도 27살에 류영모로부터 어머니가 낳아준 몸나는 참나가 아니라는 말을 듣고서 20년이 지나서야 어머니가 낳아준 거짓나인 몸나를 넘어 한얼님이 주시는 참나인 얼나가 있음을 알아차려 깨닫게 되었다. 참님(한얼님)은 한얼에 계시지 땅에 계시지 않는다(在天不在地). 이 말 한마디를 정신 차리고 명심하고서 참나인 얼나를 생각하고 만나서 하나가 되어야 한다.

　톨스토이는 제나(ego)를 부정한 것을《참회록》에서 밝혔고, 땅의 님(아내)을 버리고 떠난 이야기는 로맹 롤랑이 쓴《톨스토이의 생애》에 실려 있다. 톨스토이의 제나에서 얼나로의 생명 혁명은 50살 전후에 일어났다. 톨스토이가 가정을 버리고 나그네 길에 오른 것은 82살 때이다.

톨스토이는 러시아 왕국의 귀족인 백작 집안에서 4남 1녀 중 막내 아들로 태어났다. 그런데 2살 때 어머니를 여의고 9살 때 아버지를 여의어 어버이의 사랑이 절대적인 유아 때에 삶의 서러움과 고달픔을 뼈저리게 느낄 수밖에 없었다. 톨스토이는 이미 5살 때 인생은 즐거움이 아니라 대단히 힘겨운 일임을 느꼈다고 회상하였다. 그래도 야스나야 폴랴냐에 백작의 영지가 있어서 경제적으로는 어려움을 겪지 않았다. 소년 톨스토이는 어버이로부터 받았어야 할 사랑을 채우지 못한 외로움을 14살 사춘기 때부터 윤리에 어긋난 이성교제로 메꾸었다. 그러나 즐거움보다는 마음의 상처가 더 깊어졌다. 부도덕한 성생활로 안정을 잃어 33살이 되어서야 18살 처녀와 혼인하였다. 자랄 때 여자 친구이던 베르스 부인의 딸이다. 톨스토이는 슬하에 자녀 8명을 두었으나 아버지를 좀 이해하는 자녀는 둘째딸과 막내딸이었다. 톨스토이는 이미 41살에 세계 문학사에 빛나는《전쟁과 평화》, 48살에《안나 카레니나》를 발표하여 명성과 재물을 동시에 잡았다. 밖으로 보면 누가 보아도 부러운 사람이었다. 그런데 톨스토이는 지천명(知天命)의 나이에 천명(天命)을 몰라서인지 50살이 되어 극도의 우울증에 빠져 자살 일보 직전에 이르렀다. 톨스토이에게 결핍된 것은 천명의 신앙이었다. 여기서 오는 마음의 공허와 침울은 세상의 무엇으로도 채울 수 없고 고칠 수 없다. 류영모가 이렇게 말하였다.

"사람은 사랑의 임을 늘 찾는다. 마음의 기량(器量)이 큰 사람은 영원 절대의 한얼님에 가서야 진·선·미가 있다고 한다. 기량이 작은 사람은 이 땅에 작은 임으로 만족해버린다. 그러나 마음의 기량이

커 가는 이는 자꾸 높은 임으로 바꾼다. 마음 그릇이 아주 크게 되면 사랑의 임은 영원 절대한 한얼님께 이른다."(류영모,《다석어록》)

예수와 석가에 버금가는 큰마음 그릇을 타고난 톨스토이라 가정 도 누리도 톨스토이의 한얼님을 향한 굳센 의지와 간절한 사모를 막 지 못하였다. 이즈음 톨스토이의 속마음을 드러낸 글이다.

"이 영원하고 무한한 우주 사이에 있으며 순간적으로 변하기 쉬운 불완전한 나라는 존재는 도대체 무엇 때문에 사는 것인가? 또 나를 둘러싸고 있는 무한한 우주와 나의 관계는 어떠한 것인가?"(톨스토 이,《종교와 도덕》)

톨스토이는 50살에 이르기까지 한얼님을 몰랐다고 고백한 것이다. 톨스토이는 참회록에서 그때의 심경을 더 자세히 밝혔다.

"이른 봄이었다. 기억이 지금도 머리에 생생하다. 나는 홀로 숲의 속삭임에 귀를 기울이면서 숲 속에 서 있었다. 나는 고즈넉이 숲의 속삭임에 귀를 기울이면서 최근 3년 동안 끊임없이 똑같은 유일한 것을 생각하고 있던 것처럼 다만 한 가지 생각에 골몰해 있었다. 나 는 또다시 한얼님을 찾고 있는 것이었다. '어떠한 신도 존재하지 않 는다.' 나는 내 자신에게 이렇게 말하였다. 내 상상이 아니라 내 전체 삶처럼 참 계시는 그러한 한얼님이란 있을 수 없다. 어떠한 것도 어 떠한 기적도 한얼님이 계심을 증거할 수는 없다. 왜냐하면 그러한 기 적은 역시 내 상상이며 게다가 불합리하기 짝이 없는 상상이기 때문 이다. 그러나, 하고 나는 자신에게 반문하였다. 내가 이제 찾고 있는 한얼님에 대한 관념, 곧 신에 대한 생각은 어디서 왔을까?

이렇게 생각하자 기쁨에 날뛰는 생명의 파도가 또다시 내 가슴속에 소용돌이치기 시작하였다. 내 둘레에 만물이 싱싱하게 소생하여 제각기 존재의 뜻을 드러내었다. 그러나 내 기쁨은 오래 이어지지 못했다. 내 생각이 활동을 계속하고 있었기 때문이다. 신에 대한 사람의 관념이 한얼님은 아니라고 나는 나 자신에게 말하였다. 관념이란 내 마음속에서 일어나는 것이다. 한얼님에 대한 관념은 내 마음속에서 만들기도 하고 없애기도 할 수 있는 것이다. 이것은 내가 찾고 있는 것은 아니다. 그것 없이는 도저히 살아갈 수 없는 것, 한얼님을 나는 찾고 있는 것이다.

그러자 또다시 내 내부와 주위에 있는 모든 것이 죽기 시작하였다. 그리고 또다시 나는 자살을 도모하게 되었다. 그러나 여기서 나는 나 자신을 돌아보았다. 내 속맘에서 일어나고 있는 것을 돌아보았다. 그리고 나는 내 가슴속에서 몇백 번이나 되풀이된 절망감과 소생감을 회상하였다. 내가 살기 위해서는 한얼님을 인식해야 한다. 한얼님을 잊어버리고 한얼님에 대한 신앙을 잊어버리는 것과 동시에 나는 자살밖에는 다른 길이 없는 막다른 삶에 빠지는 것이다.

이 절망감과 소생감이란 도대체 어떠한 것인가? 한얼님의 존재에 대한 신앙을 잃었을 때에는 살고 있지 않는 것과 마찬가지였다. 한얼님을 찾아 만나리라는 희미한 희망이 없었다면 이미 먼 옛날에 나는 자살을 하였을지도 모를 일이다. 하지만 이에 반하여 한얼님을 느끼고 한얼님을 그리고 찾고 있을 경우에만 나는 살고 있는 것이었다.

참으로 살 보람이 있는 기분으로 살고 있는 것이었다. 도대체 이것밖에 나는 무엇을 찾는 것일까라는 소리가 내 맘속에서 부르짖었다. 이것이 곧 한얼님이다. 한얼님 없이는 살아나갈 수 없는 존재이다. 한얼님을 안다는 것과 산다는 것이 한 가지이다. 한얼님은 곧 생명이다.

한얼님을 찾아서 살아라. 그러면 한얼님 없는 삶은 없어진다. 이렇게 깨닫자 내 맘속과 내 둘레에 있는 모든 것이 이제까지 것보다 훨씬 광채를 띠고 나타났다. 그리고 그 빛은 이제는 절대로 나를 저버릴 수가 없었다."(톨스토이, 《참회록》)

톨스토이는 한얼님께서 나를 맞아주시든지 맞아주시지 않든지 그것은 한얼님께 맡기고 여생을 오로지 한얼님만 그리면서 살겠다고 결심한 것이다. 맹자는 "마음을 다하면 한얼님을 알게 된다.(盡其心知天)"(《맹자》 진심 편)라고 하였다. 톨스토이가 바로 한얼님을 그리는 데 마음을 다 바치기로 한 것이다. 아니 한얼님을 그리는 데서 삶의 의욕을 얻은 것이다. 이제까지 가정을 위해 살든가, 사회(세상)를 위해 살았는데 가정도 사회도 삶의 가치를 주는 것이 못 되는 것을 알았던 것이다. 가정과 사회를 위해서 살던 제나로는 살 가치가 없다. 가정도 사회도 버린, 오로지 한얼님이 주시는 얼나로 살게 되는 것이다. 얼나는 한얼님 아버지를 그리고 만나고 하나 되는 데 삶의 목적이 있다. 그래서 류영모는 이렇게 말하였다.

"몸 사람으로는 호기심으로 살맛(肉味)을 찾아다니는 짐승이다. 그래서 몸의 근본은 악(惡)들과 친하려고 한다. 한얼님의 아들인 얼나로는 한얼님 아버지께로 올라가려고 한다. 한얼님을 아버지로 그리며 받는 얼생(生靈)의 사람은 이상하다. 두 발로 서서 거닐어 이상하고, 머리를 꼿꼿이 우로 두어야 다닐 수 있으니 이상하고, 나를 생각하니 이상하고, 생각을 생각하니 이상하다. 여편네와 자식들을 먹일 것만 생각하면 이상할 것 하나도 없다. 나와 무한하고 영원한 한얼님과의 관계를 생각하면 이상한 느낌이 들면서 내가 얼생명을 가진 생(生)이라는 것을 깨닫게 마련이다. 생(生)을 가만히 깨닫고 보면 자기가 보잘것없고 하잘것없다는 것을 깨닫는다. 여러분이나 나나 예수도 마찬가지이다. 한얼님 아버지와 같지 않아서 한얼에서 떨어져 여기 온 이상에는 우리가 생각하는 것은 오직 원대상일명(遠大上一命), 곧 원대하신 한얼님의 뜻이 담긴 말씀을 생각하며 받들어 한얼님께로 올라갈 것을 일편단심 해야 할 것이다. 한얼님은 원대(遠大)한 빔이요 얼이라 보이지 않고 근소(近小)한 사람들만 보인다. 제각기 살겠다는 근소한 사람들은 수효가 많다. 멀리서 보면 마치 구더기 같은 존재들이다. 단지 똥 구더기하고 좀 다른 것은 자꾸 원대한 한얼님을 찾고 한얼님을 찾아 올라가겠다는 정신이 있기 때문이다. 위로 올라가겠다는 정신이 없으면 우리는 구더기와 다를 것이 없다. 위로(한얼님께로) 올라가겠다는 한얼님 말씀을 좇으며 머리 위에 한얼님을 받들어 모시고 무겁고 괴로운 삶을 이겨 나가야 한다. 이 이르심이 얼 목숨(생명)이요, 얼 하이금(사명)이다."(류영모,《다석어록》)

한얼님을 그리워하는 것을 막는 것이 가정이요 국가(나라)이다. 가정을 생각하느라 한얼님 사랑을 생각도 못 해본 이가 많을 것이다. 반대로 가족을 위해 한얼님을 찾는 이들이 있는데 이들은 가족을 위해 복을 빌러 다니는 기복 신자들이다. 기복 신자들은 엄격히 말하면 한얼님을 이용하려는 것이지 한얼님에게 효도하려는 것이 아니다. 류영모는 땅의 부모에 대한 효도가 제 가족 때문에 쇠해진다 하였지만 맹자는 천도(天道)도 처자식 때문에 쇠망한다고 말하였다. 가족 다음에 나라(국가)에 충성하느라 한얼님을 잊고 지내는 이들이 있다. 마하트마 간디는 일생을 독립 운동에 바치다시피 하였지만 한얼님을 위해서라면 인도가 몇 번 망해도 괜찮다고 말하였다. 도산 안창호는 조국의 독립을 위해 애쓰느라 신앙에는 관심 쓸 여유가 없었던 이다. 도산은 한얼님을 팔아서 나라를 독립시킬 수 있다면 능히 팔 수 있을 것으로 믿어지는 애국자였다. 석가는 가정과 더불어 나라도 내버린 이다. 예수는 내 나라는 땅에 속한 나라가 아니라고 말하였다.(요한 18:36 참조) 한마디로 땅의 나라를 버린 이다. 류영모는 예수를 두고 예수는 나라를 부정하였지만 또한 나라를 진심으로 사랑한 이라고 말하였다. 씨알(인민)을 사랑한 것을 나라를 사랑한 것으로 말한 것이다. 류영모는 가정과 국가를 부정하면서도 진정으로 사랑한 이다. 아내와 해혼을 하면서도 출가를 하지 않았고, 비폭력을 주장하면서도 나라를 위해 전사할 줄도 알아야 한다고 말하였다. 톨스토이는 요란스럽게 가정을 부정하고 국가를 부정하였다. 톨스토이는 1910년 11월 20일에 혼인한 지 48년 만에 아내의 방 문을 밖에서 못 열게 잠가 놓고 새벽에 아내 몰래 가출을 하여 결국 기차 여행길에 급성 폐렴에 걸려 야스타포 역장 관사에서 "한얼님을 사랑합니다."라는 유언을 남기고 숨졌다. 집을 떠나면서 남겨놓은 아내 소피아에게 주는 긴 시의 끝 구절이다.

이미 48년 동안 살아온 이 집은 빛을 잃었으며
다만 우리에게 가장 원망스러운 과거가
장차 우리들 머릿속에서 사라져 갈 때
진실의 소리를 듣게 될 것이로다
나 홀로 지금 불행한 운명을 박차고저
한얼님 아버지께 참인 얼나로 기도를 올린다.

톨스토이는 국가 부정도 철저히 한 사람이다. "국가는 폭력의 산물이며 집권자는 대개 수성(獸性)이 센 나쁜 사람들이다."(톨스토이, 《국가는 폭력이다》)라고 말하였다. 그리하여 톨스토이는 현 집권자들에게도 미운털이 박혀 2008년이 톨스토이가 세상을 떠난 지 1백 주년이 되는 해였는데도 세계적인 인물이요 역사적인 위인임에도 불구하고 톨스토이 추모 기념 행사를 연 곳이 한 곳도 없었다. 참으로 얼이 썩은 세상이요 얼이 빠진 세상이라 아니할 수 없다.

톨스토이에 비하면 데이비드 소로는 온건한 이다. 사실은 톨스토이도 소로를 알고 존경하였다. 미국 사람들이 왜 소로의 말을 듣지 않느냐고 말하였다.

소로는 가정도 국가도 부정하였으나 조용하였다. 소로는 아예 혼인을 하지 않았다. 늘 소로에게 친절하신 한얼님의 사랑으로 만족하였다. 소로는 일기에 가정에 대한 관심을 이렇게 적어놓았다. "지금 사회를 바라보면서 나는 한얼 나라에서도 가정을 갖느니 지옥에서 독신 생활을 하는 편이 더 낫겠다고 생각한다. 한얼 나라에서도 내가 먹을 빵을 내가 굽고 내가 입는 옷을 내가 빨 수 있게 되기를 바란다."(소로, 《소로의 일기》)

몸은 땅에 돌려주고 얼만 간 한얼 나라에서 빵 굽는 일도 옷 입을 일도 있을 리 없지만 가정에 대한 미련이나 호기심이 없다는 과격하고 유치한 표현을 한 것이다. 한때는 연정을 일으킨 여성을 만난 적도 있었다. 소로의 국가 부정은 나라 사랑의 한 표현이었다. 멕시코에 호전적으로 나오는 미국 정부가 못마땅하여 세금 내기를 거부하다 유치장에 갇혔다. 그것을 알게 된 친구가 대신 세금을 내주어 풀려나온 일이 있었다. 그 일로 인해 《시민불복종》이란 저서를 내었다. 이 책은 마하트마 간디가 좋아하였는데 일종의 국가 부정이라 하겠다. 하버드대학이라는 최고의 학벌을 지니고도 학위를 취직에 한 번 쓰지 않고, 월든 호숫가에 원시 농업을 한 것도 국가 부정이다.

예수와 석가는 한얼님을 사랑하고자 가정과 국가를 부인한 것은 사실이지만 제자들에게만 자기처럼 가정과 국가를 부정하기를 바랐지 그 밖의 사람들에게는 요구하지도 않았고 죄악시하지도 아니하였다. 따지고 보면 예수와 석가의 얼나는 한얼님으로부터 받았지만 몸나는 가정에서 태어났고 가정에서 자란 것이다. 예수와 석가의 가르침을 좇는 소중한 제자들도 마찬가지다. 그런데 가정과 국가는 사람들에게 어디까지나 가(假)목적인 것이지 진(眞)목적은 아닌 것이다. 아직 삶의 진목적을 깨닫지 못한 이들에게는 가목적이 진목적 노릇을 해주는 것이다. 그런데 가목적은 진목적에 나아가기 위한 방도로 끝나야 한다. 그래서 류영모는 이러한 말을 하였다.

"우리는 이미 정신 세계에서 한얼님과 연락이 끊어진 지 오래이다. 그리하여 사람들이 배운 이나 못 배운 이나 이승의 짐승이 되었다. 우리들이 산다고 하는 몸뚱이는 피와 살의 짐승이다. 질척질척 지저분하게 먹고 싸기만 하는 짐승이다. 한얼님으로부터 한얼님의 생명인 얼을 받아 몸나(제나)에서 얼나로 솟날 때 비로소 한얼님의 뜻을 좇는 한얼님의 아들이 된다. 주일무적(主一無適)이란 내가 받들 임은 한얼님뿐이라 찾아갈 다른 임은 없다는 뜻이다. 그런데 사람들에게는 주일(主一)의 하나(一)에 큰 하나와 작은 하나가 있다. 큰 하나는 온통(전체)의 하나인 한얼님을 말한다. 온통인 하나는 말로 표현할 수 없다. 하나(절대)가 무엇이냐고 물어도 대답하지 못한다. 작은 하나(一)는 젊어서 집 한 채 없다가 부모님 살아 계실 때 집 한 채 마련해서 부모님 섬기겠다는 게 작은 주일이다. 이 주일이 없으면 이른바 자수성가(自手成家)를 못한다. 한얼님을 섬기겠다는 주일 정신을 마지막까지 가지고 나갈 사람은 극히 드물다. 다른 것은 몰라도 자기 아내나 자식에게 주일하자는 것이 거의 다인 것 같다. 한얼님이신 절대요 온통인 하나(一)를 알고 받들어야 한다. 얌전만 하여 작은 주일에만 힘써도 못쓴다. 한얼님을 찾아야 한다. 한얼님을 알자면 한얼님과 얼로 교통이 되어서 아는 것이다. 한얼님의 얼과 통하는 것이 있어야 정신이 옳게 발달이 되고 성장이 된다."(류영모, 《다석어록》)

멸망의 생명인 몸나(제나)와 영원한 생명인 얼나가 얽혀 있는 사람이라 모순된 삶이 될 수밖에 없다. 예수는 한얼님의 말씀을 먹고 산다고 하였으나 그것은 얼나가 그런 것이고 몸나는 밥으로 사는 것이다. 예수는 한얼님을 사랑하기 위하여 스스로 고자가 되어야 한다고 말하였으나 또 한편으로 한얼님이 짝 지어준 것을 사람이 나누지 못한다고 하였다. 석가도 마찬가지였다. 제자들에게 남자의 생식기를 독사의 아가리 속에 넣을지언정 여인의 음부에는 넣지 말라고 하였으나, 석가에게 기원정사를 바친 급고독원의 며느리가 잘사는 친정집에서 귀엽게 자라고 시집올 때 예물도 많이 가져온지라 교만에 차서 신랑에게 함부로 대하여 자주 집안이 시끄러웠다. 석가 붓다가 그 사실을 알고서 그 집 며느리를 불러오게 하여 물었다. "아내 가운데는 강도 같은 아내, 도둑 같은 아내가 있는가 하면 어머니 같은 아내, 누이 같은 아내가 있다. 너는 어떤 아내인가?" 석가의 물음에 대답을 못한 그 며느리는 반성하여 착한 아내가 되었다고 한다. 나라에 대해서도 마찬가지다. 내 나라는 땅에 속한 나라가 아니라고 한 예수이지만 세금을 내야 하느냐, 내지 말아야 하느냐고 묻는 사람에게 "가이사의 것은 가이사에 주고 한얼님의 것은 한얼님에게 드리라."라고 하였다. 석가는 왕이 될 태자의 신분이었지만 태자의 신분을 버려 나라도 따라서 버렸다. 그런데 순례하는 그 나라의 대신이 찾아오면 나라에 물자는 넉넉한가, 물가는 비싸지 않은가 물으며 나라의 경제 사정이 좋기를 바랐다.

류영모는 가정은 유지하되 성생활을 안 하는 것을 맺은 인연을 푼 다는 뜻으로 해혼(解婚)이라는 새 낱말을 지었다. 52살부터 해혼에 들어간 류영모는 생각이 아주 달라졌다. 성생활하며 아기 낳아 기르 던 일이 전생의 일처럼 느껴진다고 말하였다.

"나는 말을 함부로 하는데, 연놈들이 들러붙는 것처럼 좋은 게 없 다고 그러는데, 연놈들이 들러붙는 것처럼 보기 싫은 꼴은 없다. 다 속아서 하는 일이다. 깬 세상에서는 안 하는 짓이다. 하늘로 머리 둔 것들이 개돼지 짓을 하는 건 다 속아서 하는 일이다. 이 세상에서 좋 다는 것은 간질이는 것이다. 웃으면서도 죽을 지경이다. 간질이는 게 싫으면서도 웃지 않을 수 없는 게 이 세상이다. 참 기가 막힌다. 견딜 수 없이 가려워서 긁어버리지 않을 수 없는데도 꾹 참는 게 있어야 한다. 아니할 수 없는 것을 아니하고 꾹 참고 지내는 게 필요하다. 인 생이 이 세상은 그렇게 해야 하는 데이다. 죽도록 참아야 하는 길이 우리가 지나가는 길이다. 아무리 화약을 많이 재어놓아도 불을 대지 않으면 폭발하지 않는다. 아무리 호르몬이 많아도 맘에 정욕이 없으 면 아무렇지도 않다. 색정이 일어나는 것은 정욕을 부채질해서다. 얼 마든지 맘을 거기에 안 쓸 수 있다. 맘이 가지 않으면 벼락을 쳐도 모 른다. 대소변은 참으면 병이 나지만 얼마든지 정욕에 맘을 주지 않고

지낼 수 있다."(류영모, 《다석어록》)

　류영모의 아내 김효정은 후덕한 성품을 지닌 현모양처였다. 그래서 남편으로부터 경애(敬愛)함을 받았다. 《다석어록》에 돌샘(石泉)이란 아호가 자주 나오는데 누군지 알 수 없어 스승 류영모에게 물었더니 "집사람이지, 석천이란 호를 내가 지어주었지요."라고 대답하였다. 금욕 해혼을 실천한 류영모의 이상적인 부부상을 들어본다.

　"나이가 들면 남자는 여자에게 여자는 남자에게 몸을 맡기게 된다. 껍데기 몸만 맡기고 서로가 좋다고들 하지만 사람의 속마음이 문제이다. 도무지 껍데기 몸만 맡기면 낭패이다. 20년, 30년, 40년 함께 지내도 자꾸 얼의 마음이 새로 나와서 서로 보이면 그것이야말로 새로운 삶이 될 것이다. 깊은 얼맘의 샘물을 주고받는 부부 생활은 한이 없고 끝이 없는 그 무엇을 서로가 나눌 수 있을 것이다. 영원히 살 수 있는 것을 발견할 수 있을 것이다. '알몸 맡겨버리는 날 얼맘 되어 뵈오리' 젊은 사람, 특히 혼기를 앞두고 있는 사람은 많이 참고로 보아야 한다. 이 생각 하나 가지면 늘 새로운 아내 늘 새로운 남편을 볼 수 있다."(류영모, 《다석어록》)

　류영모도 예수와 석가처럼 얼의 나라(한얼 나라, 니르바나 나라)를 절대시하면서 사람들이 세운 땅의 나라를 부정하였다. 톨스토이처럼 이 세상은 한얼 나라로 가는 열차를 기다리는 대합실과 같은 곳이라 서로 양보하면서 한얼 나라 열차만 바로 타면 된다는 것이다. 잠시 머물 대합실을 나 혼자 차지하겠다는 것은 어리석은 생각이라는 것이다. 또 대합실을 요란하게 꾸밀 필요도 없는 것이다. 잠시 머물다 떠나는 이곳을 천년만년 살 것처럼 욕심을 부리는 것은 지극히 어리석은 생각이라는 것이다. 류영모도 세상의 나라는 좇아갈 필요가 없다고 말하였다.

"예수가 가르쳐준 기도문의 나라는 얼의 나라, 얼의 나이다. 얼에는 나라(한얼 나라)와 나(한얼님)가 다르지 않다. 얼이란 유일 절대하기 때문이다. 땅 위에서 이루는 나라는 좇아갈 필요가 없다. 세상의 나라를 좇아간 것이 오늘날 이러한 나라를 만들고 말았다. 본생명의 자리인 얼나를 세워 나가야 한다. 그러지 않으면 나라는 서지 않는다. 자기의 참나(얼나)를 찾은 다음에야 그 참나에서 떠날 수 없다. 그렇게 되면 영원한 생명(얼나)을 붙잡은 것이 되고 소위 구원을 얻은 것이 된다."(류영모, 《다석어록》)

그러나 몸을 지니고 있는 동안에는 땅의 나라에 무관심할 수가 없다. 마하트마 간디는 인도 독립을 위하여 국민회의라는 조직을 만들어 민중 운동을 이끌었다. 그럴 수밖에 없는 현실에 대하여 변명하기를 정치라는 독사가 내 몸을 휘감고 기어오르는데 어떻게 모르는 체 가만히 있을 수 있느냐고 하였다. 정치를 멀리한 류영모도 8 · 15 광복절을 맞이하고 학생들의 4 · 19의거를 보고서 행복을 느꼈다고 말하였다. 이 땅의 나라에서는 민주주의가 잘됐으면 좋겠다고 말하였다.

"이 씨알(民)을 위함이 한얼님 위함이다. 예수는 말하기를 '이 소자 중에 가장 작은 자에게 한 것이 내게 한 것이다.'라고 하였다. 백성을 모른다 하면서도 한얼님만 섬긴다 함도, 한얼님은 모른다 하고 백성만 위한다 함도 다 거짓이다. 이 시대가 민주주의 시대가 되어서 저절로 처음부터 마음이 민주가 되어야 한다. 씨알(民)이 임자(主)임은 한얼님의 뜻이요 한얼님의 길이다. 저절로 그렇게 되는 것이다. 모든 게 씨알을 위하는 것이 되어야 한다. 참으로 민주주의라면 주의(主義)가 없어져야 한다. 주의가 있으면 전제(專制)가 된다.

지금 내가 잘 경륜하겠다 하고 나서지만 조금 지나면 그놈이 그놈이다. 역사는 비망록으로 적어놓은 거다. 이 역사를 자세히 본 사람은 내가 잘 경륜하겠다고 나서는 공산주의, 민주주의 다 믿지 못한다.(1960년도 연경반에서의 말씀) 예수를 참으로 믿고 염불(念佛)을 참으로 하는 사람은 씨알님을 머리 위에 인 이다. 거죽은 거짓이다. 참이 없다. 참은 속에 있다. 참은 맘을 비워야 있다. 참은 하나(온통)인 얼나에 있다. 자기가 참이거니 하는 것처럼 거짓은 없고 자기가 선하거니 하는 것처럼 추한 것은 없다. 자랑하고 싶지 않은 덕(德)이 최양덕(最良德)이다. 내가 제법 무던하거니 생각하는 것이 병이다."(류영모, 《다석어록》)

몸나(제나)의 삶은 죄악되고 허망하며 고로(苦勞)하고 번뇌하며 절망하고 좌절한다. 그리하여 한얼님 아버지께서 계실 것만 같아 한얼님을 그리워하고 그리워하다가 한얼님의 말씀을 듣게 되면 그 얼마나 기쁘겠는가? 예수가 일러주었다.

"바라라 그러면 오실 것이요, 찾아라 그러면 만날 것이요, 문을 두드려라 그러면 맞아주실 것이다. 너희 가운데 누가 아들이 떡을 달라

하는데 돌을 줄 것이며 생선을 달라 하는데 뱀을 줄 자가 있느냐? 너희가 덜 된 이라도 자식에게 좋은 것을 줄 줄 알거든 하물며 한얼로 계신 아버지께서야 얼생명을 주실 것이다."(마태 7:7~11 박영호 의역)

마지막까지 한얼님께 나아가려는 것을 주저하는 것은 몸나이고 막아서는 이는 집안의 피붙이인 가족이다. 혼삿길을 막아도 원수라 하고 출셋길을 막아도 원수로 여기는데 하물며 영원한 생명인 얼나로 솟나 한얼님께로 나아가는 것을 방해하는 것이 원수라 하지 않겠는가?

"사람의 원수가 자기 집안 식구리라. 아비나 어미를 얼나보다 더 사랑하는 이는 얼나에 합당치 않고, 아들이나 딸을 얼나보다 더 사랑하는 이는 얼나에 합당치 아니하고, 제나를 죽이고 얼나를 좇지 않는 이는 얼나에 합당치 아니하니라. 몸생명을 지키려는 이는 한얼님이 주시는 얼생명을 잃는다. 얼나를 위하여 몸나를 버리는 이가 한얼님이 주시는 얼나를 받는다."(마태 10:36~39 박영호 의역)

류영모는 이렇게 말하였다. 거짓나인 몸나의 근거지인 가정에 대한 포격 같은 말씀이다.

"우리는 세상에서 가정이라는 데서 살림을 하지만 세상을 지나간 뒤에 보면 빈껍데기 살림을 가지고 실생활로 여기고 산 것이다. 물질생활은 변화하여 지나가는 것뿐이다. 예수와 석가는 가정에 갇혀 살지 않고서 한얼님 속인 영원과 무한의 얼 빔 속에 살았다."(류영모, 《다석어록》)

이렇게 한얼님 한 분만을 그릴 임이요 만날 임이요 하나 될 임인 것을 결정하기가 어렵다. 멀리 예수와 석가를 비롯하여 가까이 톨스토이와 류영모에게서 본다. 예수와 석가는 모든 것을 다 버렸다. 오직 한얼님(니르바나님)만 머리 위에 받들어 모셨다. 톨스토이와 류영모는 예수와 석가보다 한 가지 어려움이 있었다. 예수와 석가가 오로지 한얼님(니르바나님)만 임으로 그리고 만나고 하나 되었는데 그 뒤에 사람들이 예수와 석가가 가르쳐준 한얼님을 잘 모르니까 예수를 따른다는 이들이 예수를, 석가를 따른다는 이들이 석가를 한얼님(니르바나님) 자리에 올려놓고 신앙의 대상으로 삼아버린 것이다. 그리하여 이것을 바로잡은 톨스토이와 류영모는 참으로 어려운 길을 걸었다. 톨스토이도 류영모도 이단(異端) 신앙으로 몰린 것이다. 톨스토이는 54살에 스스로 러시아 정교회 탈퇴를 선언하였는가 하면 73살 때 러시아 정교회로부터 파문을 당하였다. 류영모는 22살 때부터 교회 다니기를 그만두었다. 그리하여 먼저 나는 비정통이라고 말하는가 하면 "내 얘기는 마귀의 소리인 줄 알고 들으시오."라고 말하였다. 류영모가 자신의 신앙에 대해서 이렇게 말하였다.

"신앙인들끼리 서로 괜히 충돌하여 남 잘 믿는 신앙을 흔들 필요가 없다. 나는 내가 아는 목사들하고도 성경 내용에 관한 이야기는 안 했다. 신앙은 서로 다른 대로 한얼님을 사모하는 것은 같다. 나도 15살에 기독교에 입교하였고 교회 나가기를 그만둔 22살 때까지는 교회에서 외치는 대로 십자가 신앙이었다. 일본의 신학자 우치무라 간조(內村鑑三)는 외국 선교사에 반대하여 사도신경의 교의에 입각한 기독교 정통 신앙을 세웠다. 나는 무교회의 선생이 될 수 없다. 우치무라의 무교회는 교회만 없다 뿐이지 신앙 내용은 교회와 같은 정통 신앙이다. 톨스토이나 나는 비정통이다. 나 류영모가 예수를 이야기하는 것은 예수를 얘기하자는 것이 아니다. 공자를 말하는 것은 공자를 말하자는 것이 아니다. 예수나 공자처럼 톨스토이나 마하트마 간디처럼 한얼님이 주시는 얼(말씀)을 먹고 사는 것이 좋다고 해서 비슷하게나마 그렇게 하자는 것이다. 그들처럼 한얼님이 주시는 얼의 말씀을 먹지 않겠다면 예수, 공자, 톨스토이, 간디를 추앙하는 것이 무슨 의미가 있는가? 나와 아무런 관계가 없다.

예수를 선생으로 삼는 것과 신앙의 대상으로 믿는다는 것은 사뭇 다르다. 한얼님 밖 모든 것은 우리에게 우상으로 비친다. 예수와 석가조차 우리가 표상(表象)으로 보면 우상이 된다. 그래서 석가는 자신의 몸을 보는 이는 얼나(붓다의 다르마)를 보지 못한다고 말하였다. 예수는 자신의 몸을 먹어 없애야 얼나를 알게 된다고 말하였다. 우리가 지닌 몸의 오관(五官)으로 보이는 것은 모두가 거짓이다. 시간으로 영원하고 공간으로 무한하여 빔(허공)과 얼(성령)로 없이 계시는 한얼님만이 우상이 아닌 참나로 한얼님이시다."(류영모, 《다석어록》)

눈에 보이는 서물(庶物)도 신격화해서는 안 되고 눈에 안 보이는 마귀 천사도 거짓이다. 조상신도 영웅신도 거짓이다. 오직 얼나를 깨달은 이의 얼나의 지혜는 우리의 정신적인 양식이 된다. 한얼님이 보내주시는 얼생명이 바로 한얼님이시다. 거룩한 말씀과 거룩한 사랑을 주시는 얼이 한얼님이시다.

한얼님을 그리고 만나고 하나 되는 것, 곧 제나로 죽고 얼나로 솟나는 이것이 기도요 예배이다. 예수는 기도 예배는 얼나로 올려야 한다고 말하였다. 그러므로 기도 예배를 올리기에 앞서 짐승이며 멸망의 생명인 제나(몸나)로는 죽고 얼나로 솟나야 한다. 제나로 죽고 얼나로 솟나는 것이 한얼님께 기도(예배)를 올릴 수 있는 자격을 얻는 것이다. 자격도 갖추어지지 않았는데 기도를 올리는 것은 기복에 지나지 않는다. 참기도는 기복이 아니다. 복이 아니라 한얼님으로부터 영원한 생명인 얼을 받는 것이다. 제나의 사람들은 얼을 주어도 받지 못한다. 그러니 헛 예배를 올리는 것이다. 한얼님으로부터 얼을 받으면 거룩한 말씀이 나오고 거룩한 사랑이 나온다. 거룩한 말씀이 지혜의 제소리이고 거룩한 사랑은 차별 없는 희생이다. 예수와 석가는 세상의 복을 다 버렸다. 그런 예수와 석가에게 복을 달라니 어이가 없다.

"우리 몸뚱이가 요망한 것이라 스스로가 절제하는 채신을 갖추어야 참나인 얼나의 아침이 온다. 몸의 나를 희생하여 채신을 함으로 몸나의 어둠(無明)이 가시는 얼나의 아침(自覺)이 온다. 궁극의 믿음인 깨달음의 아침이 온다. 이것이 궁극 믿음의 아침이다. 이것이 궁극의 믿음으로 가는 길이다. 우주 안팎의 하나(절대)인 절대자는 참나로 빔(허공)이요 얼(성령)이다. 내게 보내주신 얼나는 얼로 충만한 허공의 아들이다. 이 허공의 아들인 얼나가 참나인 것을 깨닫고 요망한 몸나에 눈이 멀어서 애착함이 가시는가가 문제이다. 그래서 다시 허공이신 한얼님 아버지를 부르면서 위로 올라간다. 아뢰는 것은 제나가 아니라 얼나가 상달(上達)한다. 그때가 되면 한얼님이신 허공이 나를 차지하여 허공을 차지한 얼나가 될 것이다. 이러면 얼나의 아침은 분명히 올 것이다."(류영모, 《다석어록》)

제나로 죽고 얼나로 솟나면 한얼님 아버지밖에는 임(님)이 없다. 자나 깨나 한얼님 아버지 생각뿐이다. 한얼님 아버지를 그리며 생각하는 것은 더없이 기쁜 일이다.

"한얼님을 생각하는 것은 기쁜 것이다. 생각하는 것이 한얼님께로 올라가는 것이다. 한얼님을 생각하는 것이 기도이다. 기도는 한얼님께로 올라가는 것이다. 참으로 한얼님의 뜻을 좇아 한얼님께로 올라가는 것이 그렇게 기쁘고 즐거울 수가 없다. 인생은 허무한 것이 아니다. 생각은 진실한 것이다. 삶이 덧없어도 목숨같이만이라고 생각한다. 인생이 허무한 것 같아도 목에 숨 쉬듯이 한 발자국씩 위로 올라가면 한얼님에게까지 도달할 수가 있다. 인생은 무상(無常)이 아닌 생명이 비상(非常)한 것이다. 몸으로 사는 삶은 무상하지만 얼(靈)로 사는 하이금(命)은 비상한 것이다. 비상은 보통이 아니라 독특하다는 것이다. 한얼님이 내리신 사명으로 사는 삶은 독특한 것이다."(류영모, 《다석어록》)

이 우주의 임자요 내 생명의 뿌리이신 한얼님을 그리고 생각하는 것이 사람이 사는 목적이요 보람이다. 사람에게 다른 짐승과는 달리 생각하는 힘(사고력)을 준 것은 그 사고력으로 한얼님을 생각하라는 사명을 준 것이다. 그런데 짐승 살이에 빠져 짐승처럼 생각하는 줄 모르고 살고 있다. 이것처럼 마음 아프고 안타까운 일이 없다. 한편으로는 먹고살기에 바빠서 생각을 못하는가 하면 한편에서는 등 따숩고 배불러서 오히려 생각을 못하는 것이 아니라 아니한다. 반대로 죽을 고비에 몰리면 생각을 하게 된다. 내가 왜 사나? 내가 누구인가? 이 우주의 임자라도 찾아서 멱살이라도 잡고 따지려 덤빈다. 심심하면 오금 밑이라도 긁을 일이지 공연히 천지 세상을 벌려놓고 벌레 같은 인간을 내어 서로 살겠다고 지지고 볶으며 싸움질을 하게 하는가? 따져도 단단히 따질 일이 아닌가? 예수가 한얼 나라는 들이치는 이가 차지한다고 말하였는데 이렇게 따지라는 말인 것 같다. 시련과 고통을 준 까닭이 이 때문인 것이다. 생각하는 능력을 깨우고 기르기 위함인 것 같다.

　뉴질랜드에 키위라는 새가 있다. 새인데 하늘을 날지를 못한다. 오랫동안 날지를 않아서 비상하는 능력을 잃은 것이다. 그런 까닭이 있다. 뉴질랜드에는 사나운 짐승이 없으니 살려고 도망칠 이유가 없게 된 것이다. 오히려 하늘에는 쇠기꼬리독수리가 있어 날다가는 채여 먹힐 수 있다. 그래서 새인데도 날지 않으니 토끼나 다람쥐처럼 뛰어다니기만 하고 있다. 내가 키위 새라면 한얼님께 뉴질랜드에도 사나운 짐승들을 보내어 저희들을 잡아먹게 하셔서 우리가 다시 하늘을 날 수 있는 새가 되게 하십시오 하고 소원을 할 것이다. 아니다. 이 사람은 한얼님께 소원하지도 않았는데 중학생 때 참혹한 6·25전쟁을 겪느라 집조차 불에 타버려 한데 잠도 자보고 제대로 먹지도 입지도 못하고 자랐다. 많이 배울 경제적인 여력도 없었다. 그래도 영성의 대가인 류영모 스승을 만나 한얼님을 바로 알게 되었다. 지금은 공자처럼 불원천 불우인(不怨天 不尤人)이라 한얼님 원망도 안 하고 사람 탓도 안 한다. 나아가 한얼님께 감사하고 사람을 반긴다. 네 탓도 내 탓도 아니다. 한얼님의 은총 탓이다.

"죽음을 넘어서 울리는 소리 그것이 복음이다. 연못 속에 뛰어드는 개구리의 생명은 무상(無常)한 것 같지만 적막을 깨뜨리는 그 물 소리는 한없이 심오하다. 인생의 죽음도 개구리가 시간이라는 연못 속에 뛰어드는 것과 마찬가지일 것이다. 그러나 영원한 생명에 뛰어드는 물 소리는 한없는 묘미가 있을 것이다. 이것이 복음이다. 개구리 몸은 물속으로 빠지나 물 소리는 바람과 같이 울려 퍼진다. 사람의 몸은 땅속으로 들어가나 얼은 희망과 함께 한얼나라에 울려 퍼진다."(류영모, 《다석어록》)

한얼님 아버지의 만남은 한얼님 아버지께서 보내신 얼나의 깨달음이다. 얼나의 깨달음은 제나가 죽고 얼나가 임자로 들어서는 생명의 혁명을 이루는 것이다. 거짓나인 제나가 참나인 얼나를 만나면 거짓나인 제나는 사라진다. 마크 트웨인이 쓴 《왕자와 거지》에 나오는 이야기이다. 거지 토마스 캔디가 가짜 왕자 노릇을 하고 있다. 거지로 행세하고 돌아다니던 에드워드 왕자가 돌아왔으니 가짜 왕자인 캔디는 "저분이 진짜 왕자입니다."라는 한마디를 남기고 떠나 사라지는 것이다.

"얼의 자유를 위해 몸은 죽어야 한다. 몸의 죽음이 없으면 얼의 자유도 없다. 거짓나인 몸이 부정될 때 참나인 얼에 이른다. 몸을 버리는 것이 올바른 삶에 들어가는 것이다. 세상을 싫어하고 버려야 한다. 식욕과 정욕을 미워해야 한다. 모든 탐욕을 버리는 것이 세상을 버리는 것이다. 세상은 못됐다, 틀렸다 하고 위로(한얼님께로) 올라가면 시원하다. 위로 오르면 마음이 한없이 넓어진다. 한얼님께로 머리를 들면 머리가 시원하다. 시원하니까 생각이 난다. 그리하여 백두산 마루 꼭대기 천지에서 물이 흘러내리듯이 마음에서 한얼님의 뜻이 담긴 생각이 나온다. 객관이 아니다 주관이다. 얼뿐이다. 주관은 내 주관이 아니라 한얼님의 주관이다. 주관까지도 한얼님께로부터 나왔다. 한얼님의 뜻과 내 뜻이 하나가 되어 영원한 참뜻을 이룬다. 한얼님 아버지의 뜻이 참이다. 한얼님 아버지의 뜻이 내 참뜻이다. 한얼님의 뜻이 참된 것처럼 내 뜻을 참되게 해야 한다. 한얼님의 뜻은 영원하다. 영원을 믿는 사람에게는 바쁜 것이 없다. 생각도 유유하고 노래도 유유하다. 하늘이 무너져도 솟아날 구멍은 있다. 영원한 얼생명으로 사는 이는 언제나 유유하다."(류영모, 《다석어록》)

20대 초반의 류영모를 교회의 교의(도그마) 중심의 타율 신앙에서 얼나를 깨달아 가는 자각의 자율 신앙으로 나아가게 한 톨스토이의 생각을 들어본다.

"사람의 참된 양식은 한얼님 아버지의 얼이다. 사람은 그 얼로 살아야 한다. 생명의 얼은 각자의 맘속에 간직하고서 죽음의 시간을 맞을 때까지 맘속에 얼생명을 소중히 해야 한다. 그것이 한얼님 아버지의 뜻이다. 모든 생명의 근원이신 한얼님 아버지는 얼이시다. 우리의 삶이란 오로지 한얼님 아버지의 뜻을 이루는 데 있다. 한얼님 아버지의 뜻을 이루기 위하여 우리는 몸나를 포기해야만 한다. 몸은 얼생명을 위한 양식이다. 몸을 희생할 때에만 얼생명으로 살게 된다."(톨스토이, 《통일복음서》 각 장의 요약 5장)

류영모는 공자가 참인 한얼님을 만난 뒤에 어떻게 달라졌는가를 공자의 말에서 알아내어 이렇게 말하였다.

"참(진리)은 있는 그대로 보는 것이다. 내 뜻 없이 보는 것이 바로 보는 것이다. 내 뜻 없이 볼 때 참의 뜻을 이루게 되는 것이 성의(誠意)다. 참의 뜻을 이루는 것을 진성(盡性)이라고도 한다. 이는 내 뜻이 없어지고(無意) 내 고집이 없어지고(無固) 나라는 것이 없어지고(無我) 반드시가 없어진(無必) 세계이다. 참과 내가 하나가 되는 세계이다. 참이 나가 되는 세계이다. 이를 존심양성(存心養性)이라 한다. 공자는 참(한얼님)에 대한 사랑이 밥 먹는 것보다 강하다고(發憤忘食) 하였다."(류영모, 《다석어록》)

류영모는 한얼님을 바로 만나면 사람은 짐승으로 태어났기에 지니고 있는 탐·진·치(貪瞋痴)의 짐승 성질인 수성(獸性)을 꺾어 이긴다고 하였다. 그리하여 짐승인 몸을 지녔으나 짐승 노릇은 버려 능히 독신 생활도 가능하다고 말하였다. 그것을 이미 예수와 석가가 본을 보여준 것이다. 수성(獸性)을 지니고 있으면서 나는 얼나로 솟나 한얼님을 만났다고 한다면 그것은 틀림없는 거짓이다. "인격의 온전함이 능히 독신을 가능하게 한다. 누구를 의지하거나 기대거나 하는 것이 없고 혼자서 오줌똥을 가누게 되고 남녀 문제를 초월하게 되고 생사 문제를 초월하게 된다. 제나로 죽고 얼나로 솟났기 때문이다."(류영모,《다석어록》)

짐승 성질인 수성(獸性)에서 놓여나 자유하는 것을 석가도 예수도 자유(목샤moksha, 엘류데리아ελευθερια)라고 말하였다. 이것이 한얼님을 만난 뚜렷한 증거이다. 이보다 더 뚜렷한 증거는 얼나로 솟난 이의 맘에서는 한얼님의 말씀이 샘솟는 것이다. 그것은 예수의 입에서 나왔으나 한얼님의 말씀이고 석가의 입에서 나왔으나 니르바나님(한얼님)의 말씀이다. 그러므로 예수와 석가의 말씀이 일치한다.

"몸은 죽고 얼은 산다. 몸나는 고로병사(苦老病死)이다. 얼나는 진선미성(眞善美聖)이다. 몸은 머잖아 죽어 썩지만 얼은 영원히 살아 빛난다. 그러므로 몸으로는 시원스레 죽어야 한다. '하늘에서 이룬 것같이 땅에서도 이루어지이다.' 하고 죽는 거다. 그것이 한얼님 아버지의 뜻이다. 밀알 한 알이 땅에 떨어져 죽으러 온 것이다. 몸나는 죽으러 온 줄 알아야 한다. 나지도 않고 죽지도 않아 생사를 초월한 영원한 존재는 한얼님뿐이다. 한얼님의 말씀뿐이다. 한얼님은 없이 계시는 얼생명이다. 한얼님의 얼이 내 맘에 말씀으로 샘솟았다. 몸이 다시 사는 것을 믿는 것은 멸망이다."(류영모,《다석어록》)

노자(老子)는 한얼님을 어머니로 비겼는데 예수는 한얼님을 아버지로 비겼다. 사람들이 한얼님에 대해서 말해주어도 잘 못 알아듣기 때문에 비기는 말을 쓸 수밖에 없다. 그래도 노자가 한얼님을 어머니로 부르고 예수가 한얼님을 아버지로 부르게 되었다면 만난 정도 이상이라고 하지 않을 수 없다. 더구나 예수는 땅에 있는 아버지를 아버지라 말라, 한얼로 계시는 아버지는 참아버지 한 분뿐이라고까지 말하였다. 노자나 예수처럼 한얼님을 가까이 느낀 이도 드물다. 한얼님이 주신 한얼님의 생명인 얼나로는 한얼님의 아들이라고 말하였다. 얼나로는 한얼님 아버지와 아들이 '하나'라고까지 말하였다. 류영모는 동양 사상에 제나(몸나)의 부자유친(父子有親)을 한얼님 아버지와 아들의 부자유친으로 차원을 높여서 썼다.

"우리는 한얼님 아버지를 믿음에 아무것도 바라는 것은 없다. 무엇을 바라게 된다면 그야말로 그것은 우상으로 섬기는 것이 되고 만다. 보이지 않는 한얼님을 지금의 처지로는 만족할 수 없으나 한얼님의 자리는 눈으로 보이는 자리가 아니다. 영원한 가운데서 그분(한얼님)을 만나자는 것이 우리의 믿음이라고 하지 않을 수 없다. 사람은 맨 처음(太初)을 잘 모른다. 그것은 온통(전체) 하나(절대)가 되어 그렇다. 부분인 개체로서 전체를 알 수가 없다. 완전을 알 수 없다. 그러나 사람은 전체요 완전인 한얼님 아버지를 그리워한다. 한얼님 아버지가 생명의 근원인 한얼님 아버지가 되어서 그렇다. 한얼님 아버지를 그리워하는 것이 참삶이다. 나는 모름지기란 우리말을 좋아한다. 모름지기란 반드시 또는 꼭이라는 말이다. 사람은 모름을 꼭 지켜야 한다. 한얼님 아버지를 다 알겠다는 것은 말이 안 된다. 아무리 아들이 위대해도 차원이 다르기 때문이다. 그러나 사람이 한얼님 아버지를 그리워함은 막을 길이 없다. 그것은 아버지와 아들의 관계이기 때문이다. 아버지와 아들은 둘이면서 하나다. 부자불이(父子不二)이다. 이것이 부자유친(父子有親)이라는 것이다."(류영모,《다석어록》)

이 나라의 평균 수명은 80살을 넘겼는데 늙은이 10명에 7명이 우울증에 걸려 있고 하루에 자살하는 늙은이가 7명이나 된다고 한다. 그런 늙은이가 대개 독거 노인들이라고 한다. 말벗만 있어도 우울증을 이겨낼 수 있다고 한다. 늙은이들도 젊어서는 그렇게 외롭지 않았을 것이다. 그런데 세월이 흐르다 보면 가까운 임들이 하나둘 곁을 떠나가고 혼자 남는 것이다.《중용(中庸)》에 이런 말이 있다. "몸님들은 분명하나 날로 없어진다. 얼님은 캄캄하나 날로 빛난다.(小人之道的然而日亡 君子之道闇然而日章)." 눈에 보이는 사람들만 가까이 하다 보면 뒤에 외톨이가 되지만 눈에 안 보이는 한얼님을 사랑하면 죽은 뒤에까지 버리지 않으신다. "삶을 가진 자는 영원히 사랑을 추구해 간다. 그 사람이 올바르게 사느냐 못 사느냐는, 이 세상이 제대로 되느냐 안 되느냐는 사랑의 임을 갖느냐 못 갖느냐에 달려 있다. 한얼님은 맘과 뜻과 힘을 다하여 사랑할 임이요 그 못지않게 사랑해주시는 임이다."(류영모,《다석어록》) 한얼님이 내 맘속에 와 계시기에 떨어지는 일이 없다. 그리고 한얼님과는 짝사랑이란 없다. 앓을 때도 함께 하고 죽은 뒤에도 함께 해주신다. 그러므로 외로움도 두려움도 없다. 류영모는 한얼님과 놀이를 한다고 하였다. 한얼님께서 숨바꼭질을 하시려나 본데 아무리 꼭꼭 숨어도 기어이 찾아내겠다고 하였다.

"나는 한얼님이신 빈탕한데에 맞춰 놀이하는 것이 소원이다. 나는 해 달에 맞춰 놀려고 하지 않는다."(류영모, 《다석어록》)

　류영모는 91살에 세상을 떠났는데 하루에도 수십 번씩 아버지(한 얼님)를 불렀다. 마치 아기들이 엄마를 부르는 듯하였다. 숨지기 직전 에도 몸을 일으켜 달라더니 아버지를 부르고는 다 탄 촛불이 꺼지듯 이 조용히 숨이 멈추었다. 대개 늙은이들이 죽기 전에 자손들 이름을 대면서 왜 안 보이느냐, 보고 싶다는 소리를 하는 것을 보는데 류영 모는 한얼님 아버지를 불렀다. 한얼님이 안 계시어 부르는 것이 아니 라 한얼님의 품속에 안기어 "한얼님 아버지 사랑합니다."라고 부른 것이다. 톨스토이가 운명할 때 "한얼님 사랑합니다."라는 유언을 남 겼고, 마하트마 간디는 저격을 당해 죽으면서 한얼님을 부르면서 절 명하였다. 한얼님을 땅의 아버지 이상으로 사랑하는 이들은 한얼님 만 생각하면 기쁨이 샘솟고 기운이 솟구친다. 우울증이란 있을 수가 없다. 어릴 때 어른들이 한숨이 나올 때 관세음보살을 찾으라는 말을 하는 것을 들었는데 비탄으로 한숨이 나오는 것과는 차원이 다르다. 얼나를 깨달아 얼나로 아버지 속에 내가 있고 내 속에 아버지가 계 시는데 비탄의 한숨이나 원망의 한숨이 나올 리가 없다. 예수는 십자 가에 못 박혀 죽는데 마음에 평화와 기쁨을 잃지 아니하였다. 오히려 슬픔에 빠진 제자들에게 그 평안과 기쁨을 주려고 하였다.

　한얼님의 말씀으로 사는 영원한 생명인 얼나가 참나인 것을 깨달 지 못하고, 일을 좀 하면 고단하고 병에 쉬 걸려 시시하게 죽어버리 는 몸뚱이가 참나인 줄 알고 쌀 걱정 돈 걱정만 하는 것을 안타깝게 생각한 류영모는 이렇게 말하였다.

"한얼님의 생명인 얼빛이 참빛인 줄 알지 못하고 하늘의 햇빛은 양광(陽光)이라 거짓빛인 것을 모르는 사람의 지혜는 혼미(昏迷)할 수밖에 없다. 사람이 미(迷)하니까 쌀만 먹고 사는지 모른다. 미신(迷信)은 쌀만 먹고 사는 것을 믿는 것이라고 하기도 하였지만 애써 입에 풀칠하지 않으면 죽는다는 미신에 빠져 있다. 한얼님의 말씀으로 사는 참나(얼나)를 깨달아야 한다.

빈 몸이 홀가분하다는 것은 우리가 다 맛을 보고 알고 있다. 물건을 많이 지니고 다니면 몸이 무겁지만 빈 몸으로 다니면 홀가분하다. 이 세상에 욕심쟁이는 그저 많이 달라고만 하여 짐을 잔뜩 지는 것을 좋아한다. 참된 사람은 비단이나 순금을 몸에 무겁게 장식으로 갖추지 않는다. 정말 홀가분한 맛을 알려면 빈탕한데인 한얼님께 얼이 이어져야 한다. 얼을 받아 얼을 간직한 몸은 홀가분하게 살 수 있다."
(류영모, 《다석어록》)

이 나라에는 이제까지의 여러 대통령이 하나같이 탐욕 때문에 미국의 에이브러햄 링컨 대통령처럼 국민들로부터 존경받지 못한다. 참으로 아쉽고 분통이 치밀 일이다. 링컨은 한얼님을 바로 믿으려고 애썼다. 기독교회는 믿을 수 없는 교의를 내걸어 놓고 있다고 교회에 나가 예배 본 일이 없었다. 백악관에서 사제 없이 예배를 보았다. 교회가 맘과 뜻과 힘을 다해 한얼님을 사랑하고 또 그같이 이웃을 사랑하라는 가르침만 내걸고 실천한다면 나도 교회에 나가겠다고 말하였다. 링컨이 보기엔 교회에 예수가 안 보였던 것이다.

그리고, 만나고, 하나 됨에서 하나 됨을 말할 차례이다. 군에 복무를 마친 뒤에나 교도소 생활을 끝낸 뒤에는 기쁨으로 집에 돌아가는 것이 정상이다. 그러나 돌아갈 집이 없는 이들은 그 힘든 단체 생활을 할 때는 모르고 지내다가 집에 돌아가야 하는데 돌아갈 집도 맞아줄 가족도 없으니 퇴소할 때가 되면 걱정으로 마음의 병을 앓게 된다는 것이다. 이를 이름 붙이기를 만기병이라 한다. 이 세상살이는 힘들고 어렵고 괴롭다. 그런데 막상 죽을병에 걸렸다면 지옥살이를 벗어나니 좋아해야 할 터인데 낙담하고 절망하여 대성통곡을 한다. 이것도 일종의 만기병인 것이다. 그래서 개똥밭에 굴러다녀도 이승이 좋다는 기가 막힌 속담이 구전되어 온다. 참으로 답답한 인생들이라 아니 할 수 없다. 죽으면서 부처의 상이 보여주는 미소를 짓고 죽는 사람이 성공한 삶을 산 사람인 것이다.

그림, 만나, 하나에서 하나는 남북 통일이 되듯이 나누어진 것이 하나로 통합되는 것이 아니다. 하나는 전체요 완전인데 부분이 전체로 동화되는 하나이다. 내가 떨어져 나왔다고 전체 하나가 부서져 여러 개가 되는 게 아니다. 하나(전체)는 언제나 하나이다. 빔이요 얼인 하나이다. 바다에 수많은 고기야 있든 없든 상관없이 바다로 하나이듯이 수많은 별이야 있든 없든 빔(허공)은 하나이다. 온통인 빔을 노자(老子)는 무극(無極)이라고 말하였다. 스스로 있어서 있는 것이라 하여 자연(自然)이라 하고 맞설 상대가 없으니 하나(一)라고 하였다. 이 하나를 예수는 한얼 나라(한얼님)라고 하고 석가는 니르바나라고 말하였다. 사람은 이 하나로 있다가 낱동인 사람이 되었으나 하나의 테두리를 벗어난 것은 아니다. 하나 속에서의 일이다. 그런데 낱동인 사람이 전체인 하나로부터 하나의 생명인 얼나로 솟나고 낱동인 제나(몸나)를 포기하면 이미 한얼 나라로 돌아가 하나가 된 것이다. 예수가 한얼 나라가 가까이 있다고 한 것은 이것을 말한 것이다. 나서 죽는 개체의 제나로 살지 말고 영원한 생명인 얼나로 솟나 하나인 한얼 나라로 돌아가자는 것이다. 그런데 사람들은 개체인 제나가 참나인 줄 알고 제나가 잘못될까 봐 전전긍긍 불안해하고 무서워한다. 이 거짓생명은 낫다고 기뻐할 것도 없고 죽는다고 슬퍼할 것도 없다. 살려준다고 고마워할 것도 없고 죽인다고 두려워할 것도 없는 것이다.

"우리 인생은 하나(절대자 한얼님)를 깨닫고 하나를 가르치자는 것이다. 그러니 억지로라도 하나를 설명해야 하겠는데 그렇게 하자면 까마득하게 된다. 참으로 까마득한 일이다. 그러나 까마득하다고 해서 하나를 잊을 수는 없다. 하나는 아니 찾을 수 없다. 우리는 하나에서 시작해서 마침내는 하나로 돌아간다는 생각을 어쩔 수 없이 하게 된다. 또 그렇게 되어야 하겠다는 강박한 요구가 우리에게 있다. 대종교나 대사상가가 믿는다는 것이나 말한다는 것은 다 이 '하나'를 구하고 믿고 말한다. 성인이고 붓다이고 도(道)를 얻어 안다는 것은 이 하나이다. 사람이란 이처럼 '하나'를 구해 마지않게 생긴 존재이다.

이렇게 말하면 안 될지 모르지만 나는 '하나'라는 말 자체도 불만이다. 사람이 만든 말이기 때문이다. '참' 그것이 무엇일까? '참'이 하

나다. 이 하나는 둘이 아니다. 절대다. 절대의 자리는 있다 없다는 말
도 통하지 않는다. 있고 없고가 문제가 아니다. 있는 듯도 하고 없는
듯도 하다. 우리는 이런 없이 계시는 절대 존재 한얼님을 느끼고 싶
다. 찾고 싶다. 유일불이(唯一不二)의 절대 존재를 누구보다도 먼저
모시고 싶다. 섬기고 싶다. 우리는 새삼스럽게 절대 존재를, 절대 진
리를 찾는 게 아니다. 본디 내가 가지고 있는 것이다. 내가 본디 가진
원일(元一)이다. 원일불이(元一不二) 이것이 한얼님이요 니르바나님이
다. 나는 원일불이를 참나로 믿는다. 우리는 원일불이의 '하나'에 돌
아가야 한다. 이 '하나'에 대해서는 까막눈이 되어서는 안 된다."(류영
모, 《다석어록》)

가까, 닮아, 하나

톨스토이의 《참회록》을 읽고 한얼님 아버지가 계시는 것을 알게 되어 톨스토이 전집을 구해서 읽으면서 나는 홀로 신앙심을 닦고 있었다. 톨스토이의 신앙이 러시아 정교로부터 파문을 받으리만큼 반교의적이라 그 영향으로 기독교회에 나가지 않았다. 감리교회에서 전도사로 이름을 떨치던 박재봉 목사의 부흥회 설교는 두 번 들었다. 그런데 당시 〈사상계〉라는 대중 잡지가 있었는데 발행인은 장준하이고 주간은 안병욱이었다. 그 잡지에 함석헌의 '한국 기독교는 무엇을 하고 있는가'라는 글을 읽고 공감도 하고 깨우침도 받아 잡지사를 통하여 함석헌의 주소를 알아 편지로 문통을 시작하였다. 그때는 일반인에게 전화도 없던 시기였다. 함석헌 자신도 톨스토이의 영향을 받은 사람이라고 하였다. 그리하여 전생에서부터 아는 사이인 것같이 친숙한 사이가 되었다. 사상의 힘이었다. 함석헌으로부터 뜻이 맞는 사람끼리 농사로 자급하면서 신앙과 수행을 닦는 공동체 생활을 하자는 제의가 있어 찬동하게 되었다. 그리하여 천안 씨알 농장에서 3년 동안 한 솥에 밥을 먹으면서 함께 이마에 땀을 흘리며 일하고, 함석헌으로부터 성경, 《소학》, 《고문진보》, 간디 자서전, 소로의 《시민 불복종》 등의 강의를 들었다. 틈틈이 독서도 하였다. 그때 함석헌의 기고로 〈사상계〉는 그야말로 낙양의 지가가 아니라 서울의 종이값을 올리었다. 〈사상계〉에 기고할 글을 쓸 때면 초저녁에 농장 안에 있는 집 마당을 왔다갔다 다니면서 찬송가를 큰 소리로 불렀다. 주로 〈내 주를 가까이〉와 〈저 높은 곳을 향하여〉를 불렀다. 그 찬송가소리가 지금도 귀에 들리는 듯하다. 함석헌의 목소리는 아주 청아하였다.

찬송가를 영어로도 불렀다. 함석헌의 내 주(主)는 누구인지 생각해보고 싶다. 다시 말하면 함석헌이 일생동안 가까이 하고자 애쓴 그 주가 누구였을까? 찬송가 가사를 쓴 이는 물론 예수(한얼님)일 것이다. 그런데 우리가 아는 함석헌은 다석 류영모를 가까이 하려 하였고 닮으려 하였다. 함석헌이 류영모를 처음 만난 것은 함석헌이 21살 때 평안북도 정주에 남강 이승훈이 세운 오산학교 졸업반 학생 때이다. 남강이 1919년 3·1운동을 일으킨 주동자임을 알게 된 일제 헌병이 야만스럽게 오산학교에 불을 질러 잿더미로 만들었다. 불사조처럼 잿더미 위에서 다시 부활한 오산학교에 고당 조만식 후임으로 다석류영모가 교장으로 부임하였다. 그때 류영모는 함석헌보다 11살 많은 32살이었다. 겨우 1년을 교장과 졸업반 학생으로 함께 하였다. 학생들과 교사들이 마을에 나뉘어 합숙을 하였다. 수업 시간에만 상면

하는 오늘날의 학교와는 비교할 수 없으리만큼 스승과 제자 사이에 인격적인 교통과 화합이 이루어져 교육적인 효과는 지대하였다. 오산학교에는 학생들끼리 토론하는 시간이 있었는데 그때 함석헌의 조리 있는 말이 교장 류영모의 주의를 끌었다. 그때 교장 류영모도 수업 시간이 있었는데 당시 수신(修身)이라는 일제의 도덕 교과서가 있었으나 일제 교과서를 쓰기 싫어 류영모는 스스로 책을 골라 읽고서 세계적인 인물의 생애와 사상을 강의하였다. 함석헌에게 인상이 깊었던 인물은 영국의 토머스 칼라일과 일본의 우치무라 간조였다. 류영모는 체구도 작은 편이고 나이도 젊은데 3·1운동 사건으로 옥중에 계신 남강 선생께서 류영모를 교장으로 천거한 까닭과 육당 최남선이 류영모를 외경한다는 소문이 사실임을 알게 되었다. 그리하여 교장 선생이 묵는 방으로(교장 사택이 없음) 혼자 찾아뵙고 싶은 생각이 간절하여 용기를 내었다. 함석헌은 문장과 변론과는 달리 내성적인 성격이다. 학생 함석헌이 류영모 교장 선생이 묵는 방 문고리를 잡았다 놓았다 하다 끝내 방문을 열지 못하고 돌아섰다. 함석헌은 그 일을 일생 동안 후회하였다. 그래도 마지막 방학이 되는 때에 류영모 교장이 서울로 돌아가려고 오산학교에서 고읍역까지 나가는 길에 학교 기사가 짐을 갖다 주려고 따랐다. 함석헌 학생이 불쑥 나타나 류영모 교장을 기차역까지 배웅하였다. 류영모는 뒤에 〈성서조선〉(김교신 발행) 잡지 기고문에 함석헌 학생이 어두운 밤 진흙탕 길에 빠지면서 고읍역까지 배웅해준 데 대한 고마움을 나타낸 사연을 기고문 머리글로 썼다. 함석헌은 류영모 교장이 그 배웅 길에서 한 말을 잊지

않고 있었다. 류영모 교장이 한 말은 "내가 오산에 함을 만나러 왔나
봐."였다. 그 한마디가 함석헌으로 하여금 현대의 고전이라 일컬어지
는 《뜻으로 본 한국 역사》를 쓰게 하는 힘이 되었으며, 일제 경찰에
게 두 번이나 투옥당했으며 신의주 학생 사건의 주모자로 여겨져 북
한에 주둔한 소련 헌병에게 총살당할 뻔한 위협에도 굽히지 않는 강
철보다 굳센 의지로 승화된 것이다. 류영모와 함석헌의 스승과 제자
로서의 만남은 오산학교에 교육 정신의 보이지 않는 금자탑을 세웠
다. 오산학교를 세운 남강 이승훈에게 불멸의 영광을 바치는 것이라
믿는다. 교육은 화려한 빌딩이 하는 것이 아니다. 진리를 사랑하는
우주 정신이 하는 것이다. 오늘날 이 나라의 교육이 제대로 안 되는
까닭이 여기에 있다. 우주 정신이 없는 유니버시티(대학)에 어찌 올바
른 교육이 되겠는가? 정주 오산학교 정신을 잇겠다고 서울 보광동에
세운 오산고등학교 교장이 한탄하기를 오산학교가 정신 교육보다
좋은 대학에 많은 학생을 보내는 데만 마음을 써야 하니 안타깝다고
하였다. 어느 때는 대학을 우골탑이라 하더니 이제는 망국탑 소리를
듣게 된 것이 아닌가? 류영모가 대학을 반대한 까닭이 여기에 있다.
나라를 바른 길로 나아가게 할 인재를 길러내지 못하는 대학이라면
없는 것이 낫지 않겠는가?

"나는 대학을 반대하는 사람이다. 출세하여 대학 교수가 되려는
것은 일하기 싫어서 하겠다는 것이 분명히 있다. 성경에도 교만한 자
가 일하지 않고 밥 먹으려 한다고 하였다. 그러나 이 불합리한 대학
속에서도 똑똑한 자식들이 있어, 학문에도 참이 있어 그래서 대학생

이 선봉이 되어 4·19가 났다. 4·19 그 사람들 때문에 나라가 바로 되었다. 그래서 나도 대학을 무시만 할 수 없게 되었다."(류영모,《다석어록》)

함석헌이 학교에서 류영모로부터 가르침을 받은 것은 한 해밖에 안 되지만 스승으로 모신 것은 일생 동안이었다. 스승 류영모는 함석헌보다 11년 먼저 해를 보았다. 류영모가 해 보기를 멈춘 것은 함석헌보다 6년 먼저이다. 함석헌은 스승 류영모의 추모 모임에까지 참석하였다. 오랫동안 류영모의 YMCA 연경반 모임 강의도 들었다. 함석헌은 스승 류영모를 가까이 하려다가 어찌하여 일본 무교회주의자로 알려진 우치무라 간조의 제자가 되었다. 그리하여 스승 류영모까지 우치무라의 영향을 받은 무교회 신자라는 오해를 낳게 되었다.

스승 류영모와 제자 함석헌과 우치무라의 삼각 관계는 이러하다. 함석헌이 우치무라의 이름을 처음 듣게 된 것은 함석헌이 오산학교 졸업반 재학 시 류영모 교장의 도덕 수업 시간에서다. 앞에서 언급하였지만 일제가 만든 수신 교과서가 싫어서 자신이 선택한 세계적 위인들의 생애와 사상을 소개하였다. 그 가운데 한 사람으로 일본의 우치무라 간조가 소개된 것을 총명한 함석헌이 잊지 않고 기억하고 있었다. 거기서 재미있는 이야기가 있었다. 우치무라가 사무라이의 후손 기질로 말 한마디 때문에 무리하게 아내와 이혼을 하여 일본 사회에서 우치무라에 대한 비판이 일어났다. 배짱 좋은 우치무라도 감당하기가 어려우니 미국으로 유학 간다면서 도피한 것이다. 미국에 체류 비용을 마련하려 미국 장애인 학교 교사 일을 하게 되었다. 하나, 둘, 셋을 열까지 가르치는데도 몇 달씩 걸리는 지적 장애아들이었다. 그래도 오래 공부한 아이들은 워싱턴반이라 하고 뒤에 들어온 아이들은 링컨반이라 하였다. 우치무라는 워싱턴반을 맡았다. 그런데 그 반에 대니라는 말썽꾸러기가 있었다. 우치무라는 더 참지 못하고 화를 내면서 대니는 저녁밥을 안 주겠다고 말하였다. 그런데 막상 저녁이 되자 밥을 안 줄 수 없어 대니는 밥을 먹되 대신 선생님인 나는 굶겠다고 하였다. 그러자 아이들에게 큰 문제가 되었다. 대니 때문에 선생님이 굶게 되었으니 큰일이라는 것이다. 워싱턴반 아이들이 자치회의를 열어 대니를 아랫반인 링컨반으로 내려 보내기로 결의하였던 것이다. 함석헌은 류영모에게서 들은 이 이야기를 뒤에 우치무라 본인에게서 듣게 되었다.

　함석헌은 우치무라가 이미 세상을 떠난 위인으로 알았는데 일본 도쿄 고등사범학교에 들어가니 학생들의 입에서 우치무라 얘기가 나와 아직 살아 있는 것을 알게 되었다. 그리고 나이는 동갑이지만 1년 먼저 입학한 김교신이 우치무라의 개인 종교 집회에 다니고 있다는 것도 알게 되었다. 우치무라 모임에 들어가려면 반드시 먼저 다니고 있는 이의 추천이 있어야 한다는 것이었다. 함석헌은 김교신의 소개로 우치무라의 이마이간 모임에 다니게 되었다. 그리하여 우치무라의 세례까지 받는 제자가 되었다. 김교신은 함석헌으로부터 듣고 알게 된 류영모의 존재에 호기심과 기대감을 품게 되었다. 함석헌보다한 해 먼저 졸업한 김교신이 서울에 사는 류영모를 찾아 무교회 잡지를 같이 내자고 제안을 하였다가 류영모로부터 거절을 당하였다. 류영모는 이미 톨스토이의 영향을 받고 불경과 노장을 읽어 기독교의 교의 신학을 넘어섰던 것이다. 함석헌은 한국에 돌아와서 오산학교 교사로 근무하였다. 그때도 함석헌은 무교회신자로 자처하면서 자신이 가르치는 무교회 모임을 하였다. 그리고 김교신이 발행하는 〈성서조선〉에 기고하였다.

함석헌은 광복을 맞아 반일 투쟁의 공로를 인정받아 평안북도 교육책임자인 학무부장(교육감) 자리를 맡게 되었다. 그리하여 소련을 반대하는 신의주 학생 사건의 주모자로 몰려 소련 헌병들에게 연행 수감되었다. 총살형을 겨우 면하여 풀려나 집으로 돌아왔으나 신변의 위험이 사라지지 않아 동지들의 도움을 받아 겨우 탈북 남하에 성공하였다. 무교회 집회를 이어 오던 오류동 송두용 집에 머무르며 구기동에 사는 류영모를 찾아보고 YMCA 금요 연경반 모임에도 참석하였다. 재미있는 일화가 있다. 구기동 집에서 류영모의 《중용》 모임이 있었다. 아침 일찍 모여 류영모의 《중용》 강의를 들었는데 몇 사람이 모였다. 함석헌은 오류동에서 그 모임에 참석하였다. 한번은 김홍호와 함석헌 두 사람이 강의를 듣고 구기동 집을 나와 걸어오면서 김홍호가 함석헌에게 물었다. "소문에 의하면 이북에서 함석헌 선생님이 월남하였다는데 만나보셨습니까?"라고 하자 함석헌이 웃으면서 내가 함석헌이라고 했다는 것이다. 류영모는 제자들을 소개하면서 서로 인사시키는 일이 없었으니까 그런 일이 벌어지기도 하였다.

가족에게도 소개하는 일이 없었다.

그런데 함석헌에게 변화가 일어났다. 무교회 쪽에서 철석같이 믿고 있는 함석헌이 자꾸 류영모를 닮아 간다는 것이었다. 함석헌은 중앙신학교 강사로 나갈 때까지도 양복을 입고 넥타이를 매었다. 동료 교수와 불국사에서 찍은 사진을 필자가 보았다. 그런데 하루 한 끼씩 먹고 한복을 입고 고무신을 신고 초라한 모습을 한 함석헌은 류영모 그대로였다. 다만 류영모는 삭발을 하였는데 함석헌은 머리를 길렀다. 겉모습만 닮아 가는 것이 아니라 생각(신앙)도 닮아 간다는 것이었다. 무교회는 교회 조직만 없지 신앙 내용은 교회 전통 그대로이다. 그런데 함석헌이 탈 교의를 하였다. 무교회 쪽에서 보면 함석헌이 류영모처럼 이단이 된 것이다. 그런데 온전히 류영모를 가까이하고 류영모를 닮고 류영모와 하나 되는 줄 믿었는데 또 뜻밖에 함석헌이 퀘이커 교도가 된 것이다. 이 사람이 씨알 공동체에 있을 때 하루는 퀘이커 선교사 미첼이 함석헌에게 "당신은 크리스천인가?"라고 묻기에 아니라고 대답하였다고 자랑삼아 말하였다. 하루는 공기도를 하는데 마지막에 "예수의 이름으로 비옵나이다."라고 하지 않고 "영원한 나의 이름으로 비옵나이다."라고 하여 깜짝 놀란 일이 있었다. 영원한 나란 얼나를 뜻하는 것이다. 그런데 오히려 후퇴하여 퀘이커 교도가 된 것이다. 그리하여 스승 류영모를 실망시켰다.

《다석일지》에 이런 글이 보인다. "나와 함은 결별인가? 함아, 돌아올 수 없는가? 벗이여, 아주 갔는가?" 스승 류영모의 첫 추모 모임에 온 함석헌이 여러 사람 앞에서 참회의 말을 하였다. 오늘날의 내가 있는 것은 선생님의 은혜이나, 선생님께 크게 잘못한 것을 여러분 앞에서 참회한다는 말을 하였다. 결국 스승을 닮고자 하였으나 닮다가만 불초(不肖) 제자가 되었다. 그 까닭은 함석헌이 제나를 철저히 죽이지 못하여 얼나로 옹글게 솟나지 못하였기 때문이다. 함석헌이 스승 류영모를 실망시킨 것이 문제가 아니다. 제나로 죽고 얼나로 솟나 얼나로 한얼님 아들이 되어야 하는데 그렇게 못하였으니 한얼님 아버지를 실망시킨 것이다.

"한얼님 아들 노릇은 한얼님 아버지와 같이 하자는 것이다. 이 세상의 아버지는 아버지 노릇을 못하는 사람도 있기는 있다. 땅의 아버지의 잘못을 아들이 온전히 할 수도 있다. 그러자면 한얼님의 아들 노릇을 착실히 하여야 한다. 한얼님의 아들 노릇을 못하면 불초(不肖)가 된다. 한얼님 아버지와 같지 않은 사람이 된다. 여래(如來)라는 말도 같지 않은 것을 같게 한다는 뜻이다. 우리는 자꾸 한얼님 아버지와 같아지자는 존재이다. 예수교에서도 한얼님 아버지를 부르면서 아버지께서 온전한 것같이 나도 온전해지겠다고 한다. 그러면 버릇 없는 자식이라고 생각한다. 그 자리가 어디라고 기어올라 가려고 하느냐? 하지만 한얼님 아버지의 뜻을 말하는 것이다. 아버지의 뜻대로 하겠다는 것이다."(류영모, 《다석어록》)

마지막은 나와 한얼님의 관계이다. 사람인 스승에게 배우는 것은 한얼님 앞에 나아가기에 앞서 임시방편으로 하는 것이다. 석가도 얼나를 깨달은 사람을 가까이 하라고 말하였다. 그러나 그것은 어디까지나 참고일 뿐이다. 석가가 태어나자마자 외친 하늘 위, 하늘 아래 나 하나뿐(天上天下唯我獨尊)이라는 말은 이런 뜻으로 써야 한다. 한 얼님과 나의 독대로 풀어야 한다. 그래서 예수가 골방에 들어가 홀로 기도하라고 말하였다. 또 내가 떠나가는 것이 너희에게 좋다고 하였다. 스스로 한일님께 나아가라는 가르침이다.

그러나 류영모와 함석헌의 사제 관계도 유종의 미를 거두었으면 천박하고 빈약한 정신계에 빛나는 보배가 되고 은혜로운 축복이 되었을 것임에 틀림이 없다. 류영모는 자신이 깨달은 얼나를 알아주는 사람을 만났다고 믿었다. 그가 바로 함석헌이었다. 류영모는 그마저 아닌 것을 알게 되었을 때 마음이 아프지 않을 수 없었다. 전병호가 "선생님께서 그렇게 마음 아파할 게 뭐 있습니까? 내버려 두시지요." 라고 말하자, 류영모가 대답하기를 "함 그와 나 사이는 너는 너이고 나는 나라는 그런 사이가 아니다."라고 말하였다.

"친한 벗을 만난다는 것은 일생에 한두 번 있으면 많은 것이다. 공자 같은 분은 열 명쯤 되는 것 같다. 이것은 네가 나를 알아준다는 뜻으로 네가 나를 알아주니 즐거운 일이 아니겠는가! 나라는 사람을 알아주고 있다는 것을 알고 몇백 리 밖에서 찾아오는데 죽마고우를 만나는 것같이 금방 익숙해진다. 하룻밤을 새더라도 참 즐겁다. 평생 다시 만날지도 모르고 알려질지도 모르는 나를 찾아와서, 길은 죄다가 다르지만 예수교, 불교, 유교는 다 다를지 모르나 진리는 하나밖에 없는 것을 얘기하니 이보다 더 좋은 즐거움이 어디 있겠는가?

공자가 말하기를 나를 몰라주는 것을 걱정하지 말라, 내가 남을 몰라주고 내가 사람이 무엇인지 모르는 것을 걱정하라고 하였다. 일생을 살다가 한 번도 벗이 찾아오지 않는 일이 있다. 심히 외로워 남들이 나를 영 몰라주는구나 하는 그러한 지경에 도달할지도 모른다. 남이 나를 몰라주어도 노여워하지 않겠다. 왜 그러냐 하면 생전에 동지 하나를 영 얻지 못하고 알아주지 못하는데도 노여워하지 않으면 그것 역시 그이(君子)가 되는 것이다. 예수나 공자가 걸어온 길이 바로 이 좁은 길이었다. 세상에서 나를 알아주지 않아도 한얼님께서 나를 알아주면 그만인 것이다. 그런데 내가 깨달은 얼나를 알아주는 벗이 있고, 벗이 깨달은 얼나를 내가 알아주는 것은 이 세상에서 더 없이 아름다운 얼벗의 사귐이다."(류영모,《다석어록》)

나와 한얼님 사이에는 대리라는 것이 없다. 내가 잘못했는데 내가 해결해야지 누구에게 해결을 미룰 수도 없고 맡길 수도 없다. 예수의 보혈로 대속한다는 것은 알지 못하고 하는 소리이다. 다른 이에게 나를 위해 기도해 달라는 것도 기도가 뭔지 모르고 하는 소리이다. 한얼님 아버지께 더 가까이 나아가는 것도 내가 나아가야 하고, 한얼님 닮은 한얼님 아들이 되는 것도 내가 되어야 한다. 대신이란 없다. 한얼님께 더 가까이 나아가는 길은 괴롭든 아프든 슬프든 모든 것을 있는 그대로 다 받아들여야 한다. 이를 불평하거나 비관하거나 분노해서는 안 된다. 그러면 한얼님으로부터 더 멀어진다. 톨스토이가 50대 바로 전에는 자신의 처지와 운명에 대하여 불평이 많고 의혹이 많았다.

"나의 생애는 누가 나에게 연출한 어리석고 심술궂은 한갓 장난이다. 그리고 나는 우주를 만든 그 어떤 존재를 인정하지 않음에도 불구하고, 그 어떤 존재가 나를 이 세상에 창조해냄으로써 나에게 어리석고 심술궂은 장난을 하고 있다고 상상하는 생각이 나에게는 극히 합리적인 구조로만 생각되었던 것이다. 이미 불혹의 나이를 넘어 인생의 전모를 한눈으로 내다볼 수 있는 때에 인생에는 과거 현재 미래를 통해서 결국은 아무것도 없다고 하는 사실을 확실히 깨닫고서 학식의 절정에 이르고서도 마치 바보의 표본인 양 서 있는 이 나를 물끄러미 내려다보면서 홀로 기뻐하고 있는 어떤 존재가 어딘가에 있는 것 같이 생각되어도 나는 어떻게 할 수 없었다. 그 존재로서는 싱겁고 싱거워서 어떻게 할 수 없을 것이다. 이러한 생각이 자꾸만 저절로 머리에 떠오르는 것이었다.

그런 나를 비웃는 이런 그 어떤 존재가 있건 없건 간에 나는 그 때문에 마음이 편치 못했다. 내 생활 전체에 대해서도 그 어떠한 행위에 대해서도 나는 털끝만큼도 합리적인 의미와 보람을 찾을 수 없었다. 어찌하여 이렇게 명명백백한 사실을 진작 깨닫지 못했을까? 나는 그저 놀랄 뿐이다. 이 사실은 모든 사람들이 벌써 먼 옛날부터 알고 있는 사실이 아닌가? 오늘 아니면 내일 질병이나 죽음이 내가 사랑하는 사람들 위에 또는 나 자신 위에 덮쳐 올 것이다. 그러고는 몸은 썩어 악취가 나고 구더기가 끓다가 아무것도 없게 된다. 그리하여 나라는 존재는 머잖아 잊히고 말 것이다. 그런데 어쩌자고 살아보겠다고 발버둥 치는가? 사람이 어찌 이 사실에 눈 가리고 살아 나갈 수 있으랴? 참으로 놀랄 일이 아닌가? 그렇다. 인생살이에 취해 있는 동안에만 우리는 살 수 있다. 하지만 그러한 도취에서 깨어나자마자 그 삶은 모두 속임이며 거짓으로 어리석은 허망에 지나지 않는 것을 인정하지 않을 수 없다. 이것이 인생살이의 실상이다. 삶에 즐겁고 기쁜 일이라곤 아무것도 없다. 다만 끔찍함과 어리석음만이 있을 뿐이다.(톨스토이,《참회록》)

톨스토이는 20세기에 구약성경 〈욥기〉 편의 욥이라도 된 듯이 생각이 요란하고 구설이 넘친다. 생각의 방향을 조금만 바꾸어보자. 안 난 셈 치거나 죽은 셈치고서 현재 삶을 관조해보면 어떻겠는가? 기묘한 세상이요 경이의 인생이 아닌가? 인생이 싱거우면 싱거운 맛으로 살면 된다. 안 난 셈치고 죽은 셈치고서 말이다. 어차피 공짜 인생이요 꿈속 인생인 것이다. 이런 허망한 삶인데 시련과 고통조차 없다면 무슨 맛으로 살 것인가?

"사람에게 제일 귀중한 것이 생명인데 그 생명은 내 것이 아니다. 내 것이 아니기 때문에 사람은 마지막 임종에 다다라 일 초도 더 늘릴 수 없다. 진리·시간·공간은 내 것이 아니다. 그러므로 내 맘대로 할 수 없다. 내 맘대로 할 수 없는 것을 내 것이라고 생각하는 것은 망상이다. 그것은 한얼님의 것이다. 한얼님의 것을 내 것이라고 생각한다면 그런 망상이 없다. 내 몸에서부터 저 우주까지도 모든 게 한얼님의 것이지 내 것이라고는 없다. 자연도 가족도 내 것이 아닌 한얼님의 것이다. 사실대로 정직하게 일체를 내 것 아니라고 부정해야 한다. 그것을 모르면 어리석고 어리석은 것이다. 사람들이 서로가 탐내는 감투니 재물이니 하는 것도 내 목숨조차 내 것이 아니라는 것을 몰라서 하는 어릿광대짓이다. 그러니까 내 소유라며 타고 앉아 있으려 하지 말고 임자이신 한얼님께 돌려드리는 것이 마땅한 도리이다. 권토중래(捲土重來)라 하듯이 일단 한얼님께 돌리고 나서 다시 받아 쓰는 거다. 그러면 몸도 맘도 가볍다. 내 것이란 없으니 가볍지 않을 수가 없다. 내 것이라고는 없으면 무중력 상태에 머무는 것과 같다. 아무리 올라가도 숨도 차지 않는다."(류영모,《다석어록》)

이렇게 모든 것은 물론 내 생명조차도 한얼님께 돌려드리고 나면 아무리 모진 시련과 고통도 땅 짚고 헤엄치기로 이겨낼 수 있고 견디어낼 수 있다. 참아내는 저에게로 임자이신 한얼님께서 내게로 다가온다. 그러면 한얼님을 가까이 느낄 수 있다.

"한얼님이 계시는 것을 누가 아느냐고 하면 아무도 모른다. 그런데 이 세상이 괴롭고 어떻게 할 줄 모르는 사람에게, 알려고 하는 사람에게는 한얼님께서 다가오신다. 세상을 사랑하는 사람은 한얼님을 모른다. 세상을 미워하는 사람에게만 한얼님이 다가오신다. 한얼님은 우리에게 한얼님을 알고 싶은 생각을 일으켜준다. 한얼님 아버지께서 자신이 아버지라는 것을 아들에게 알게 하고 싶어 하는 것 같다. 말로 할 수 없는 일이다."(류영모,《다석어록》)

한얼님을 가까이 하려는 이는 한얼님에게 순종하고 복종한다. 예수가 본을 보여주었다. 예수는 "내 뜻대로 마옵시고 아버지 뜻대로 하옵소서."라고 말하였다.(마태 26:39) 한얼님 아버지의 뜻이라면 혼자 몸으로 살고 머리 둘 곳 없이 살며 십자가의 죽음도 기꺼이 받아들인다.

"나는 한얼님을 찾는데 무엇을 바라고 찾는 것은 아니다. 한얼님께 복종하는 것이다. 내가 이쯤하면 한얼님께서 은혜를 주시겠지 이것이 아니다. 한얼님의 뜻에 무조건 복종한다. 한얼님을 향하여 무엇을 바라고 믿는 것은 한얼님을 섬기는 것이 아니다. 한얼님께서 나를 죽이든 살리든 그것은 한얼님께서 하시는 일이고, 죽이든 살리든 한얼님의 뜻을 따르는 것이 하늘로 머리를 두고 사는 사람의 할 일이다."(류영모,《다석어록》)

이 세상 사람들은 높은 자리에 오르고 많은 재물을 모아 잘 먹고 잘 입고 즐기고 노는 것을 잘 사는 줄로 여긴다. 아니다. 이 세상에 태어난 목적은 그것이 아니다. 이 우주와 뭇 생명의 임자이신 빔이요 얼이신 한얼님 아버지를 가까이 하고 닮아 가고 하나 되는 것이다. 그러기 위해서는 제나를 의심하고 미워하며 제나를 부정하고 작아지며 마침내 제나가 죽어지고 없어져야 한다. 제나를 의심하고 미워하면 한얼님이 가까워지고, 제나를 부정하고 작아지면 한얼님을 닮아 가고, 제나가 죽어지고 없어지면 한얼님과 하나 된다. 한얼님 아버지는 참나이시며 영원한 생명이시다. 우리의 몸삶이란 꿈같은 이 세상에 꿈꾸듯 사라져 없어진다. 사형수의 집행 유예 기간에 지나지 않는 일생이라고 한 류영모가 제나로 죽고 얼나로 솟나고서 한얼님을 아버지로 섬기며 참되게, 기쁘게, 뜻있게 사는 실상을 세 갈래로 나누어 들어본다.

1. "한얼님 아버지를 내가 부른다. 아버지! 아버지! 한얼님 아버지의 얼굴이 이승에는 없지만 아버지를 부르는 내 맘에, 아무것도 없는 내 맘속에 계신다. 과대망상이 아니라 생각으로 찾아오실 것이다. 믿는 이는 이것을 계속 믿는다. 한얼님을 생각하는 것이 내가 사는 것이다. 생각은 한얼님이 그리워서 하는 것이다. 그가 그리워 자꾸 생각을 하게 된다. '그'는 영원 절대의 한얼님 아버지시다. 생각은 내가 한다. 나만 하는 것이 아니라 한얼님께서도 생각하신다. 그래서 나도 있다. 우리가 한얼님 아버지를 부르는 것은 잊지 않기 위해서다. 순간이라도 한얼님을 잊으면 그 틈으로 다른 생각이 들어오기 때문이다. 한얼님 아버지를 잊지 않으려고 한얼님 아버지를 찾고 기도를 올린다."(류영모,《다석어록》)

91살에 돌아간 류영모는 돌아가기 한 해 전부터 기억력이 떨어졌다. 제자인 이 사람을 누구인지 알아보지 못하였다. 얼굴은 눈에 많이 익은데 시작을 모르겠다고 말하였다. 그 말은 곧 누구인지를 모른다는 말이다. 그런 기억력인데도 계속 한 시간에 한 번 정도로 한얼님 아버지를 불렀다. 돌아가기 직전에도 아버지를 불렀다. 잠재의식에까지 뿌린 내린 기억이 신앙이라고 생각된다.

2. "남은 모두 형편없는데 나만 무엇이 됐지 하고 생각하는 이는 양심이 없는 이다. 우리 모두가 왜 이리 못났을까 하고 한탄하는 것은 한얼 양심이다. 한얼 양심으로 무엇을 하는 것이 찬송이요 염불이다. 진심으로 한얼님을 사랑하는 이는 드물다. 사람이 모른다고 하

는 영원 무한한 한얼님과 얼로 이어져 한얼님을 사랑하자. 한얼님이 뭔지 모르는 일은 종단(終斷)하여야 한다. 한얼님 아버지와 사랑을 하여야 한다. 한얼님을 사랑하는 사랑의 정신이 일어나 진리의 불꽃, 말씀의 불꽃이 되어 살리어 나온다. 한얼님을 그리워하는 생각의 불꽃밖에 없다. 생각의 얼나라에서는 나를 생각의 불꽃으로 태우는데 한얼님께서 나에게 생각의 불꽃을 살리어준다. 이 생각의 불꽃은 때로는 가장 강하게, 가장 무섭게 피어날 때도 있다."(류영모,《다석어록》)

세상에는 수성(獸性)을 좇아 짐승으로 살려는 이는 권력을 지닌 이를 가까이 하여 권력의 끄나풀이라도 잡아보려고 안간힘 쓰는 이가 많다. 또 미색을 지닌 이를 사랑하고자 살갗에 닿아보려고 침을 흘리는 이가 많다. 다 쓸데없고 부질없는 일이다. 멸망하지 않은 권력이 어디 있고 송장이 되지 않는 미색이 어디 있는가? 사랑의 임을 골라도 영원하고 참된 임을 골라야 한다. 예수와 석가가 찾아낸 한얼님이 참으로 맘과 뜻과 힘을 다해 목숨 바쳐 사랑할 임이시다. 참나이시다. 내 얼을 맡으실 사랑의 임이시다. 많은 사람들이 사랑의 임을 못 알아, 못 맞아 다시 없는 삶을 그르친다.

3. "절대자 한얼님을 아버지로 인정하여야 할 우리 사람이다. 아버지가 아들을 잊으려야 잊을 수 없다. 아들인 우리는 한얼님 아버지를 찾는다. 조급한 것이 하나 없다. 얼인 아버지와 아들은 나누려야 나눌 수가 없고 쪼개려야 쪼갤 수가 없다. 차별이 있는 것 같으나 떨어

지지 않는다. 그러므로 아버지의 품을 떠나 탕자가 된 나는 이제라도 한얼님 아버지께로 돌아가면 된다. 이 세상은 소비를 많이 하면 잘 사는 것이라 하는데 그것은 잘못된 생각이다. 소비가 삶의 목적이 될 수 없다. 오늘보다 내일을 더 잘 산다는 것은 더 많은 물자를 쓴다는 것이 아니라, 내가 한얼님 아버지께로 나아가는 것이며 오늘보다 내일이 나아져야 하는 것이다. 예수도 무엇을 입을까 무엇을 먹을까 걱정하지 말라고 하였다."(류영모, 《다석어록》)

한얼님께로 나아가는 것은 한얼님 아버지의 뜻을 좇아 생각을 바꾸고 삶을 바꾸는 일이다. 그것은 예수와 석가가 우리에게 본을 보여주고 갔다. 톨스토이와 간디도 그것을 보여주려고 안간힘을 썼다. 그들은 환락의 도시를 떠나 시골에 가서 농사짓고 사는 것을 으뜸으로 쳤다. 그리고 결혼을 하지 말 것이며 이미 하였다면 성생활은 끊어야 한다고 했다. 착하게 살되 이웃을 도우라고 하였다. 항상 죽음을 생각하여 근사지심(近死之心)으로 겸손하고 성실하게 살아야 한다는 것이다. 술, 담배, 도박, 오락 등 건전하지 않은 생활 습관은 과수에 도장지를 자르듯 끊어버려야 한다. 류영모는 신사복을 입은 적이 없었다. 톨스토이는 젊을 때는 하루에 12번씩이나 와이셔츠를 갈아입는 멋을 부렸으나 오십 세에 《참회록》을 쓴 다음으로는 러시아 농부들이 입는 루바사카를 입고 농부들과 더불어 농사하기를 즐겼다. 이것이 한얼님께로 나아가는 길이다. 노자(老子)도 사람 다스리고 한얼님 섬김에는 아낌(농사) 같은 게 없다고 말하였다.

아들이 아버지를 닮은 것은 아들이 아버지의 유전인자를 가지고 태어났기 때문이다. 그래서 혈족에 가깝고 먼 것을 촌수로 따졌다. "위에서 오신 분은 모든 사람 위에 계신다. 세상에서 나온 사람은 세상에 속하여 세상일을 말하고, 한얼에서 오신 분은 모든 사람 위에 계시며 친히 보고 들은 것을 증언하신다."(요한 3:31~32) 이 말은 한 얼님으로부터 얼생명을 받아 태어난 이는 한얼님 아버지에 대한 이야기를 한다는 뜻이다. 그러나 땅의 아버지로부터 태어난 이는 땅에 속하여 땅나라에 대한 이야기를 한다. 아는 것이 각기 다르기 때문이다. 나온 데가 다르기 때문이다. 예수의 말을 들어보면 한얼님 아버지 이야기와 한얼님 아들인 얼나 이야기이다. 류영모도 그와 같다. 그러니 예수처럼 류영모도 한얼님 아버지의 아들인 얼나를 깨달은 사람임을 알 수 있다. 류영모의 말을 들어본다.

"경의를 표할 수 있는 인격은 한얼님 아버지와 교통할 수 있는 아들(얼나)의 자격을 갖추겠다는 거기에 있어서 그렇게 된다. 피, 살을 가진 짐승인 우리가 개돼지와 다른 것은 한얼님 아버지와 교통하는 얼을 가졌다는 것밖에는 없다. 얼나는 보이지 않지만 얼나가 있다는 것을 알아야 한다. 이 얼나는 한얼님의 얼나와 예수가 받은 얼나와 나의 얼나가 한 가지로 하나인 얼생명이다. 한얼님께서 예수에게 얼을 주었듯이 나에게도 주었기 때문이다. 눈은 눈 자체를 보지 못하지만 다른 것을 봄으로 눈이 있는 것을 알 수 있듯이 얼은 얼 자체를 볼 수 없지만 거룩한 생각이 솟아 나오니까 얼나가 있는 줄 안다. 한얼님을 생각하는 것이 얼나가 있다는 증거이다. 얼나가 없다고 하고 모른다고 하는 것은 참나인 얼나를 무시함이요 모독함이다. 얼나가 있으면 한얼님도 계시는 것이다."(류영모,《다석어록》)

사람이 멸망의 생명이요 짐승인 제나(ego)로 태어나 제나로 죽고 영원한 생명이요 한얼님 아들인 얼나로 솟난다는 것은 대단히 어려운 과정이다. 그래서 류영모는 천원정(天遠征)이란 말을 썼다.

"우리는 여기 땅에 붙들려 매였으므로 영원한 한얼 나라에 가야 한다. 천원정(天遠征) 이것이 바로 우리의 실상이다. 한얼 나라(한얼님)로 원정하여 가는 것이다. 영원 무한한 얼의 나라로 솟나가야 한다. 예수는 한얼님나라를 들이치는 이가 들어간다고 하였다. 제나(몸나)로는 죽어야 들어갈 수 있기 때문이다. 우리의 갈 길은 영원 무한한 얼 나라에까지 가는 먼 원정이다. 그러기에 우리의 목적지는 한얼 나라에 있지 땅에 있는 것이 아니다."(류영모,《다석어록》)

류영모의 천원정은 장자(莊子)가 소요유 편에서 말한 붕정만리가 생각난다. 북명에 사는 곤이라는 큰 물고기가 붕이라는 큰 새가 되어 남명으로 날아가는 이야기다. 그것이야말로 천원정이라 할 것이다. 그런데 붕새가 남명에 다다른 얘기는 없다. 사실은 남명이 북명 바로 옆에 있다. 제나와 얼나는 붙어 있다. 제나만 버리면(죽으면) 얼나이다. 장자(莊子)는 이를 좌망(坐忘)이라고 말하였다.

"온몸이 무너지고 약은 제나를 내쳐 꼴은 떠나고 앎은 가버리니 한얼님께로 뚫리어 얼나로 하나 된다. 이를 일러 제나 잊음이라고 한다."(《장자》대종사 편)

싯다르타 태자가 말을 타고 카빌라 성을 탈출하여 설산(雪山)으로 몸을 숨길 때는 대장정임에 틀림없었다. 그러나 깨달음을 이룰 때에는 보리수나무 밑에 조용히 제나를 넘어섬으로 얼나를 깨달았다. 예수는 한얼 나라가 가까이 왔다고 하고서는 한얼 나라가 너희 안에 있다고 말하였다. 그리고 또 말하기를 "제나를 사랑하는 이는 얼나를 잃는다. 그러나 제나를 미워하는 이는 얼나를 영원히 지닌다."(요한 2:25 박영호 의역)고 말하였다.

"이 몸나는 참나가 아니다. 참나인 얼나를 실은 수레라고나 할까. 참나인 얼나는 보이지 않지만 있다는 것을 알아야 한다. 한얼님도 보이지 않지만 한얼님은 있다. 예수는 간단하게 말씀하였다. 영원한 생명인 얼나는 죽음이 없다. 이 껍데기 몸나가 죽는 거지 얼나가 죽는 게 아니다. 죽음을 무서워하고 싫어할 까닭이 없다. 죽는다는 것은 이 몸이 퍽 쓰러져서 못 일어나는 것이다. 진리의 생명인 얼나는 영원하다. 이 몸이 훌렁 벗어지는 게 무슨 문제인가? 몸이야 아무래도 좋은 것이다. 거짓나일 뿐이다. 한얼님의 아들이란 몸의 죽음을 넘어선 얼나다. 얼나를 깨닫는 것과 죽음을 넘어서는 것은 같은 말이다. 몸은 죽고 얼은 산다. 몸은 죽지만 얼은 살아 빛난다."(류영모,《다석어록》)

장자(莊子)는 놀라운 말을 남겼다. "한얼님과 하나 되면 이 누리에는 좋아할 것이 없다. 얼나로 솟나면 몸나로 오래 살 것 없다."(《장자》대종사 편) 장자의 이 말에는 그저 아멘이라 할 뿐 다른 할 말이 없다. 류영모도 한얼(天)에 목적이 있지 이 누리엔 목적이 없다고 하였고 영원한 생명인 얼나를 깨달으면 이 몸은 언제 죽어도 좋다고 말하였다. 이는 두 사람의 말이 아니라 얼나 한 사람의 말이라고 할 것이다. 똑바로 말하면 한 얼나(한얼님 아들)의 말인 것이다. 한얼님 아버지를 닮을 수 있는 길은 한얼님이 주시는 얼나로 솟나는 길뿐이다. 얼나로 솟나는 길은 짐승인 제나를 부정하고 포기하는 것이다. 바꾸어 말하면 제나를 버리고 죽는 거다. 멸망의 생명인 짐승이던 예수와 석가가 영원한 생명인 얼나로 솟나 한얼님 아들(붓다)이 되었다. 그 길로 나도 좇는 것이다. 류영모가 그 염원을 간결한 시문으로 표현하였다.

보아요(念在神在)

한얼님 계시어 생각들이어 사람 보게 말슴 나오지
너의 목구멍에 얼숨길이 끊겨져 봐라 이승의 짐승이지
사람도 어릴적 때에 노릇은 짐승에 가까운 이승 버릇

어린이에게 한얼 글월 읽히기는 짐승버릇 잃게
짐승 노릇 놓게스리 한얼님 그린 생각 이룩함이지
해보고서 생각을 바꿔 돌림이라 제 맘속 저절로

(류영모,《다석어록》1956. 10. 28. 박영호 윤문)

예수는 이를 간단히 "사망에서 생명으로 옮김"(요한 5:24)이라고 하였다. 이를 분명하게 말하면 땅의 어버이가 낳으신 죽음의 생명인 제나(몸나)에서 한얼님이 낳으신 영원한 생명인 얼나로 옮겨 생명 바꿈을 한 것이다. 예수는 사람들에게 이것을 가르치고 깨우쳤다. 그에 앞서 예수 자신이 광야에서 스스로 제나로 죽고 얼나로 솟나는 생명 옮김, 곧 부활의 깨달음을 하였다. 예수가 실천하고 가르친 부활은 이 생명 혁명이다. 예수가 십자가에 못 박혀 죽어 장사한 지 사흘 만에 몸으로 다시 살아났다는 부활은 예수가 가르친 일도 없으려니와 역사적인 사실도 아니다. 예수는 분명히 가르치고 갔다. "영원히 사는 것은 얼나이고 몸나는 죽는다."(요한 6:63 박영호 의역) 그리고 예수가 분명히 말하였다. "한얼님 아버지는 얼이시다."(요한 4:24) 또 얼은 바람과 같아 보이지 않는다고 말하였다. 그런데 사도행전에 이런 말이 있다. "스데반이 성령이 충만하여 하늘을 우러러 주목하여 하느님의 영광과 예수께서 하나님 우편에 서신 것을 보고/말하되 보라 하늘이 열리고 인자가 하나님 우편에 서신 것을 보노라."(사도행전 7:55~56) 이는 스데반이 헛보지 않으면 거짓말을 한 것이다. 스데반이 헛볼 리도 없고 거짓말 할 리도 없다. 사도행전 집필자가 자의적으로 썼든지 뒤에 사람들이 써 넣었을 것이다. 류영모는 말하였다. "몸이 다시 사는 것을 믿는 것은 멸망이다."(《다석강의》) 예수는 말하였다. "아버지는 만유보다 크시다."(요한 10:29) "한얼님은 얼이시다."(요한 4:24) 한얼님은 만유보다 큰 빔(허공)이시고 무소부재한 얼이신데 어찌 사람의 눈에 보일 수가 있단 말인가? 기독교회가 꼭 해야 할 일은 사도신경을 내리고 예수의 가르침을 내걸어야 하는 것이다. 기독교회보다 먼저 예수와 예수의 가르침을 내건 이가 있으니 바로 다석 류영모이다.

"사람의 아름다운 모습은 섬김에 있다. 사람이 지닌 본연의 모습은 우주의 임자요 온통(전체)이신 한일님을 섬김에 있다. 역사적으로 많은 사람 가운데 참으로 한얼님을 섬기고 사람을 사랑함에 가장 으뜸가는 이는 예수가 아닐까? 한얼님과 온 인류를 섬김에 자신의 몸 생명까지 바친 이가 예수이다. 한얼님의 아들 자리에서 한얼님을 아버지로 섬겨 영광되게 하고 온 인류로 하여금 한얼님이 주시는 얼나로 솟나 생사에 묶인 제나(몸나)를 초월하여 한얼님께서 주신 얼나로 한얼님 아들 노릇을 함에 모자람이 없도록 본을 보인 이가 예수이다. 이에 한얼님 아버지를 섬김에 맘과 뜻과 힘을 다한 예수를 우리가 기리고 찬미함이 사람의 자연스런 본성일 것이다."(류영모,《다석어록》)

이 나라 수재들이 모인다는 서울대학교 법대에 다니던 주규식이 해야 할 법률 공부보다 인생 공부에 마음이 끌려 스님들의 법석을 찾아다니고 류영모와 함석헌의 강의 모임에 참석하기를 일삼았다. 법률 공부를 열심히 하여 고시에 합격해서 법관이 되기를 바라던 부모님의 실망과 걱정이 컸다. 주규식의 아버지는 주규식이 존경하며 따르는 함석헌을 찾아와 아들 주규식이 학교 공부를 열심히 하도록 타일러 달라고 간청한 일이 있었다. 주규식은 교의화되고 신격화된 예수를 이해하기 어려워 사람이라는 석가를 더 좋아하였다. 주규식은 류영모의 서울 종로 YMCA 연경반 강의에도 1년 넘게 참석하였고 함석헌이 주도하는 천안 씨알 공동체 농장에 몸담기도 하였다. 다음은 주규식이 류영모를 만나 문답을 나눈 것을 주규식 본인이 적어놓은 것이다.

주규식 : 예수와 석가 두 분 가운데 누가 더 참되다고 할 수 있습니까?

류영모 : 예수와 석가 두 분 가운데 누가 더 참을 가졌느냐는 우리가 알 수 없다. 특별히 비교할 일이 있으면 모르거니와 비교할 필요가 없다. 그건 절대자만이 할 수 있을 것이다.

주규식 : 불교는 어느 정도 이해가 가는데 기독교는 도대체 모르겠습니다.

류영모 : 불교는 철학적이거든, 이지적이니까 불교를 쉽게 알 수 있다.

주규식 : 사람이 죽은 뒤에는 완전히 없어지지 않습니까?

류영모 : 완전히 없어진다면 죽어도 없어지지 않는 참(얼)을 찾는 사람이 이렇게 분명히 있을 리가 없다. 이 세상에서 참을 찾는 우리가 이렇게 있다는 게 완전히 없어지지 않는 증거이다. 아주 정말 온전히 없어진다면 정말 감사하겠어.

(주규식 노트)

인류 역사가 비롯되고서 오늘날에 이르기까지 한얼님 아버지를 알고서 한얼님 아버지께서 주신 얼나를 참나로 깨달은 대표적인 사람이 있다면 예수와 석가일 것이다. 석가는 예수보다 5백 년 먼저 인도에서 태어나 살았고 예수는 석가보다 5백 년 뒤 이스라엘에 태어나 살았다. 2천 년 전 문화적으로 어느 정도 상호 교류가 되었는지는 알 수가 없다. 세례 요한이 사람들에게 요르단강 강물에서 세례 의식을 베푼 것은 인도 사람들이 갠지스강 강물에서 세례 의식을 행한 것과 비슷한 점이 있다는 것에 관심이 가지만 지금으로서는 자세히 밝히기는 어렵다. 그런데 예수의 말씀과 행동은 석가의 직제자들보다도 더 석가를 닮았다는 것을 인정하지 않을 수 없다. 그것은 두 사람이 똑같이 한얼님(니르바나님)이 주시는 얼나(프뉴마, 다르마)를 깨달은 데서만 가능한 일인 것이다. 다시 말하면 예수와 석가는 두 사람이 똑같이 얼나를 참나로 깨달아 얼나로는 둘이 아닌 하나이다. 두 사람은 짐승인 제나를 극복하여 짐승인 몸을 지니고서도 짐승 노릇을 온전히 끊었다. 그러므로 얼나로는 한 생명인데 예수와 석가를 굳이 비교할 필요가 없는 것이다. 얼나를 깨닫는 것은 바람이 부는 것 같아 눈으로는 볼 수 없어 깨달은 여부를 알 수 없다고 예수가 말하였다. 그런데 바람이 부는 것은 나뭇가지가 흔들리는 것으로 알 수 있다고 하였다. 얼나의 깨달음은 그 사람의 인격에서 탐·진·치의 짐승 냄새가 나는가 안 나는가로 알아 볼 수 있다.

"제나(自我)의 맘은 제나가 내서는(부려서는) 안 된다. 반드시 얼나가 다스려서 내어야(부려야) 한다. 몸의 욕망에 끌려서 맘을 내면 견물생심(見物生心) 탐욕이 된다. 몸의 욕망을 충족시키는 것은 죄악이다. 몸이 무슨 맛을 그리워하는 것은 못쓴다. 무엇을 좀 갖겠다든지 좋은 소식을 좀 듣겠다고 하는 것은 실제 맘이 거기에 머뭇거리고 있다는 증거이다. 희로애락에 허우적이는 제나(ego)를 초극(超克)해야 한다. 무념(無念) 무주(無住)로 집착이 없는 얼나만이 제나의 희로애락을 바르게 조화시킬 수 있다. 《중용》에서 말하는 중절(中節)에서 이뤄지는 중화(中和)의 길이다. 얼나가 제나를 절제하여 다스리는 중화의 길이 바르게 사는 길이다. 짐승을 기를 때는 우리가 쓸 만큼 사랑하고 길러야지 더 이상 사랑할 필요가 없다. 얼나를 위해 몸나를 길러야지 이 몸을 지나치게 사랑하고 몸삶에다가 삶의 전 목적을 두어서는 안 된다. 한얼님의 얼이 어째서 이런 짐승 속에 있는지 알 수 없다. 한얼님의 얼을 기르기 위한 한도 안에서 몸을 건강하게 해야지 몸삶을 전 목적으로 해서는 안 된다. 적당히 쓰기 위해 적당히 길러야지 그리하여 짐승을 잡을 때 잡아야 한다. 항상 얼생명은 위로부터 왔다는 것을 잊지 말아야 한다."(류영모, 《다석어록》)

구약성경 창세기에서 한얼님이 사람을 창조할 때 한얼님의 형상대로 만들었다는 것은 당치도 않은 소리이다. 그래서 구약에 나오는 한얼님은 사람 모습의 인태신으로 그려지고 있다. 에덴 동산에서 야훼신이 걸어 다니는 발자국 소리가 난다고 하였다. 얍복강 나루터에 야곱은 야훼신과 밤새도록 씨름을 해서 야곱이 이겼다고 한다. 어이없이 유치한 인태 신관이다. 예수의 신관은 만유보다 크신 빔의 한얼님이시고 바람처럼 없이 계시는 얼이시다. 그러므로 제나로 죽고 얼나로 솟나 얼의 나로서만 아버지와 나가 하나 된다.

"빔(허공)과 얼(성령)로 영원 무한한 얼생명의 한얼님이 계시는 것이 틀림없다. 이천 년 전 예수와 석가에게 나타났던 영원한 생명인 얼나가 나에게도 나타났으니 얼생명이 시간과 공간을 초월하여 존재하는 것만은 틀림없다."(류영모, 《다석어록》)

예수와 석가, 그리고 류영모도 어머니(아버지)가 낳아준 몸나(제나)는 멸망의 생명이라 반드시 죽을 것이며 반드시 죽어야 한다고 말하였다. 몸이 안 죽고 신선이 된다거나 몸이 죽었다가 다시 살아난다거나 몸이 재림한 예수에 의해 들어올림을 당한다는 말 따위는 속이는 소리요 속는 소리라고 말하였다. 영원한 생명은 제나로 죽고서 한얼님이 주시는 한얼님의 생명인 얼로 솟나는 얼나뿐이라고 잘라 말하였다. 그러므로 영원한 생명인 얼나로는 너와 나의 구별이 없다는 것이다. 깨닫기는 각자가 깨달았지만 모두가 한얼님이 주시는 한얼님의 생명인 얼나이기 때문이다. 그래서 한얼님으로 하나가 된다. 제나가 한얼 나라로 가서 그 죗값에 따라 지옥과 연옥과 천국으로 나눠 간다는 따위의 생각은 깨끗이 버려야 한다. 한얼 나라는 빔이요 얼이다.

류영모의 이 말은 잘 들어 두어야 한다. 이는 제나의 사람들이 망상한 한얼 나라가 아니다. 얼나를 깨달은 이의 바른 한얼 나라에 대한 설명이기 때문이다.

"영원한 생명을 믿음에 몸은 상관없다는 말은 받아들일 수 있을 것이다. 그러나 이름이 소용없다는 말은 받아들이기 좀 어려울 것이다. 그런데 영원한 생명인 얼나에는 개인이란 없기 때문에 이름이 소용없다. 천 가지 만 가지의 말을 만들어보아도 결국은 하나(절대, 전체)밖에 없다. 깨(覺)는 것이다. 얼나를 깨는 것은 온통인 하나이다. 한(天), 나(我)가 하나이다. 십 년을 하루같이 지내는 그 사람하고 나하고는 친형제보다 낫다고 말하기도 한다. 남자와 여자가 사랑하게 되어 부부가 되면 두 몸이 아니라 한 몸같이 되었다고 한다. 두 사람이 한 몸같이 되었다지만 실제는 얼마만큼 하나가 되었는지 멀쩡한 거짓말이다. 그런 말은 스스로를 속이는 말이다. 두 사람이 참으로 하나가 되는 데는 생명의 밑인 얼이 터져 샘솟아 몸에서 얼로 생명을 옮기는 생명 문제가 여기에 들어간다. 참으로 두 사람이 하나가 되려면 두 사람 모두가 제나에서 얼나로 솟나야 한다. 한얼님이 주신 영원한 생명인 얼나에는 너와 나라는 나눔이 없다. 얼나는 너와 나가 없는 공통의 한 생명이다. 얼나로 하나 되면 부르고 대답할 필요도 없다. 거기서 다른 생각이 나올 리가 없다.

그런데 세상에서는 한얼님께서 주신 영원한 생명인 얼씨를 싹틔운 사람이라고는 몇이 안 된다. 최후의 승리를 한다는 진리의 생명인 얼의 참뜻이 어디에 있는지 모른 체 멸망의 생명인 제나(ego)만을 바라보는 이러한 세상에 얼의 씨를 싹 틔운 사람이 있을 리가 없다. 사람들의 얼씨가 싹이 트고 안 트고는 별 문제로 하고 이 사람도 얼씨의 싹이 텄는지 안 텄는지 모르겠다. 싹이 트는 지도 모르는 가운데 정신적인 살림이 구차하나 이렇게 사는 것을 나는 자랑하고 싶다. 언제나 마음이 기쁘고 평화롭다. 옆에 사람들도 알 수 없겠지만 한얼님의 얼씨가 마음속에서 싹이 트는 척만 해도 기쁨이 넘치는데 얼씨의 싹이 터서 자라난 사람은 얼마나 좋을 것인가? 얼의 싹이 튼 사람으로 온 세상이 가득 찬다면 이 세상이 이렇지는 않을 것이다."(류영모,《다석어록》)

나라

나 남 사이를 나타낸 : 나라

나라며 나아온 나와

나라며 나아온 남이

서로 엇바뀔 때마다

나는 나라라고

맘속부터 입의 말에 든든한 힘이 바쳤다면

그러한 나가 이룬 나라이 잘된 나라리다.

므로 뉘 나라가 못되거던

그 나라 씨알 나와 남새 고쳐 됩소사 빌 뿐

(류영모,《다석일지》1963. 7. 26.)

"너희는 사람들 앞에서 옳은 체 한다. 그러나 한얼님께서 속마음을 다 아신다. 사실 사람들에게 떠받들리는 것이 좋게 보이지 않는다."(누가 16:15 박영호 의역)

보아, 알아, 하나

예수가 사람에게 눈이 얼마나 소중한가를 깨우치는 이러한 말을
하였다. "눈은 몸의 등불이니 그러므로 네 눈이 성하면 온몸이 밝을
것이요, 눈이 나쁘면 온몸이 어두울 것이니 그러므로 네게 있는 빛이
어두우면 그 어둠이 얼마나 하겠느뇨?"(마태 6:22~23) 뒤에 나오는
"네게 있는 빛이 어두우면 그 어둠이 얼마나 하겠느뇨?"라는 예수의
말에서 빛이란 무엇을 가리키는가? 앞의 말처럼 몸의 눈을 가리키는
것이 아니다. 몸의 눈으로 볼 수 없는 (알 수 없는) 한얼님을 알아보
는 얼눈(靈眼), 곧 얼의 나를 예수는 빛이라고 말하였다. 예수는 몸에
눈이 중요하지만 몸의 눈보다 더 중요한 맘의 눈, 곧 얼눈의 중요성
이 절대함을 깨우치고 있다. 사람들은 얼눈이 있다는 것조차 모르는
이들이 많다. 이것이야말로 문제 가운데 큰 문제인 것이다. 어버이가
낳아준 짐승인 제나(몸나)의 사람들은 한얼님을 아는 얼눈이 어둡다.
아직 얼눈을 뜨지 못하였기 때문이다. 자신이 한얼님을 알지 못하는

얼눈의 장님인 것조차 모르고 있다.

옛사람들은 눈의 중요성을 거꾸로 나타내었다. 길 가다가 눈먼 장님을 만나면 길에다 침을 뱉으며 재수 없다면서 혼잣소리를 하고 장님을 피해 가버렸다. 얼마나 교양 없는 언행인가? 자신은 몸눈의 장님보다 더 심각한 얼눈의 장님인 것을 모르고 있으면서 말이다. 미국에 어둡고 귀먹고 말 못하는 이른바 3중고(重苦)이면서 훌륭한 사람으로 이름이 세계에 알려진 헬렌 켈러가 훌륭한 사람이 된 것은 몸의 눈은 못 보는 장님이지만 한얼님을 알아보는 얼눈이 밝았기 때문이다. 헬렌 켈러가 좋아하는 성경 구절이 있다. "눈에 보이는 것은 잠깐이요 눈에 보이지 않는 것은 영원하다."라는 구절이다. 눈에 보이는 사람들은 곧 죽어 사라지지만 눈에 보이지 않는 한얼님은 영원하다는 말이다. 그러니 눈이 성하다고 으스댈 게 없다. 그러나 한얼님을 알아보는 얼눈(얼나)은 영원한 생명이다. 일제강점기 때 성천 류달영이 개성에 있는 호수돈 여학교 교사로 근무할 때 그 유명한 헬렌 켈러가 서울에 와서 강연을 하고서 기차를 타고 만주를 지나 중국으로 간다는 소식이 신문에 보도되었다. 류달영은 평소 전기를 읽고 관심이 많은 헬렌 켈러를 꼭 만나고 싶었다. 그러나 알아보니 이미 여정이 꽉 짜여 있어 만날 시간이 없다는 회신이 왔다. 류달영은 지나가는 개성역에서 얼굴이라도 보았으면 좋겠다고 하였더니 그것은 가능하다는 것이었다. 그래서 류달영은 헬렌 켈러가 지나가는 기차 시간에 맞추어 여학생들을 데리고 개성역 플래트홈에서 기다렸다. 급행열차라 정거 시간이 짧은데도 개성역장의 배려로 5분 가까이 사리반 선생의 수화 통역으로 뜻있는 인사를 나눌 수 있었다. 일제에 강점당하여 시련이 크겠지만 잘 참고 견디어내면 좋은 날이 올 것이라는 힘을 주는 고마운 말씀을 남기고 떠나갔다. 3중고의 장애인이 성한 사람보다 훨씬 훌륭한 이가 될 수 있다는 것을 보여준 위인 헬렌 켈러였다. 그 비결은 몸의 눈은 잃었으나 얼의 눈을 얻은 것이다. 몸의 눈은 어버이로부터 받지만 얼의 눈은 한얼님으로부터 받는다. 사람이 할 수 있는 가장 가치 있고 거룩한 일이라면 한얼님께 기도 올리는 일일 것이다. 기도 올릴 때는 반드시 두 눈을 감아야 한다. 보는 눈이 기도 올리는 데는 필요 없을 뿐만 아니라 방해가 된다. 나는 노자(老子)의 일없음(無爲)이 기도라고 생각한다.

"인생은 한정된 곳에 뜻이 있는 것이 아니라 한정 없는 곳에 뜻이 있다. 정신과 신앙과 철학을 가지고 살려는 사람은 이것을 절실히 느낀다. 우리는 눈에 보이는 것에서 눈에 보이지 않는 것을 늘 생각해야 한다. 우리는 모든 현상 속에서 산 우주가 지니고 있는 생명의 율동을 느껴야 한다. 하늘에 머리를 두고 있는 인간은 하늘을 쳐다보며 우주에서 생명의 고동을 느끼면서 살라는 것이다.

남을 기준으로 생각지 말고 자기에게 자신의 주관을 물어라. 정신을 물어라. 참나는 진리의 정신이다. 참나는 한얼님으로부터 온 얼나다. 참나는 먹으러 온 것도 자식을 낳으러 온 것도 아니다. 이런 수성(獸性)을 좇는 제나로만 사는 이들이 많은 이런 세상이 한얼님의 말씀을 들을 리가 없다. 그것은 난 근원이 다르기 때문이다. 이 땅 위에서 제나(몸나)로만 사는 이는 한얼님의 말씀을 모른다. 식색(食色)

의 임자가 되면 진리의 말씀을 모른다. 진리의 정신이 풍부해지면 식색은 자연히 끊게 된다. 정신의 얼나가 참나이다. 얼의 정신으로 판단해야 올바른 판단이다. 한얼님이 주신 얼은 영원한 생명이다. 나서 죽는 것은 짐승인 몸나뿐이다. 사람의 얼나는 몸의 생사와는 관계없이 영원히 산다. 정신이 깨서 얼의 생명으로 살아야 한다."(류영모, 《다석어록》)

몸의 눈으로 사물을 보는 것은 견(見)이라 한다. 맘눈(얼눈)으로 보는 것을 관(觀)이라 한다. 見은 사람 위에 눈(目)을 그린 것이다. 觀은 밤에 사물을 잘 보는 올빼미가 본다는 것이다. 불교에서 얼나(Dharma)를 깨닫는 것을 견성(見性)이라 한 것은 잘못한 것이다. 류영모도 이것을 지적하였다. "불교의 견성(見性)은 남에게 듣지 않고 보지 않고 아는 깨달음이다. 보고 아는 것은 참나(얼나)가 아니다. 은밀한 가운데 계시는 볼 수 없는 얼나(참나)를 깨닫는 것이다. 견성은 눈으로 보는 게 아니다."(류영모,《다석어록》)

거룩을 소리로 나타낸 것이 옴, 아멘, 암이다. 거룩을 도형으로 나타낸 것이 ○(동그람, 圓)이다. 그래 일원상(一圓相)이라 한다. 절대존재 한얼님을 상징하는 것이다. 이 거룩한 절대의 자리에서 보거나 거룩한 절대를 보는 것을 관(觀) 또는 직관(直觀)이라 한다.

"지혜의 광명, 정신의 광명이란 직관력(直觀力)을 말한다. 만물을 얼의 눈으로 직관하여 볼 수 있는 힘이다. 정신의 광명으로 만물을 비춰 보는 세계가 지혜의 세계이다. 마치 등잔불을 계속 태워 만물을 비추듯이 뜻을 태워 지혜의 광명으로 세상 만물을 비추게 된다. 이 얼나인 지혜의 빛을 사방에 비추는 것이 설법이다.

하늘을 한(큰) 늘(永遠)이라고 생각한다. 한량없는 공간과 시간의 이 우주이다. 없(無) 빔(空)의 한빔(太空)이다. 한 동그라미는 부정할 수 없다. 나라는 게 나와서 죽을 때까지 이 한 동그라미 안에 있는 것을 부정할 수 없다. 안도 밖도 가장자리도 없는 한 동그라미는 한얼님의 것이요 한얼님이시다. 한얼님 아버지의 아들이 되면 한 동그라미가 내 것이 된다. 공상하면 못쓴다지만 절대인 한 동그라미 공상은 해야 한다. 다른 것은 다 못해도 한 동그라미만은 예수와 석가만큼 생각할 수 있다. 관(觀)이라는 것은 한 동그라미라는 말이다. 인생관이니 세계관이니 우주관이니 하는 것은 다 한 동그라미를 두고 하는 말이다. 같은 몸을 지녔지만 넓게 혹은 좁게 살 수 있는데 그것은 관(觀) 때문에 그런 것이다.

같은 세상에 살아도 관이 다르면 다른 세계에 사는 것이다. 이것은 어떻게 생각하면 대단히 긴한 말이다. 나는 지금 노동자 복장을 하고 밖에 나가라면 나가겠지만 부자 차림을 하고는 못 나간다. 다 관이 다르니까 그렇다. 제가 가진 관은 떠나기가 싫다. 사람들은 한 동그라미 테 밖에 나와 하늘을 잊고 땅바닥에 있는 걱정만 한다."(류영모, 《다석어록》)

몸눈으로 보(見)는 것은 제나(몸나)가 사물을 보는 것이다. 얼눈으로 보(觀)는 것은 얼나로 한얼님을 보는 것이다. 석가의 염화미소(拈花微笑)가 있다. 석가가 영취산에 올라가 그곳에 모인 대중들에게 설법을 하였다. 그런데 석가는 산에 오르면서 산에 곱게 핀 꽃 한 송이 꺾어 들고 와 여러 대중들에게 보였다. 그러자 석가 붓다의 사자후 (설법)를 듣고자 한 대중은 설법은 한마디도 못 듣고 들꽃 한 송이만 바라보게 된 것이다. 대중들은 어안이 벙벙하여 어쩔 줄을 몰랐다. 그러자 청중 속에 있던 마하가섭이 빙그레 웃음을 지었다. 가섭의 미소를 본 석가 붓다도 미소를 지었다. 그것으로 영취산에서 그날 설법은 끝이 났다.

류영모는 YMCA 연경반 강좌에서 칠판에 꽃 한 송이를 그려놓고 설명을 하였다. 꽃이 꽃으로 아름답게 보이게 하는 것은 꽃 둘레 허공이 있어 꽃의 윤곽을 그대로 드러내기 때문이라고 말하였다. 석가가 영취산에 꽃 한 송이를 들어 보인 것은 꽃만 보라는 것이 아니라 꽃 둘레에 펼쳐져 있는 허공을 보라는 의미라는 것이었다. 부연해 설명하기를 천지 만물도 말하자면 한 송이 꽃이다. 꽃 둘레의 허공을 드러내자는 것이다. 그런데 사람들은 꽃인 만물만 보지 허공은 보려고도 안 한다. 만물을 보고 허공인 한얼님을 생각해야 한다는 말이다.

"우리는 으뜸(元, 한얼님)으로 돌아간다. 복원(復元)하는 것이다. 그렇다고 집으로 돌아가는 것은 아니다. 집이라는 것은 가다가 쉬기 위해서 지나다가 들르는 곳이다. 자신에게 가까운 것은 다 버려야 한다. 집에 대한 것은 버리고 싶다. 그러니까 이 지구도 우리에게는 집에 지나지 않는다. 마침내는 집을 내버리고 나가야 한다. 지나가는 한순간밖에 안 되는 이 세상을 버리고 간다면 섭섭하다고 한다. 그러한 바보들이 어디 있는가? 한 번 가면 다시 오지 못한다. 한 번 가면 못 오는 길을 우리가 가고 있다."(류영모,《다석어록》)

세상에서 알 것은 다 알아야 한다. 무엇인지 모르고 가게 되면 그 믐에 들어가듯 캄캄하다. 모르는 채로 세상을 떠나는 것도 이와 같다. 그러므로 나고 죽음의 주재자이신 한얼님 아버지만은 꼭 알아야 한다. 한얼님이 바로 나를 내고 거두시는 참나이기 때문이다. 배우와 그 배우가 맡은 배역이 다르듯이 참나인 한얼님과 배역인 거짓나의 삶이 다른 것이다.

"사람은 한얼님을 가질 때 참나를 가지게 된다. 한얼님이 참나이기 때문이다. 그런데 우리는 한얼님(얼나) 가지기를 싫어한다. 세상에는 한얼님이 소용이 없다고 한다. 팔 수 있으면 팔겠다는 사람이 많을 것이다. 그러나 한얼님의 아들인 그이(君子)는 한얼님께 돌아가는 것을 삶의 목표로 삼는다. 그러므로 사람으로서 사람 노릇을 하려는 사람은 마땅히 한얼님을 알아야 한다. 한얼님의 뜻을 알아야 한다. 온전한 사람이라면 사람이 무엇인지를 알아야 한다. 교육하는 데도 사람의 본질이 무엇인가를 가르치는데 그 근본을 두어야 한다. 운동이나 잘한다고 교육하는 것이 아니다. 인생의 본질을 외면한 교육은 도둑놈의 교육이다."(류영모,《다석어록》)

존재하는 것은 온통인 한얼님뿐이다. 한얼님은 비롯도 없고 마침도 없는 영원한 존재이다. 한얼님의 부속물인 개체들이 없다가 있어지고 있다가 없어지는 것은 있어지는 것도 거짓이요 없어지는 것도 거짓이다. 그래서 류영모는 죽음이란 없다고 선언하였다. 석가의 "나는 생로병사를 여의었다."라는 말과 예수의 "사망에서 생명으로 옮겼다."라는 말은 사람이 한 말 가운데 가장 놀라운 말이요 귀중한 말이라 아니할 수 없다. 죽음에서 자유하는 일인 것이다. 그러나 이것은 얼나에서의 일이지 몸나에서의 일이 아니다.

"한얼님으로부터 난 이는 위와 친하고 땅의 어버이에서 난 이는 아래와 친하다. 한얼님 아버지를 모르면 나도 거짓이다. 돈이나 밥이나 술은 확실하다고 하면서 시원한 말씀, 영원한 생명은 불확실하다고 한다. 영원한 생명인 얼나는 시간을 초월하여 과거, 미래, 현재가 없다. 영원한 현재가 있을 뿐이다. 좋은 사상은 내 생명을 약동케 한다. 남의 말을 들어도 시원하다. 생각처럼 귀한 것은 없다. 생각 가운데에도 거룩한 생각은 향기롭다. 바람만 통해도 시원한데 거룩한 향기가 풍기는 바람이 불어오면 얼마나 시원할까! 시원한 생각 시원한 말씀이 불어 가게 하자. 죽음은 없다. 그런데 죽음이 있는 줄 알고 무서워한다. 죽음을 무서워하는 육체적인 생각을 내던져야 한다. 죽음의 종이 되지 말자. 죽기를 무서워 몸에 매여 종 노릇하는 모든 이를 놓아주려 하는 것이 한얼님의 말씀이다." (류영모, 《다석어록》)

생각 속에 한얼님의 생명인 얼이 말씀이 되어 용천수처럼 불쑥 샘솟는다. 이것을 예수와 석가가 맘으로 경험하였다. 이것을 류영모는 군(가온찍기)라 하였다. 온통인 한얼님의 생명인 얼이 상대인 사람의 맘속에 하나의 점이 되어 나타났다는 뜻이다. 틸리히는 카이로스라 하고 샤르댕은 오메가 포인트라 하였다. 류영모는 이렇게 말하였다.

"누에 입에서 고치실이 나오듯이, 거미 꽁무니에서 거미줄이 나오듯이 내게서 한얼님의 생명인 얼이 말씀이 되어 샘솟았다. 한얼님이 주신 얼의 나가 길이요 진리요 생명이다. 예수에게는 예수의 맘속에서 한얼님이 보내신 얼나가 길이요 진리요 생명임을 깨달은 것이다. 예수는 참나인 얼나와 길이, 얼나와 진리가, 얼나와 생명이 둘이 아닌 것을 알았던 것이다."(류영모, 《다석어록》)

글을 읽거나 말을 듣고서 얼나의 깨달음을 이론으로 아는 지식만으로는 아무 쓸데가 없다. 스스로 맘으로 체험을 하여 스스로 제나로 죽고 얼나로 솟나야 한다. 예수와 석가가 똑같이 제나로 죽고 영원한 생명인 얼나를 깨달았다. 그러므로 제나의 예수와 석가는 달라도 얼나로는 같은 한얼님(니르바나님)의 아들인 한 생명이다. 그런데 예수를 좇는다는 이들과 석가를 따른다는 이들끼리 수시로 시비가 붙고 비난을 퍼붓는다. 한쪽이라도 얼나를 깨달았으면 그런 일이 있을 까닭이 없다. 그들 스스로는 예수를 가장 잘 안다고 할 것이고 석가를 가장 잘 믿는다고 할 것이다. 물론 잘 아니까 안다고 할 것이다. 알기는 아는데 지식으로만 알고 있는 것이다. 류영모는 지식으로만 아는 것은 아는 것으로 여기지 않았다. 제나로 죽고 얼나를 깨닫는 마음의 체험이 있어야 한다고 하였다.

"알긴 무엇을 아는가? 모두가 아는 것이 없다. 예수교 믿는 사람은 유교를 이단시 하고 불교를 우상 숭배라 한다. 불교에서는 예수를 비난하고 유교를 나쁘다고 한다. 유교에서는 불교를 상놈의 종교라 욕지거리하고 기독교를 예수쟁이라 얕보았다. 그러면서 무슨 진리, 도덕을 안다고 하는지 모르겠다. 예수와 석가와 공자가 한 시대에 태어났다면 서로가 대단히 가깝게 얼벗으로 사귀었을 것이다. 자기가 한얼님 아들인 그이(君子)가 되려면 다른 그이도 알아야 한다. 지금은 참 멍텅구리 시대이다."(류영모,《다석어록》)

예수와 석가는 제나로 죽고 얼나로 솟나 가정과 나라와 세상을 초월하여 빌어먹고 머리 둘 곳 없이 살면서 한얼님(니르바나님)의 뜻을 좇고 섬기면서 살다 갔다. 그런데 요즘 예수와 석가를 좇고 믿는 이들은 식색(食色)의 풍부함만 바라고 사제들은 복을 빌어주는 무당 노릇만 한다. 그래서 류영모는 예수를 믿는다는 소리를 하기가 부끄럽다고 하였다. 류영모는 이렇게 바른 소리를 거침없이 하였다.

"사람이 상대 세계에 빠져버리면 알(知)이 굳어버리고 만다. 절대 세계인 한얼님나라를 놓치고 아무것도 모르면서 무엇이든지 아는 것 같은 착각을 일으키게 된다. 그리하여 완고해지고 교만해져 자기가 제일이라는 어리석음에 빠지게 된다. 석가는 영원한 생명인 얼나를 산스크리트어로 다르마(Dharma, 法性)라고 했다. 다르마란 참(얼)이란 뜻이다.《금강경》에는 참(얼)에도 마음이 살면 안 된다고 하였다. 이 말은 참 생각해보아야 한다. 구도(求道)란 참(얼)을 찾겠다고 마음을 내는 것인데 참(얼)에도 마음을 살리지(生心) 말라니 괴상한 말이라 아니할 수 없다. 거짓나인 제나가 참나(얼나)를 찾으려 해서는 참나(얼나)를 찾지 못한다. 도둑이 형사를 잡겠다는 망상과 같다. 도둑은 형사 앞에 두 손을 내밀고 저를 체포하라고 하면서 몸을 숙여야 한다. 거짓나인 제나가 스스로 항복하고 죽으면 참나인 얼나는 스스로 나타난다. 제나가 참나(얼나)를 찾겠다고 독사처럼 머리를 쳐들고 으스대서는 성불(成佛)은 멀어진다.

　신앙 공부의 시작은 얼나를 스스로 깨닫는 자각부터이다. 자각이 없는 이는 아무리 학문이 많고 높다고 해도 지식의 노예에 지나지 않는다. 우선 남을 보기에 앞서 나를 보아야 한다. 거울을 들고 나를 보아야 한다. 거울은 예부터 내려오는 예수와 석가를 비롯한 성현들의 말씀이다. 거울의 경(鏡)이 말씀의 경(經)이다. 이 거울 속에 참나(얼나)가 있다. 말씀(로고스)이 바로 참나인 얼나이다. 가온찍기(⌒)는 참나인 얼나를 깨닫는 것이다. 이 세상에 많은 사람들이 참나를 무시하고 살아간다. 참으로 기가 막히는 일이다. 참나를 찾는 것이 한얼님을 찾는 것이다.

　한얼님을 찾는 이는 한얼님의 향내라 할 수 있는 신비를 느껴야 한다. 신비를 느끼려면 자신의 무지(無知)와 부지(不知)를 알아야 한다. 스스로가 아무것도 모르는 소자(小子)임을 깨달아야 한다. 한얼님은 전체요 완전이요 절대인 하나(一)이다. 이 하나는 알 수 없는 영원한 신비이다. 이 하나를 임으로 그리워하고 사랑하고 하나 되자는 것이 한얼님 아들이 되는 신앙이다. 한얼님 아버지의 신비를 찾는 일은 그것이 학문을 낳는 데 있다. 연구를 줄곧 하여 학문이 기도가 되어야 한다. 기도는 보편적이고 심오한 추리가 되어 우리의 정신 생명이 최고의 활동을 해야 한다. 추리가 영감이 되어 진리를 깨닫고 법열(法悅)을 체험할 때 우리의 건강한 몸의 맥박이 한얼님을 찬미하는 반주가 되어 뛸 것이다."(류영모,《다석어록》)

인류 역사를 종교적인 진리 정신의 문화 발달로 본 아널드 토인비는 20세기의 기적은 예수(기독교)와 석가(불교)의 만남이라고 말하였다. 그런데 예수와 석가가 깨달은 영원한 생명인 얼나가 하나라고 밝힌 류영모의 말을 들었다면 깜짝 놀라며 기뻐하였을 것이다. 석가가 말한 해탈(moksha)과 예수가 말한 자유(ελευθερία)는 얼나를 깨달은 이가 탐·진·치의 수성(獸性)에서 놓여난 것이요, 생사에 붙잡힌 제나에서 솟난 것을 말하는 것이다. 얼나로 솟난 이는 세속에서 말하는 종교인이 아니다. 예수가 기독교인이 아니듯 석가는 불교인이 아니다. 노자(老子)가 참(道)을 참이라고 하면 이미 참이 아니라고 하였듯이 무슨 종교를 믿는다면 이미 종교인이 아닌 것이다. 종교 간의 불화나 종파 간의 갈등은 이미 얼나를 깨달은 참된 신앙인이 못 된다는 증표인 것이다. 그것은 진리의 갈등이 아니라 욕망의 갈등이다. 진리가 갈등을 일으킬 까닭이 없다. 어떤 갈등도 진리가 있으면 갈등이 사라진다. 그래서 노자(老子)가 말하기를 "거룩함을 끊고 슬기를 버리면 씨알들이 백 배나 이로울 것이다(絶聖棄智民利百倍)."라고 하였다. 참된 거룩과 지혜는 그럴 리가 없다. 거짓된 거룩과 지혜가 씨알을 이롭게 하지 못하고 오히려 해롭게 한다는 말이다.

얼마 전 《불량 크리스천(How to be a bad christian)》이라는 책을 선물로 받았다. 책갈피에 이런 쪽지를 발견하였다. "최근에 읽어본 책인데 한번 읽어보시라고 드립니다. 풍요로운 한가위 되시기를 기원합니다. 구자홍." 책의 요지는 참으로 예수님처럼 살고자 교회를 안 나간다는 것이었다. 15살에 서울 연동교회 신도가 되었던 소년 류영모가 22살에 예수처럼 살고자 교회에 나가기를 그만두었다. 류영모는 이런 말을 하였다.

"나더러 어떤 한 사람이 '예수를 믿으십니까? 선생님은 기도를 안 하시고 예배당에도 안 가시지요? 찬미도 안 하시지요?'라고 묻는다. 찬미는 몰라서 못하고 기도는 이렇게 하고 찬미는 이렇게 한다. 여기에는 알면서 모르고 모르면서 아는 것이 많다. '나도 예수를 믿소.'라고 대답하면 대답하는 나도 좋고 듣는 이도 좋겠지만, 요사이 내가 하는 말을 듣고서 저런 소리하는 이가 무슨 크리스천이냐고 말할 것인데 '나는 이단이라 차라리 안 믿소, 무종교요.'라고 하는 것이 편하다. 내 23살 때만 하여도 기독교를 전도하는 데 요한복음 3장 16절과 예수가 십자가에 흘린 보혈로서 내 죄를 대속 받는다는 말이 빠져서는 안 되는 줄 알았다. 지금은 몹시 달라지고 있다. 나는 한얼님의 사랑을 줄곧 보고 있다. 예수만이 홀로 한얼님 아들로 독생자인가? 한얼님이 주신 얼의 씨를 키워 말씀(로고스)의 얼이 참나라는 것을 알고 이에 매달려 줄곧 위로 올라가면 한얼 나라는 가까워지고 있다. 한얼님이 주신 얼의 씨가 한얼 나라요 영원한 생명인 것이다."(류영모, 《다석어록》)

이런 가르침을 주는 교회도 없을 것이고 인정해주는 교회도 없을 것이다. 그러니 류영모가 교회를 멀리 할 수밖에 없다. 데이브 톰린슨은 《불량 크리스천》에서 이렇게 말하였다.

"예수님은 사람들에게 나를 따르려면 이러이러한 교리를 받아들인다고 서명하라고 요구하신 적이 없다. 그분은 그저 삶의 방식을 바꾸라고 말씀하였다. 탐욕을 멈추고 평화를 일구는 자가 되고 원수마저 사랑하라고 말씀하셨다. 그분은 그저 어떤 종교에나 존재하는 황금률인 사랑으로 사는 법을 보여주셨고 자기와 함께 그런 삶을 살도록 사람들을 초대하셨다. 크리스천이라는 용어를 생각해내신 분은 예수님이 아니다. 크리스천이라는 용어는 성경 전체를 통틀어 세 번 나온다. 이 용어는 본디 예수를 따르는 이들을 대적하는 사람들이 예수의 죽음과 부활 이후 최소 10년이 지난 뒤에 조롱과 조소의 의미를 담아 만들어낸 말이다."(톰린슨, 《불량 크리스천》)

류영모가 교회를 안 나간다 뿐이지 예수를 버린 것도 멀리한 것도 아니었다. 예수를 바르게 알고 더 가깝게 하려고 하였다. 그 증거로 성경을 더 자주 정독하였다. 그 당시에는 아직 우리말 구약성경이 없어 중국어로 된 구약성경을 보았다. 류영모의 예수관을 짚어본다.

"요한일서 3장 9절에 있는 말씀에 따르면 우리 사람은 흙으로 빚어진 흙덩이만이 아니라 한얼님이 주신 얼의 씨를 가지고 있으며 한얼님의 뜻으로 났다고 한다. 이러한 한얼님 아들의 대표로 예수를 이 땅 위에 보냈다. 예수의 가르침을 좇겠다는 크리스천들이 십자가에 못 박혀 돌아가신 예수의 모습을 쳐다만 보고 믿는다고 해서 진실한 크리스천이 될 수 없다. 예수의 몸은 여느 사람과 다를 게 없다. 예수의 얼굴은 보잘것없다. 지나간 것의 한 가지 일인데 무엇이 대단한가? 단 예수의 진리 정신이 오늘날까지 폭포수처럼 우리 머리 위에서 부어주고 있는데 그것을 우리가 느끼기 때문에 그가 대단한 존재인 것이다.

우리가 이 세상에 나온 것은 사람으로서 특별한 대우를 받으러 나온 것이 아니다. 오직 한얼님 아버지의 아들 노릇을 하러 이 세상에 나온 것이다. 예수가 모든 이의 대접을 받으려고 한얼님 아버지로부터 이 세상에 온 것은 아니다. 한얼 나라로 올라갈 한얼님 아들이 십자가를 지고 죽어야 하였겠는가? 한얼님 아들로서의 사명을 다 마치고 죽는 데 지나지 않는다."(류영모,《다석어록》)

류영모는 7년 동안 나가던 교회에 나가기를 멈추었으나 교회를 배척하는 것은 아니었다. 함께 다니던 옛 교우들을 만나고 싶으면 교회 예배 시간에 참석하여 함께 예배를 보면서 만났다. 연동교회에 화재가 났을 때에는 시무하던 김형태 목사를 방문하여 위로하고 재건축에 보태라고 특별 헌금까지도 하였다. 손녀들이 자랄 때는 새 돈을 챙겨두었다가 헌금하라고 주면서 교회에 다니게 하였다. 그렇다고 교회 사람들의 결점까지 모르는 것이 아니었다. 류영모의 말이다.

"요새 불교와 기독교에도 상당히 많은 사람들이 신통(神通)이라는 기이한 것을 구한다. 종교가들도 제법 무슨 신비한 능력이 있는 체한다. 그렇게 하다가 많은 사람이 입신(入信)하게 되면 많은 사람을 모을 수 있으니까 제법 능력이 있는 것처럼 한다. 그래 가지고 사람들이 믿으면 많은 사람에게 전도한 게 되니까 좋다고 생각한다. 요새 종교란 게 다 이렇다.

사람들이 모이는 곳에서는 교육적인 의의(意義)가 있다고 말한다. 그런데 사람이 많이 모이면 모일수록 좋다 하여 디디익선이라 하는데 사람이 많이 모이면 도리어 허식과 술주정과 난장에 빠지고 만

다."(류영모, 《다석어록》)

존 쉘비 스퐁은 "기독교는 변하지 않으면 죽는다."고 하였다. 기독교가 붕어 없는 붕어빵 모양으로 예수 없는 예수교가 된 지 오래인데, 예수의 진리 정신은 없어도 예수 이름만 전해 오는 것도 예수교가 살아 있다고 보아야 하는가? 하긴 예수의 기르침은 한얼님의 생명인 얼(성령)이라 영원한 생명인 얼이 어찌 망하겠는가? 기독교는 변하지 못하면 망할지 모르지만 예수의 진리 정신은 영원하다. 한얼님 아들인 얼나는 생사를 넘어선 영원한 생명이기 때문이다. 예수의 얼나는 한얼님 아버지께서 주신 얼나라 얼나의 생명으로 아버지와 아들의 생명이 하나이다. 그래서 예수가 아버지와 나는 얼나로는 하나라고 말한 것이다.

"예수의 영원한 생명은 그의 몸이 아니고 그의 얼이다. 예수의 얼은 한얼님 아버지께서 주신 얼이다. 예수에게 준 얼은 줄곧 우리에게도 보내주신다. 우리가 얼을 받을 수 있고 얼이 임할 수 있다고 본다. 얼이란 참(진리)이다."(류영모, 《다석어록》)

예수는 땅의 어버이가 낳아준 몸생명을 멸망(죽음)이라 하고 한얼님이 주시는 얼생명을 생명(영생)이라 하였다. 그래서 얼나로 솟난(거듭난) 이를 사망에서 생명으로 옮겼다고 말하였다. 얼나를 깨닫지 못한 제나(몸나)만으로 사는 이는 죽은 이로 보고 산 이로 보지 않았다. 어느 제자가 아버지의 장례를 치르고서 스승님(예수)을 좇겠다고 말하자 예수가 대답하기를, 죽은 자는 죽은 자로 하여금 장사하게 하고 산 너는 나서서 나를 따르라고 하였다. 죽은 자, 곧 송장은 얼나를 깨닫지 못한 제나(몸나)의 사람들이 치우게 하라는 말씀이다. 또 예수는 죽은 자들이 내 소리를 듣고 살아난다고 하였다. 이런 예수의 인생관으로 오늘의 이 세상을 본다면 어떤 판단이 나올지는 불을 보듯 분명한 것이다. 이미 멸망한 세상인 것이다. 있기는 있는데 존재의 가치는 찾을 수 없다는 것이다. 다만 지금이라도 제나로 죽고 얼나로 솟나면 한얼님의 소중한 아들이 될 가능성을 지닌 데 가치가 있을 뿐이다. 예수가 나로 말미암지 않고는 한얼님나라에 들어갈 자가 없다고 한 것은 얼나를 깨닫지 않고는 한얼님나라에 들어가지 못한다는 말이다. 이 말을 예수 안 믿으면 한얼 나라에 못 간다는 뜻으로 알고 있으니 기가 막힐 일이다. 류영모는 바로 알고서 이렇게 말하였다.

"우리가 여기서 몇십 년 사는 것으로 그치라는 게 아니다. 정죄(定罪)하여 너는 죽을 것이라 심판하고 마는 것이 아니다. 그러나 이 몸이 죽지 않는다거나 죽은 몸이 다시 사는 것으로 생각하면 잘못이다. 위로부터 난 영원한 생명은 한얼님이 보내주신 얼생명을 깨달아 믿어야 한다. 몸이 죽는다고 멸망이 아니다. 벗어져야 할 몸은 벗어지고 멸망할 몸은 멸망하고 한얼님이 주신 얼나는 영원히 산다. 얼은 한얼님의 생명인 것이다.

내 맘속에 와 있는 한얼님이 주신 얼나(독생자)를 깨달아 믿지 않으면 이미 멸망한 것이다. 죽을 몸을 참나로 착각하고 있는 것이다. 위(한얼님)로부터 온 얼나(독생자)를 알지 못하면 그게 이미 심판 받고 정죄 받고 멸망한 것이다. 위로 솟날(거듭날) 생각을 안 하니 그것을 모르니까 이미 죽은 거다. 몸의 숨은 붙어 있지만 벌써 멸망한 것이다.

예수를 따르고 우러르는 것은 그의 몸(色身)을 좇자는 것이 아니다. 예수는 내 속에 있는 속알(德), 곧 한얼님이 보낸 얼나가 참생명임을 가르쳐주었다. 그러므로 먼저 내 맘속에 있는 얼나를 깨달아야한다. 그 얼나가 예수의 참생명이요 또한 나의 참생명이다. 몸으로는 예수의 몸도 내 몸과 같이 죽을 껍데기지 별수 없다."(류영모,《다석어록》)

이 세상에 태어난 목적이나 사명은 한얼님 아버지를 알고자 왔다. 결코 자식 낳으러 온 것도 아니고 더구나 부자가 되거나 높은 벼슬하려고 온 것이 아니다. 한얼님 아버지가 참나이기 때문에 한얼님 아버지를 바로 알아야 한다. 한얼님을 아는 것이 나를 아는 것이다. 그런데 한얼님 아버지를 알려는 생각조차 안 하니 헛사는 것이라 예수는 살아 있어도 죽은 이로 보는 것이다. 그렇지 않으면 한얼님 아닌 것을 한얼님으로 받들고 있으니 안타까운 일이 아닐 수 없다. 우리 선조들도 별, 해, 달에 절을 하였고 큰 뫼, 큰 강, 큰 나무에 절을 하는 것을 보면서 자랐다. 동티모르 사람들은 악어를, 아프리카 부르키나파소 보보족은 메기를 신으로 섬긴다고 한다. 이렇게 하는 것이 무슨 한얼님을 섬기는 것이 될 수 있는가? 한얼님을 바로 알고 바로 섬겨야 한다. 그러기 위해서는 어버이가 낳아준 제나(몸나)를 버리고 한얼님이 보내주시는 얼나로 솟나 한얼님 아버지의 아들이 되어야 한다. 다시 말하면 한얼님을 바로 알고 바로 섬기는 길은 제나로 죽고 얼나로 솟나는 일이 전제되어야 한다. 이를 예수는 한얼님은 얼이시니 얼로 섬겨라, 얼로 섬기는 이를 한얼님께서 찾으신다고 말하였다. 예수가 가르치고 본을 보이는데도 그렇게 하는 이가 없으니 어찌된 일인가? 이 인류 역사가 존재할 가치가 있는지 모르겠다. 류영모의 가르침이다.

"한얼님하고 나하고는 무슨 관계가 있다. 삼독(三毒, 탐·진·치)의 수성(獸性)이 든 몸 아닌 얼로는 나와 한얼님이 하나이다. 한얼님이 주신 얼나가 정말 더없는 나다. 대적할 것도 없고 배타적인 것도 아닌 얼나다. 이 얼나 하나를 모르기 때문에 빈탕한데(허공)인 한얼님을 모른다. 그리하여 탐·진·치 삼독이 든 몸나를 내세운다. 이 삼독의 몸나는 온 세상을 다 잡아먹어도 배부르다고 말하지 않는다. 죄다 잡아먹고도 그만두는 일이 없다. 그들을 꽃다운 수놈이라 하여 영웅이라 치켜세운다. 그들이 저지른 광란의 싸움을 통일이라 허울 좋게 말한다. 그 영웅들이 마른 콩 먹고 배 터져 죽는 소 꼴이 된다. 그러나 사람이 맘으로 깊이 느끼고 높이 생각하여 마음을 비우고 밝게 하면 마음속에 깨닫게 되는 얼이 있다. 그 얼을 존심양성(存心養性)하면 한얼님이 주신 얼생명을 키워 가는 것이다. 그래서 얼생명으로 깊이 느끼고 깨끗하게 살아 한얼님 아들의 사명을 실천한다."(류영모, 《다석어록》)

예수는 이스라엘 사람들이 자랑하는 역사적인 긍지라 할 수 있는 성경(구약)도 맹신하거나 맹종하지 않았다. 아브라함도 모세도 그 밖에 선지자도 예언자도 비판의 대상이었다. 그런데도 맘과 뜻과 힘을 다하여 아버지한얼님을 섬기고 또 그처럼 이웃을 사랑하라는 가르침만 받아들였다. 이 가르침을 받아들인 류영모는 한얼님을 어떻게 대하였고 사람을 어떻게 대하였는가?

한얼님 사랑(1)

"그리워 찾는 임의 모습은 한얼님 아버지이다. 한얼님 아버지의 모습 없는 모습을 찾는 것은 아버지를 닮지 않는 불초자식이 될까 봐 걱정이 되어서 그렇다. 아바디의 '아'는 감탄사요 '바'는 밝다는 것이요 '디'는 딛고 실천한다는 뜻이다. 한얼님 아버지의 모습은 햇빛보다 밝은 영광스런 모습일 것이다. 우리는 그것을 참(진리)이라고 한다. 참이란 한얼님 아버지의 모습이 드러난 것이다. 한얼님 아버지의 모습 없는 모습을 보고 감탄 안 할 사람이 어디 있을까? 철학은 놀람(경탄)에서부터 시작된다고 하지만 사람이 존재의 근원을 경험할 때에는 놀라지 않을 수가 없다. 우리가 어디로 가나? 갈 데는 뻔하다. 한얼님 아버지께로 돌아가는 것이다.

한얼님은 자연계를 다스리는데 보이지 않는다. 한얼님은 일을 하시는데 통히 나타나지 않고 저절로 되게 하신다. 한얼님은 우리가 생각하고 있는 대로, 우리가 높인 대로 그렇게 계신 분이 아니다. 우리가 듣고 알 만한 일에 그의 계심을 나타내시지 않는다. 한얼님이 어떤 분이라는 것은 결코 말할 수 없다. 그래서 한얼님에 대해서는 모든 생명이 머리 위에 받들어 모실 수밖에 없는 온통이신 한얼님이다.

우리는 정신을 바짝 차려서 지나간 무지(無知)를 바로 보고 잊은 온통(全體)을 찾아야 한다. 하나(절대, 一)는 온전하다. 모든 것이 하나를 얻자는 것이다. 어떻게 하면 하나를 얻나? 한 나 속(大我中)에 이것이 있다. 그러니 마침내 한얼님 아버지께 매달릴 수밖에 없다. 신앙을 가진다는 것은 곧 대아중(大我中)이다. 한(큰) 나 속으로 들어가는 것이다."(류영모,《다석어록》)

사람 사랑(1)

"섭섭한 것이 없으면 반가운 것도 없고 쓴 것이 없으면 단 것도 없다. 떠나서 섭섭하지 않으면 반가운 것도 섭섭한 것도 없다. 섭섭한 것이나 반가운 것이나 어떤 면에서는 같다. 근원은 한길이다. 그러므로 떠나서 섭섭할 것도 없고 만나서 좋아할 것도 없다. 그때가 되면 할 수 없는 것이다. 세상에서는 이것을 모르는 것을 아주 야단을 한다. 인사치례 잘하는 사람은 감정의 몇 곱절을 나타낸다. 그러면 인사를 잘 한다고 말한다. 그러나 나는 기운이 쇠해져서 그런지는 몰라도 무심해지는 감정이 더해지는 것 같다. 허락해주시는 이 시간에 허락된 일을 하는 것이다. 우리는 인연을 생각할 때는 무슨 생각이 있을 것인데 나는 그것이 도무지 없다. 단지 이 시간을 불가불 다른 세계 다른 사람하고는 상관없이 지낼 수 있다는 것, 심지어 집안 식구까지도 상관이 없다는 것, 이것 하나는 인정하는 기쁨이 있다."(류영모,《다석어록》)

한얼님 사랑(2)

레프 톨스토이는 잘못된 신관의 한얼님을 믿는 사람보다는 신을 안 믿는 무신론자가 더 낫다고 말하였다. 알라를 믿는다는 수니파와 시아파의 종교 전쟁이 그것을 잘 보여준다. 살생을 명령하고, 전쟁을 주도하고, 잔인한 보복을 일삼고, 투기하기를 서슴지 않고, 차별하기를 즐기는 야훼신은 마피아 두목보다 더 두렵다. 예수의 한얼님은 가혹하게 징벌하고 잔인하게 응징하지 않는다. 잘못에 빠진 이를 오히려 측은히 여기고 가엾이 여긴다. 바울로의 대속 신앙은 한얼님께는 마당 터진 데 솔뿌리 걱정하는 쓸데없는 소리이다. 야훼신을 비롯하여 옛사람들은 이를 천벌을 내리는 것으로 알았다. 그리하여 사람에게 안된 일이 일어나면 하늘의 벌을 받았느니 귀신의 해코지를 당한 것으로 알았다. 그런 재앙을 풀자면 한얼님이나 귀신의 노여움을 풀어야 한다는 것이다. 그래서 풍성한 제물로 제사를 올렸다. 불운, 징벌, 제사, 이렇게 짜여진 절차를 셰마(shema)라고 한다. 바울로의 대속 신앙도 구약의 야훼 신관에서 비롯된 하나의 셰마에서 온 것이다. 예수가 후진된 유대교의 신관을 깨트린 차원 높은 구경의 신관으로 종교 혁명을 하였는데 바울로가 변형된 유대교로 반혁명을 한 것이다. 그 바울 사상을 예수교라면서 2천 년을 이어 왔으니 개개비 새 둥지에 뻐꾹새가 몰래 알을 낳아 개개비새는 뻐꾹새 새끼를 자기 새끼인 줄 알고 열심히 기른 격이 되었다. 아직도 예수 천당 불신 지옥을 외치는 이들이 있으니 그들은 예수의 신관을 모르는 것인가 아는 것인가 물어보고 싶다. 간음하다 잡힌 여인을 바리새인들이 예수에게

데리고 왔을 때 어떻게 하였는지는 우리가 잘 알고 있다. 나도 정죄하지 아니하니 가서 죄를 짓지 말라고 하고서 돌려보냈다. 가서 성전에 속죄의 제물을 바치라고도 안 했으며, 내가 너의 죄를 대속하고자 십자가에 못 박혀 보혈을 흘릴 것이라고도 안 했다. 류영모는 말하였다. 잘못하였으면 이 다음부터 잘못을 안 저지르면 된다고 하였다. 훔친 물건이 있다면 물론 먼저 돌려주어야 할 것이다. 류영모의 말이다.

"한얼님은 잡신(雜神) 노릇은 하지 않는다. 잠깐 보이는 이적과 기사 같은 것을 하고자 영원한 한얼님이 한 곳에서 사람들에게 보이려고 신통변화를 부릴 까닭이 없다. 이런 뜻에서 참되신 한얼님은 우리가 바라고 생각하는 것 같은 신(神)이 아니다. 참되신 한얼님은 없는 것 같다. 없는 것 같은 것이 한얼님이시다. 신통괴변은 한얼님이 하는 것이 아니다. 한얼님은 영원한 시간과 무한한 공간인 한늘의 우주요 무소부재(無所不在)하신 사랑의 얼이시다. 머리 우에 계셔 한웅님이시고 크신 얼이라 한얼님이시다. 이 한얼님을 아버지로 모시는 아들은 얼나라 남을 해칠 것도 없고 요구할 것도 없다. 그러니 자유이다. 남이 있으면 자유에 제한을 받게 된다."(류영모, 《다석어록》)

사람 사랑(2)

류영모는 이미 66살에 1년 뒤에 죽는다는 사망 가정일을 정해놓기도 하였다. 그래서 모든 것에서 관심을 떼고자 하였다. 모든 일에 무심해지고 오직 한얼님 아버지와 더 가까이 하고자 하였다. 그래서 명상 기도의 시간을 많이 보냈다. 명상 기도 가운데서 얻어진 생각을 일기에 적었다. 노자(老子)가 한얼님과 성인(聖人)은 사람을 꼴개로 여긴다고 하였다. 애증을 초월하였다는 것이다. 집착할 것도 없고 미워할 것도 없는 것이다. 장자(莊子)는 말하기를 이른 이의 마음가짐은 거울과 같아 앞맞이를 하지도 않고 배웅도 하지 않는다고 하였다. 거저 나를 통해 지나가는 것이다. 젊을 때 아직 사랑의 임이 결정되기 전에는 사람을 만나면 혹시 지기(知己)의 벗이라도 만날까하여 상대방에 대해서 알고자 한다. 그러나 류영모는 이미 한얼님을 사랑의 임으로 머리 위에 받들고 살기로 결심을 한 지가 20년이 가까웠다. 그러니 사람들에게 기대의 마음을 품을 게 없게 되었다. 그리고 얼나를 깨달은 이를 만나고자 바랐으나 그게 쉽지 않다는 것을 알고는 그런 기대도 버렸다. 그래도 광주(光州)의 김정호가 전남대 교수를 그만두고 미국으로 공부하러 가겠다는 것을 밤새 설득하여 안 가기로 하고 무등산에서 산양 목장을 하는 것을 돕기로 하였다. 류영모도 아예 무등산 목장으로 내려가 살고자 하였으나 가족들이 반대하여 뜻을 이루지 못하였다. 류영모의 사람 사랑의 생각이다.

"이 세상을 미워해서는 안 된다. 맹수나 독사 같은 것도 미워해서는 안 된다. 더구나 남을 노엽게 해서는 안 된다. 독사나 맹수를 둔 것도 다 필요가 있기 때문이다. 마하트마 간디처럼 이쯤 생각이 미쳐야 한다. 불한당도 있는 뜻이 있어서 있다. 악한 것이라도 미움으로 대해서는 안 된다. 심하게 미워하면 마침내는 난(亂)이 난다고 하였다. 공자는 도둑질한 사람도 너무 미워하면 난이 난다고 하였다. '원수를 사랑하라', '악을 악으로 갚지 말라', '산 것을 죽이지 말라'도

이 세상의 것을 미워하지 말라는 뜻이다. 이 세상을 미워해서는 안 된다. 선(善)은 무조건 선이다. 무조건적인 선이 아니면 그것은 악이 된다. 악을 내게서 버려야 한다. 천만 번 손해를 입고 실패를 당해도, 기어이 죽임을 당해도 미워하지 않는 것이 선이며 불살생(不殺生)으로 사랑의 극치이다. 마하트마 간디는 이것을 간단하게 무저항의 선이라고 표현했다. 악한 사람을 보면 당장에 때려죽일 것처럼 날뛰는 사람이 악을 가장 싫어하는 것 같지만 그런 사람일수록 법을 범하기 쉬운 사람이다.

우리는 냉정해야 한다. 무아(無我)의 지경을 볼 수 있어야 한다. 무상해(無傷害, ahimsa)가 원칙이다. 내가 괴로움을 당하지만 남에게 괴로움을 주지 않을 마음이 없는 사람은 아직도 선을 위해서 무엇을 한다고 할 수 없다. 악을 악으로 대하면 자기도 악당이 되고 만다. 악이라는 존재는 한얼님의 뜻으로 있고 또 없어질 것이다. 이 사상이 구체적으로 나타난 것이 간디의 진리파지(사챠그라하) 정신이다."(류영모,《다석어록》)

1957년 1월 27일 섣달그믐 설날을 앞두고 살기가 너무 어려워서 일가족이 자살한 일이 신문에 보도되었다. 류영모가 그 기사를 읽고 너무 상심이 되어 그날 밤을 새우면서 기도하는 가운데 단식에 들어가기로 결심하였다. 단식한 지 5일이 되는 날 YMCA 금요 강의가 있는 날이라 단식한 채로 연경반 강의에 나와 강의를 하던 중에 이 사실을 공개하여 사람들이 알게 된 것이다. 단식 중인 것을 공개한 일부 말씀이다.

"우리가 본디의 나인 참나(얼나)를 모르고서 어떻게 한얼님을 알수 있겠습니까? 참나(얼나)를 모르고서 어떻게 사회에 사랑이 깃들수 있겠습니까? 사랑이 있어야 사회가 유기체로 돌아갈 수 있는데근본 나(얼나)를 모르고 있는 사회가 유기체가 될 수 없습니다. 어디가 아픈 곳인지, 어디가 쓰린 곳인지, 어디가 가려운 곳인지, 어디가 한스러운 곳인지 전혀 모르면서 어떻게 사회가 유기체로서 돌아갈 수 있겠습니까? …… 이 느낌을 어떻게 해결하나 생각한 끝에 단식을 결심했습니다. 단식한 지가 오늘까지 만 닷새가 되는데 언제까지 계속될지는 아직은 나도 모르겠습니다. 지난번은 열하루 동안 했는데 이번은 몇 날이 될지 모르겠습니다. 오늘도 이곳(YMCA)까지 꽤먼 길을 걸어 나올 수 있으니까 아직도 기운은 있는 셈입니다."(류영모,《다석어록》)

밤하늘에 별꽃이 만발한 우주(한웅·한늘)를 보아야 한다. 그리고는 그 너머의 얼의 나라와 얼로 뚫리어야 한얼님 아버지를 안다. 그러면 얼나로 솟나 한얼님 아버지의 품속에 들어가 한얼님과 하나 된다. 이것이 사람이 살아가야 하는 길이다. 류영모의 말이다.

"대낮처럼 밝은 게 한없이 좋긴 하지만 그 대신 잊어버리는 것이많게 된다. 더구나 굉장한 것을 잊게 되는 경우가 있다. 그건 다름이아니라 한얼(大靈, 한얼님)과의 생활, 신령과의 거래이다. 사람들은 낮을 좋아하고 밤은 쉬는 줄 알고 있기 때문에 밤중에 저 깜빡이는 별들이 한얼과 속삭이는 것을 모르고 있다. 한얼님은 영원이요, 절대요, 무한의 허공이요, 완전인 성령이다.

대낮에 영원 무한의 신령한 한얼님과 사귀겠다는 것은 허영이다. 우리가 정말 밝게 사는 것은 영원 무한의 한얼님과 통신할 수 있는 데로 나아가는 것이다. 한낮의 밝음은 우주의 신비와 한얼님과의 속삭임을 방해한다. 얼의 숨길은 밤중에서야 잘 뚫린다. 잠 잘 때처럼 얼의 숨길이 잘 뚫릴 때가 없다. 낮에는 전혀 못 듣는 얼의 숨길을 듣는다. 낮에 허영에 취해서 날뛰는 것도 모자라 그것을 밤에까지 연장하여 불야성(不夜城)을 만들려는 것은 사실은 점점 어두운 데로 들어가는 것이다. 영원과 얼의 통신이 끊어지기 때문이다. 그것은 인생을 몰락시키는 것밖에 아무것도 아니다. 낮보다 밝게 하는 길은 바로 얼의 길이다. 우주의 영원한 소식을 받아들이고 얼의 숨길로 들어가는 것이 정말 우리가 위로 올라가는 길이다. 이 세상 밝은 날에 오래 사는 것이 좋은 줄만 알고 있다가 참으로 얼의 소식을 알고 보면 이 세상에서 사는 것이 아무것도 아니라는 생각이 든다. 정말 영원한 얼의 나라로 가보았으면 좋겠다는 생각이다. 얼의 숨길로 들어가는 곳이 멀리 가는 것이 될 것이다."(류영모,《다석어록》)

자라, 피어, 하나

예수는 어린아이들을 좋아하였다. 한얼님을 사랑하고자 스스로 고자가 되어 독신 생활을 아니하였으면 아기 아버지 노릇도 잘하였을 것이라 믿어진다. 베토벤은 음악을 하느라 혼인을 못 하여 자식이 없었다. 그리하여 조카에게 너무 집착하여 계수와 시비가 되었다. 예수가 어린이를 좋아한 것은 베토벤과는 차이가 있다. 어린아이같이 되지 않으면 한얼 나라에 들어가지 못한다는 말을 하였다. 이 나라에선 어른에게 철없는 어린이 같다고 하면 모욕에 가까운 말이다. 못 자란 이는 모자라는 사람인 것이다. 그런데 예수는 오히려 어린아이 같지 않으면 한얼 나라에 들어가지 못한다니 어찌된 말인지 얼른 알아듣기가 어렵다.

본디 사람은 유인원 시대에는 원숭이처럼 온몸에 털이 나 있었다. 진화하는 동안에 털이 적어진 것이다. 이것을 유인원의 유아 성숙이라고 이른다. 원숭이도 태아 때는 털이 적다. 털이 적은 그 모습 그대로 어른으로 자란 것이 털 적은 사람이라는 것이다. 육체적이 아닌 정신적인 유아 성숙을 한 이들이 한얼님 아들인 성자들이다. 아이 때는 탐·진·치의 수성(獸性)이 아주 여리다. 성자들은 스스로 극기(克己)하여 수성이 거의 없다. 예수가 그러하였다. 어린이들은 몸으로 어린이지만 예수는 몸은 어른이지만 수성으로는 어린이와 같다. 그래서 예수가 어린아이같이 되지 않으면 한얼 나라에 들어가지 못한다고 한 것이다. 예수는 수성으로는 어린이라 어린이들을 좋아 한 것이다.

류영모는 어린이에 대하여 이러한 말을 하였다.

"어린아이야말로 참다운 인격자이지 노리개가 아니다. 어린이에게는 진리가 깃들고 그들에게서 이 다음에 자라서 무엇이 나올지 모른다. 한얼님에게 가장 가까운 사람이, 한얼님의 거룩한 일꾼이 그들에게서 나올지 누가 알겠는가? 그러한 어린이를 어떻게 노리개로 할 수 있는가?"(류영모, 《다석어록》)

제나(몸나)의 자리에서 신체가 자라고 지식이 쌓이는 것을 자란다고 말한다. 얼나의 자리에서는 짐승 버릇인 수성(獸性)을 줄이고 버리는 것이 자라는 것이다.

"어릴 때 하는 노릇은 짐승의 버릇이라고 한다. 사람이 어릴 때 노는 일은 모두 좋은지 나쁜지를 분간하지 못한다. 이것을 분간하면 어리다고 하지 않는다. 짐승은 먹는 것밖에 모른다. 먹자판이다. 아직 몸만을 기르는 존재가 되어 있다. 어쨌든 미성년 시대는 짐승 시대이다."(류영모, 《다석어록》)

제나(몸나)의 수성(獸性)을 이기는 것을 공자는 극기(克己)라고 하였다. 극기복례위인(克己復禮爲仁)은 짐승인 제나의 짐승 성질을 이기어 사람 노릇을 하는 사람(仁人, 어른)이 되었다는 말이다. 지금 이 나라 사회에서도 나이는 먹었지만 탐·진·치의 수성을 꺾지 못하고 그대로 지니고 있어 유치하기 그지없이 범죄 행위를 저지르는 이들이 많다. 몸으로는 자라 어른이 되었는데도 정신 연령은 아직도 유치한 미성년을 못 벗은 것이다.

학교 교육이라는 것은 짐승 버릇을 끊게 하는 것인데 학교 교육이 엉뚱한 데만 신경을 쓰고 있다. 자동차 같은 상품은 불량품이 나오면 환수 배상을 하는데 학교 교육에는 그런 책임 정신도 없다. 류영모는 짐승 버릇을 끊게 하는 교육을 이렇게 말하였다.

"하늘의 무한한 공간, 그리고 천지자연이 모두 한얼님이 주신 글월이다. 이 글월을 읽으면 이승에서 배운 먹고 싸는 짐승 버릇을 끊게 된다. 매를 때려서 못된 버릇을 버리라면 안 된다. 한얼 글월, 한얼님 말씀을 읽게 하여주면, 알게 하여주면 스스로 저절로 끊게 된다. 자연의 교육 과정에는 다 방정식이 있다. 순서가 바뀌어져서 모두가 갈피를 못 잡고 있다. 짐승 노릇 내버리겠으니 한얼 생각 이루도록 하여 달라는 말씀이다. 이 사람의 20세 전의 일을 생각하면 참 짐승 노릇 하였다는 것을 느낀다. 상대 세계에서 못쓸 삼독(三毒)은 우리에게서 뽑아내야 한다. 삼독과는 날마다 싸움을 해야 한다. 사람의 몸으로는 분명 짐승인데 짐승의 생각을 하지 않음이 얼사람으로 솟나는 우리의 길이다. 영원 절대한 한얼님은 얼(성령)이시라 얼이 아니면 한얼님과 관계할 수 없다. 예수는 한얼님의 얼을 바람에 비겼다. 바람은 어디서 와서 어디로 가는지 알 수 없지만 하는 일은 알 수 있듯이, 사람이 얼나로 솟나는 게 보이지 않으나 그 사람이 하는 일로 짐작할 수 있다. 얼나로 솟난 사람의 언어와 행동에는 짐승 성질인 탐·진·치의 삼독(三毒)을 볼 수 없다."(류영모, 《다석어록》)

류영모는 요한일서 3장 9절에 나오는 한얼님의 얼 씨앗이라는 말을 인용하여 씨를 싹 틔우고 길러야 한다고 자주 말하였다. 얼은 한얼님의 얼로 온전하다. 그러므로 싹 틔우고 기를 필요가 없다. 한얼님의 생명인 얼을 사람이 싹 틔우고 기른다는 것은 말이 안 된다. 싹 틔우고 기른다는 것은 비유의 말로서 사람의 지능에 의식화하는 것을 그렇게 말한 것이다. 이것을 궁신지화(窮神知化)라고 한다. 사람의 지식이 한얼님의 얼에 감화를 입는 것이다. 제나가 작아지고 없어질수록 얼의 감화는 깊어지고 짙어진다. 그리하여 한얼님과 온전히 하나가 된다.

"사람은 생사에 매인 제나(自我, ego)를 벗어나야 한다. 몸·맘의 제나를 넘어서야 한다. 그렇지 못하면 빛나고 힘 있게 살 수 없다. 사람은 좀 더 얼로 빛나고 힘 있게 살아야 한다. 생명의 임자이신 한얼님께서 우리 마음속에 영원한 생명인 얼나를 깊이 감추어 두었다. 이영원한 생명의 얼 씨를 잘 길러서 제나를 초월하여야 한다. 제 맘속에 나(제나)라는 생각이 아직 남아 있다면 맘의 불안을 못 면한다. 제나가 온전히 죽어 없어져야 한다. 제나가 죽은 이는 한얼님께서 살리거나 죽이거나 맘대로 하라고 하는 이것이 한얼님의 아들의 마음이다. 삼독(三毒)의 시험에 사람은 바른말(正語)을 하게 된다. 이것은 모두 스스로 결정해야 한다. 훨씬 일찍 삼독을 버리고 깨끗하게 사는 이도 있고, 웬만큼 이기어 나가는 사람도 있고 또 끝까지 삼독을 가지고 가는 사람도 있다. 삼독과는 날마다 싸워야 하고 하루도 방심해서는 안 된다."(류영모, 《다석어록》)

식물이 다 자라면 꽃을 피운다. 짐승들은 생식의 분비물이 흘러나온다. 'flow'가 'flower'가 된다. 같은 이치다. 얼의 정신 세계에서는 생각이 피어올라 말씀이 샘솟게 된다.

"우리는 생명의 성화로(聖火爐)에 생명의 불을 태우느냐 못 태우느냐를 늘 생각해야 한다. 그것이 생각을 불사르는 것이고 그것으로 정신이 높아지는 것이다. 그래서 말이 터지게 된다. 내가 말을 자꾸 하는 이유가 여기에 있다. 태우는 것을 사린다고 한다. 생각의 불꽃을 태우는 것이 말씀 사뢰는 것이다. 우리 속에서 생각의 불꽃을 사르는 것이 있으니 말씀을 사뢰지 않을 수가 없다. 우리가 사람이라고 하는 것은 말씀을 사뢰는 중심이라는 뜻이다. 그래서 사람에게는 얼의 불꽃이 있기 마련이다. 때로는 나도 혼자 기도하듯이 혼자 당신(한얼님)하고만 말하고 싶을 때가 있다."(류영모, 《다석어록》)

초두(艸) 아래에 될 화(化)를 쓴 글자가 꽃 화(花) 자이다. 이는 풀꽃을 뜻한다. 문화(文化)란 글꽃을 뜻하는 것이라 하겠다. 글꽃 얼꽃이 문화이다. 글꽃 얼꽃에 맺힌 열매가 예수와 석가 같은 성인들의 거룩한 인격이라 할 것이다. 잘 익은 열매가 꽃보다 더 아름답다. 예수와 석가 같은 성인들의 진리 정신이 죄악된 세상에 연꽃처럼 아름답게 피어난 것이다. 얼(성령)의 열매에 대한 류영모의 말씀이다.

"사람은 짐승처럼 몸을 바치는 것이 아니다. 사람은 밥을 먹고 몸을 기르고 이 몸속에 다시 얼의 말씀이 영글어 정신적인 영양이 되는 말씀의 열매를 내놓을 수 있는 존재이다. 사람이 한얼님께 바치는 것은 얼의 말씀이지 몸이 아니다. 목숨은 껍데기요 말씀이 속알이다.

얼의 열매란 한얼님의 아들인 사람다운 인격이 되는 것이다. 한얼님께 바치는 것은 얼나의 말씀이다. 말씀이야말로 인격의 표현이다. 말씀을 통해서 우리는 인격을 바친다. 예수가 참인 얼로 예배하는 이를 한얼님이 찾는다고 한 것도 이를 말한 것이다."(류영모, 《다석어록》)

류영모의 말씀 모음을 다석 사상이라 이름한다. 류영모의 맘의 샘에서 샘솟은 생각의 생수가 흘러 흘러 사상의 바다를 이룬 것이라 할 것이다. 이것이야말로 기적 아닌 기적이라 하겠다. 예수는 믿음의 제자들에게 다음과 같이 일렀다. "너희는 세상의 소금이다. 만일 소금이 짠맛을 잃으면 무엇으로 다시 짜게 만들겠느냐? 그런 소금은 아무 데에도 쓸데없어 밖에 내버려져 사람들에게 짓밟힐 따름이다." (마태 5:13)

"진리밖에 없다. 진리는 하나(절대, 온통)이기 때문에 하나밖에 없다. 이 '하나'로 들어가야 한다. 우리의 마음머리(心頭)를 둔 곳으로 찾아 나서야 한다. 우리의 머리가 향한 곳이 한얼님이 계시는 곳이다. 내가 주장하는 것은 '하나'를 알고 '하나'로 들어가자는 것이다.

요는 한얼님을 알고 한얼님을 믿고 한얼님에 사는 것이다. 그러면 인생은 단순해진다. '하나'를 알고 살면 다른 것은 몰라도 괜찮다. 나는 '하나'밖에는 모른다. '하나' 아옵(아홉) 그만이다."(류영모, 《다석어록》)

진리(αληθεια)는 '참'이다. 곧 한얼님이시다. 참은 얼을 객관적으로 말한 것이다. 참을 주관적으로 말하면 얼이다. 한얼님은 온통이신 참나요 얼나이시고 사람이 깨달은 참나와 얼나는 긋(點)인 참나요 얼나이다. 예수의 말이다. "내가 이를 위하여 났으며 이를 위하여 세상에 왔나니 곧 진리에 대하여 증거하려 함이라 무릇 진리에 속한 자는 내 소리를 알아듣는다."(요한 18:39)

류영모는 자신의 맘에서 솟아나오는 생각을 아주 소중하게 생각하였다. 한얼님의 얼(성령)이 내 맘에서 말씀으로 샘솟았다고 말하였다. 그 밖에도 한얼님께서 건네주는 것이 없으면 생각이 안 난다고 하는가 하면 한얼의 소리를 귀 아닌 맘의 귀로 듣는다고 하였다. 내 맘으로 샘솟는 말씀밖에 다른 아무것도 믿지 않는다고 말하였다. 예수는 내가 하는 말은 내 말이 아니고 내 속에 계시는 한얼님의 말씀이라고 말하였다. 얼나는 개인의 얼나가 아니라 한얼님의 생명이라 너, 나의 구분이 없다. 그러므로 다른 이의 얼나로 나온 한얼님의 말씀은 내 얼나로 나온 말씀이기도 하다. 그래서 예수와 석가의 말씀도 소중한 것이다.

류영모는 저녁 10시쯤 잠자리에 들면 새벽 3시, 4시에 깨어 냉수마찰을 하고 명상 기도를 했다. 그 가운데 새로 얻어진 생각은 일기장에 적었다. 물론 젊을 때는 6시쯤 일어났다고 한다. 나이가 들면 멜라토닌이라는 수면 호르몬 분비가 적어져 생리적으로 잠을 적게 자게 된다. 생리적으로 새벽형 저녁형이 따로 있는 것이 아니라 습관인 것이다. 새벽에 얻은 생각으로 한시나 시조로 적었다. 아래는 그 얘기를 적은 한시이다.

摘果　　　적과

多夕用晦明　　다석용회명
一旦得意窩　　일단득의와
休談燭昏因　　휴담촉혼인
至誠曉晨果　　지성효신과

(류영모, 《다석어록》 1964.3.14.)

말씀의 열매를 딴다

난 많은 저녁을 별 보며 명상으로 그믐을 밝게 써
하루아침에 숨기신 한얼님의 거룩한 뜻을 헤아렸다
어두워서 촛불로 밝혔으나 말없이 한얼아바 그린다
한얼님께 다다라 이 새벽에 말씀의 열매 딴다

(박영호 새김)

류영모의 말씀이 예수에 비기면 많이 남아 있는 편이지만 결코 많은 것이 아니다. 그 시대만 하여도 녹음기가 보급되기 전이고 류영모는 저서를 남기지 아니하였다. 그래도 류영모가 힘주어 말하고자 하는 것은 잘 알 수가 있다. 얼로 일이관지(一以貫之)한 말씀이다. 그 말씀은 이것이다.

"사람이 귀하다는 것은 얼을 가지고 있기 때문이다. 사람이 만물의 영장(靈長)이 될 수 있는 것은 얼 때문이다. 얼 때문에 우리는 오르고 올라 만물 중에서 가장 높은 데까지 올라간 것이다. 짐승들이 아직도 기어 다니는데 사람은 서서 다니는 것만 해도 신통한 것이다. 우리의 모든 것이 결딴이 나도 얼 하나만은 결딴이 나서는 안 된다. 우리가 산다는 것은 얼 하나 가지고 사는 것이다. 우리의 진리 정신이 얼이다. 이 얼이 영원한 생명인 참나다.

사람이 지닌 짐승의 욕심이란 끝이 없다. 그것은 밑 빠진 항아리와 같다. 물을 아무리 부어도 소용이 없다. 그것은 죽음이요 어리석음(얼이 썩음)이다. 욕(欲)을 버리면 의롭고 욕을 가지면 해롭다. 정말 욕심이 없으면 제나(ego)의 생사도 넘어설 수가 있다. 정말 욕심이 없으면 죽어도 싫어하지 않고 살아도 좋아하지 않는다. 몸의 생사를 초월하면 그것이 자유요 진리요 영원이다. 그대의 영원한 생명인 얼나를 참으로 사랑하라. 사람들이 황금 보석을 아끼듯이 그대의 영원한 생명인 얼나를 사랑하라."(류영모,《다석어록》)

류영모는 사람을 평가하는 데 제나로 죽고 얼나를 깨달았느냐 못 깨달았느냐를 판단의 기준으로 삼는다. 얼마나 가졌느냐, 얼마나 배웠느냐, 얼마나 유명하느냐 따위에는 전혀 관심이 없었다. 그러므로 옛사람들을 평가하는 잣대도 마찬가지다. 그러므로 예수를 보는데도 역사적인 예수나 선언적인 예수에 관심이 없었다. 다만 얼나를 깨닫고 제나를 죽인 영성적 예수에만 관심이 있었다. 예수와 석가가 시간적·공간적인 거리가 큰데도 영성적인 얼나로 깨달음에는 다름이 없는 것을 발견하고 예수와 석가가 비록 몸으로 다른 두 사람이지만 예수와 석가가 깨달은 얼나로는 하나인 것을 확인하고 대단히 기뻐하였다. 짐승인 제나를 죽이지 않고는 얼나를 깨달을 수 없다는 것을 확신하기 때문에 거기에 대한 시비는 무시한다. 예수와 석가를 신앙의 대상으로 신격화하고자 꾸며낸 선언적(케리그마)인 사화(史話)는 무시한다. 오로지 얼나를 깨달은 데서 나타나는 언행에만 주의한다. 예수도 사람은 얼로 판단해야지 몸으로 판단하지 말라고 하였다.

버트런드 러셀은 《나는 왜 기독교인이 아닌가》라는 책을 쓴 사람이다. 러셀은 그 책에서 예수가 "뱀들아, 독사의 새끼들아, 너희가 어떻게 지옥의 판결을 피하겠느냐?"(마태 23:33)와 같은 과격한 말을 쓴 것이 비도덕적이라 지적하였다. 또 열매를 맺지 못할 무화과나무를 저주하여 말라 죽인 것은 무자비한 행동이라 호감이 가지 않는다는 것이다. 예수는 얼의 나라인 한얼 나라를 가르친 스승으로 얼의 나라에 지옥이 있을 수 없다는 것을 확신한 이다. 또 예수가 나무를 저주할 까닭도 없지만 예수가 저주하였다고 어떻게 생생하던 나무가 시들 수 있단 말인가? 한마디로 꾸민 거짓말이다. 복음서는 예수의 직제자들이 쓴 것이 아니고 디아스포라(流民) 3세 정도의 크리스천들이 코이네(변방 그리스어)로 직접 쓴 것임이 밝혀졌다. 그것도 아타나시우스파의 영향을 받은 이들이 쓴 것이다. 예수는 얼나를 깨달은 영성 신앙인이지 어떤 교의를 믿는 교의 신봉자가 아니다. 그래도 러셀처럼 잘못을 지적하는 것이 차라리 낫다. 바울로처럼 예수에게 온갖 찬사는 다 바치고는 슬쩍 예수의 영성 신앙을 자신의 교의 신앙으로 바꿔치기를 해버려 2천 년 동안 예수의 영성 신앙이 나타나면 죽이고 소외시켰다. 에일 브루너, 마이스터 에크하르트 같은 순교자들이 그들이다.

이 사람이 보기에는 루돌프 불트만의 예수전보다 나은 것으로 보이는 것이 에르네스트 르낭의 예수전이라 하고 싶은데 르낭조차도 예수의 얼나의 깨달음이라는 영성 신앙의 정곡을 찌르지 못한 아쉬움을 보였다. 르낭 자신이 한얼님이 주시는 얼나의 깨달음에 이르지 못하였으니 어쩔 수 없는 일이다.

"조금씩 현재의 생활에서 벗어나는 것, 쉬 오게 될 나라를 바라는 것, 이런 것이 예수의 설교의 궁극의 말이었다. 예수의 가르침은 언제나 더 넓고 깊은 의미를 지니고 있었다. 예수는 인류의 새로운 모습을 이루려 한 것이지 그저 현재의 상태에서 종말을 준비하려고만 한 것이 아니다. 예수는 많은 경우에 묵시록적인 이론에서는 전혀 찾아볼 수 없는 언어를 쓰고 있다. 가끔 예수는 한얼님의 나라는 이미 시작되었고 모든 사람은 자기 마음속에 한얼 나라를 가지고 있고 또 자격이 있으면 한얼 나라를 차지할 수 있으며 누구나 참된 회심(回心)으로 조용히 한얼 나라를 이룰 수 있다고 선언한다. 그렇다고 하면 한얼 나라는 선(善)이요 의(義)의 나라일 것이다. 또 혹은 불교의 해탈에서 생기는 자유와 닮은 데가 있는 심령의 자유이다. 이러한 진리는 우리들에게는 순전히 추상적인 것이지만 예수에게는 현실이었다."(에르네스트 르낭, 《예수의 생애》)

예수의 자유와 석가의 해탈의 비슷한 데까지 생각이 미친 것은 고맙고 놀랍다. 그러나 근본인 한얼 나라에 대한 바른 이해가 없었으니 더 나아가지 못하였다. 예수는 한얼 나라를 새로 세우자는 것이 아니다. 한얼님이 곧 한얼 나라인데 새로 세울 것이 없다. 한얼님이 주시는 얼나를 참나로 깨달으면 한얼 나라에 들어가 영생한다. 르낭을 높이고 싶은 까닭은 다른 신학자들은 대다수가 예수를 종말론자로 보았는데 르낭은 예수를 종말론자로 안 보았다는 점이다. 영원한 생명을 참나로 깨달은 이가 종말론자라는 것은 말이 안 된다. 종말론은 제나(몸나)의 사람들에겐 없을 수 없다. 그러나 제나의 죽음을 넘어선 얼나에게 이 우주가 없어진다 하여도 종말은 없다. 한얼 나라는 영원한 시간과 무한한 허공과 무소부재(無所不在)의 대기 같은 얼의 나라인 것이다. 비롯도 없고 마침도 없는 얼나에 무슨 종말이 있단 말인가? 죽음의 제나에서 영생(생명)의 얼나로 옮기기만 하면 시작도 종말도 없는 한얼 나라와 한얼님 아버지 품 안에서 하나 되어 길이 산다. 호랑이보다 더 무서운 죽음에 쫓기는 몸삶도 한바탕 꿈이었나 보다.

"한 알의 밀알이 땅에 떨어져 죽지 아니하면 한 알 그대로 있고 죽으면 밀대로 자라 많은 열매를 맺는다. 자신의 몸생명인 제나를 사랑하는 이는 영원한 생명인 얼나를 잃어버릴 것이요 이 세상에서 몸 생명인 제나를 미워하는 이는 얼나를 받아 길이 살 것이다."(요한 12:24~25 박영호 의역)

짐승인 제나의 수성(獸性)을 싫어해버리면 한얼님과 얼로 교통하는 생각을 하고 마지막에는 얼로 한얼님과 하나 되는 것이 자라고 피어 하나됨이다. 짐승 성질인 수성(獸性)이 깨끗이 없어져야 한다. 예수는 이렇게 말하였다.

"거짓 선생들을 조심하여라. 그들은 양의 탈을 쓰고 너희에게 나타나지만 속에는 사나운 이리가 들어 있다. 너희는 행위를 보고 그들을 알게 될 것이다. 가시나무에서 어떻게 포도를 딸 수 있으며 엉겅퀴에서 어떻게 무화과를 딸 수 있겠느냐? 이와 같이 좋은 나무는 좋은 열매를 맺고 나쁜 나무는 나쁜 열매를 맺게 마련이다. 좋은 나무가 나쁜 열매를 맺을 수 없고 나쁜 나무가 좋은 열매를 맺을 수 없다. 좋은 열매를 맺지 못하는 나무는 모두 찍혀 불에 던져지는 것이다. 그러므로 너희는 그 행위를 보아 그들이 어떤 사람인지 알게 된다."(마태 7:15~20)

짐승인 제나로 예수를 믿는 이도 많다. 복을 달라는 기복 신앙을 지닌 이들은 얼나를 알지도 못한다. 짐승이 짐승 노릇하는 것은 자연스런 일이다. 공자가 선비가 되더라도 군자유(君子儒)가 되어야지 소인유(小人儒)가 되지 말라고 한 것도 이 때문이다. 제나의 사람들은 사람의 탈은 썼지만 짐승인 것이다. 마하트마 간디는 말하였다. "삶에서 성공의 참된 증거는 그 사람의 마음속에 부드러움과 너그러움이 자라 있는 인격이 되는 것이다."(간디, 《날마다의 명상》) 수성(獸性)이 살아 있어 가지고는 부드럽고 너그러울 수가 없다. 거칠고 사납다. 요즘 신조어가 된 '갑질'하는 것이 수성(獸性)의 발로이다. 한마디로 철 안 난 미성숙이다. 덜 자란이요 못 자란이다. 이를 얼나로 솟나지 못한 못난이라 예수는 죽은 이라고 말하였다.

한얼님과 얼로 교통하는 이는 말씀을 소중히 안다. 한얼님의 말씀을 함부로 다루는 이는 사문난적(斯文亂賊)이라고 하였다. 공자는 문(文)을 진리(로고스)로 생각하였다. 공자가 제후들을 찾아다닐 때 광(匡) 사람들이 공자 일행을 비적인 양호 무리로 잘못 알고 포위 공격을 하려 하였다. 수행하던 제자들이 두려워하자 공자가 제자들에게 말하였다. "주나라의 문왕은 이미 돌아가셨다. 그러나 문(文)이 내게 있지 않은가! 한얼님이 이 문(文)을 없애려 않는다면 광 사람들이 이 문(文)을 지닌 나를 건드리지 못한다."(《논어》 자한 편) 예수가 말하였다. "거룩한 것을 개에게 주지 말고 진주를 돼지에게 던지지 말라. 그들이 발로 그것을 짓밟고 돌아서서 너희를 물어뜯을지도 모른다."(마태 7:6) 예수가 말한 거룩한 것이 바로 한얼님의 말씀이다. 불교에서는 강가에 모래보다 많은 보석을 베푸는 것보다 짧은 진리의 말씀을 베푸는 공이 더 크다고 한다. 그런데 그 말씀을 전한 이는 얼마나 귀할 것이며 그 말씀의 임자인 한얼님(니르바나님)은 얼마나 존귀한 분이신가? 하루살이 같은 사람의 목숨도 귀하다는데 영원한 생명이신 한얼님은 얼마나 존귀하랴! 노자(老子)의 말씀에 무위이무불위(無爲

而無不爲)가 있다. 제나로는 아무것도 안 하는 것이 하지 않는 것이 없다는 말이다. 그래서 한얼님은 아무것도 안 하시면서 안 하시는 것 없이 다 하신다.

《장자(莊子)》의 재물론 편에 도통위일(道通爲一) 복통위일(復通爲一)이라는 말이 나온다. 사람은 낱동의 개체를 가지고서도 온통인 한얼님과 얼로 교통하여 하나가 될 수 있다는 말이다. 사람 밖의 물체들은 썩든지 불타든지 마모되든지 해서만이 다시 없음(無)에 돌아갈 수 있다 하여 복통위일인 것이다. 얼로서는 얼이신 한얼님과는 말할 것 없고 사람과 사람끼리도 얼나를 깨달은 사람 사이에는 얼로 교통할 수가 있는 것이다. 그런데 예수와 석가가 만나면 얼로 잘 통할 수 있겠지만 그밖에 얼나를 깨닫지 못한 이들과는 통할 수가 없다.

"죽은 사람 앞에서 통곡할 것은 이 사람도 아무도 못 만나고 갔구나, 나도 누구 하나 못 만나고 갈 건가 하는 생각이다."라고 비관적인 말을 하던 류영모가 뜻밖에 아주 낙관적인 말을 하기도 하였다. 힘을 돋우자는 말인 것 같다.

"먼 길을 언제 다 갈꼬? 생각하면 아득하지만 자꾸 자꾸 계속해서 가면 가게 된다. 가고 나면 그저 온 것 같다. 성불(成佛)도 마찬가지다. 자꾸 자꾸 참선을 하면 언젠지 모르게 번뇌를 벗어나 보리 열반(진리의 니르바나님께)에 닿는다. 기독교도 마찬가지다. 내 속이 밝아지는 것이 그가 오시는 이다."(류영모, 《다석어록》)

간디와 타고르 사이에도 갈등이 전혀 없었던 건 아닌데 서로 얼로 통하는 사이었다. 마하트마(큰 얼)라는 경칭을 간디에게 붙여준 이도 타고르이다. 간디와 로맹 롤랑도 어느 정도 얼로 통하는 사이었다. 로맹 롤랑은 간디의 전기를 썼다. 톨스토이와 로맹 롤랑도 얼로 통하는 사이였다. 로맹 롤랑이 톨스토이에게 편지를 보냈고 사후에 《톨스토이의 생애》를 지었다. 간디와 톨스토이는 서로 얼로 통하였다. 서로 편지를 주고받으면서 기뻐하였다. 이들 얼벗들의 친교는 듣기만 하여도 마음이 시원해진다. 류영모는 얼로 사귄다 하여 얼벗이라 하였다.

"벗은 얼로 사귄 것이다. 옛사람을 자기의 벗으로 사귈 수도 있다. 그 사람의 전기를 보고 어려운 일이 있을 때는 그분에게 의논을 한다. 그게 고인(故人)의 벗이라 하여 고우(故友)라 일컫는다. 참 지기(知己)라면 한얼님의 뜻을 같이 하고, '하나(절대 진리)'에 통하여 한얼님을 위해서 마음을 바치고 친구를 위해서는 몸을 버릴 수 있는 사람이라면 이 세상에서 제일 큰 사람이라고 할 수 있을 것이다. 위(한얼님)로 향하는 사람은 자기보다 얕은 사람과 사귈 수 없다. 자기보다 늘 높고 자기를 높여줄 수 있는 지기(知己)의 친구를 사귀지 않으면 안 된다. 요는 존신우애(尊信友愛)를 가지자는 것이다. 윤리 도덕은 이것이 아니고는 안 된다. 사람은 얼로 사귀는 우도(友道) 우애(友愛)라야 한다."(류영모, 《다석어록》)

예수와 석가는 가진 것이라고는 없었다. 그런데도 그들은 마음에 늘 얼이 충만하였다. 그러므로 그들은 누구보다도 정신적인 가멸을 누렸다. 그들은 한얼님의 곡간을 차지한 이들이었다. 저장성 강박증에 걸린 치매 노인처럼 방 안에 잡동사니를 가득 쌓아놓는가하면 아노미성 재벌이 되어 세상의 재물을 모두 자기 것으로 만들려 한다면 이처럼 가엾고 측은한 가난뱅이가 없을 것이다. 얼벗을 사귀자. 얼벗이 되어주자. 이 세상이 해 없이도 밝아지게 말이다. 류영모의 말씀이다.

"나는 얼(靈)로 통하는 영통(靈通)을 '엉큼'이라고 한다. 이런 엉큼한 수가 있나라고 말한다. 얼이 통하는 것, 존재의 소리가 들리는 것처럼 엉큼한 일은 없다. 사람은 거룩한 존재의 소리를 들어야 엉큼해진다. 엉큼은 얼이 크다는 말이다. 한얼님과 영통(靈通) 내통(內通)하는 엉큼한 사람이 되어야 한다. 한얼님과 영통하고 내통하면 우리의 얼이 커진다. 정신이 커진다. 인격이 커진다. 속알이 커진다. 엉큼은 마하트마이다. 날마다 때마다 새롭게 살아가기 위해서는 말씀으로 살아야 한다. 한얼님의 말씀으로 살기 위해서는 눈이 뚫리고 코가 뚫리고 귀가 뚫리고 입이 뚫려야 한다. 마음이 뚫리고 알음알이(知)가 뚫려야 정말 속알이 속얼이 엉큼엉큼 성큼성큼 자라게 된다."(류영모, 《다석어록》)

마침내는 어버이가 낳아준 짐승인 제나를 버리고 한얼님이 주시는 얼나로 솟나는 것이다. 예수는 이렇게 말하였다. "한얼님 아버지께서 나를 사랑하시는 것은 내가 한얼님이 주시는 얼생명을 얻기 위하여 몸생명을 버렸기 때문이다. 몸생명을 버린 것은 빼앗는 이가 있어서가 아니라 스스로 버린 것이다."(요한 10:17~18 박영호 의역) 예수의 이 말은 석가가 깨달음을 얻고 첫 말씀으로 나왔다는 고집멸도(苦集滅道)의 뜻과 같은 말이다. '괴론 몸과 모인 맘의 제나를 없애는 게 얼나에 이른다'. 얼나를 깨달음에 다른 길은 없다. 예수와 석가의 깨달음에 대한 생각이 일치한다면 두 사람의 깨달음이 위없고 바르다는 것이 확실하다. 다음은 류영모의 얼나 깨달음에 대한 체험담이다.

"한얼님의 생명과 예수의 생명은 얼로는 한 생명이다. 예수의 몸생명은 몸의 어버이가 낳았지만 예수의 얼생명은 예수가 광야에서 기도하는 동안에 스스로 깨달았다. 깨달았다는 것은 얼나를 한얼님으로부터 받아 제나에서 얼나로 주체가 옮긴 것이다. 예수의 얼나는 긋(點) 얼나이고 한얼님의 얼나는 온통(全)의 얼나이다. 예수의 얼나를 믿으니 내 얼나도 깨달아야 한다. 내 얼나를 깨달아 믿으니 온통의 얼이신 한얼님 아버지도 믿는다. 예수와 나는 얼로는 한얼님이 주신 얼이다. 요한복음 4장에 예수가 이르기를, "한얼님은 얼이시다. 그러므로 예배하는 사람들은 얼로 참되게 예배를 드릴 때가 올 터인데 바로 지금이 그때이다. 아버지께서 이렇게 얼로 예배하는 사람들을 찾으신다."고 하였다. 예수는 한얼님께 올리는 예배는 무슨 제물을 제단 위에 바치는 것이 아니라 얼나를 깨닫는 것이라고 말하였다. 절대유일(絕對唯一)이신 얼의 한얼님이 참나임을 깨달아 알고, 한얼님의 생명인 얼을 받아 얼로 솟나 얼로 한얼님과 이어져 한얼님께로 돌아가는 것이 영원한 생명인 얼나이다. 이에 참삶의 기쁨이 있다. 예수를 믿는다는 것은 십자가를 믿는 것이 아니다. 예수의 십자가 보혈이 이 몸이 지은 죄를 사하는지는 모르겠다. 예수가 사람을 위하여 십자가에 못 박혀 피 흘린 것이라 믿으면 영생한다는 것은 나와 상관없다고 생각한다."(류영모, 《다석어록》)

마지막 예수가 십자가에 흘린 보혈로서 내가 지은 죄를 대속받는 것을 믿지 않는다는 것은 현 교회의 바울로의 유대교적인 대속 신앙을 깡그리 부정하는 것이다. 이는 예수가 다시 온데도 류영모와 같이 말할 것임을 확신한다. 얼로는 예수와 류영모가 둘이 아니기 때문이다.

김교신이 쓴 《구약성서 개론》이 있다. 그 머리말에 이런 말이 있다. "사람이 가진 것 가운데 가장 귀중한 것은 책인 것을 부인할 수 없다. 영국의 칼라일은 책을 모은 도서관이 현대의 진정한 대학이라고 말하였다. 책 가운데 가장 귀중한 책은 신구약전서인 성경이다." 젊어서 그 글을 읽었을 때에는 옳은 말이요 바른 말이라고 생각하여 아멘이라고 공감을 표시하였다. 일제강점기에 여러 가지로 어려운 가운데 전도 잡지 〈성서조선〉을 발행한 데 존경심이 사무칠 때였기도 하였다. 예수와 석가가 가르쳐 준 얼나가 참나인 것을 알고 나니 성경도 불경도 쓰레기 뭉치에 지나지 않게 보인다. 한얼님이 주시는 영원한 생명인 얼나가 귀중하지 성경이 뭐 그렇게 중요하단 말인가? 성경이 귀한 것은 예수가 얼나가 참나인 것을 깨달으라는 말이 쓰여 있기 때문이다. 그 밖에는 거의가 꾸며진 말이요 쓸데없는 말이다. 그런데 사람들은 예수의 말씀을 어떻게 읽기에 얼나의 깨달음에 대해서 온전히 깜깜이다. 요한복음에 있는 말씀이다. 어느 사람이 예수에게 물었다. "우리가 어떻게 하여야 한얼님의 일을 하겠습니까?" 예수가 대답하였다. "한얼님이 보내시는 얼생명을 받아 참나임을 깨닫는 것이 한얼님의 일을 하는 것이다."(요한 6:29, 박영호 의역) 김교신은 성경을 읽을 때면 집중된 시선에 성경의 지배(紙背)가 뚫어지게 본다는 분이다. 그런 김교신이 이 성경 구절을 읽을 때는 무슨 생각을 하면서 읽었을까? 궁금하다. 류영모의 말씀은 거의 얼나의 깨달음에 초점이 맞춰져 있다.

"아는 것과 깨닫는 것은 다르다. 아는 것은 과학의 세계요 깨닫는 것은 철학의 세계이다. 진리(얼나)는 아는 것이 아니다. 제나(ego)가 죽으면서 얼나를 느끼는 것이다. 이를 뚫어본다고 한다. 이때 비로소 빔이요 얼인 한얼님 아버지를 만난다. 이는 어머니가 준 눈으로 어머니를 보듯이 한얼님이 주신 얼로 얼이신 한얼님 아버지를 보는 것이다. 이것을 참나를 깨닫는다고 한다. 사람은 한얼님이 주신 얼을 마음속에 가질(모실) 때 참나(얼나)를 갖게 된다. 한얼님의 얼이 참나이기 때문이다. 그런데 사람들은 마음에 한얼님 모시기를 싫어한다. 한얼님은 내게 쓸데없다고 생각한다. 그러나 한얼님이 주신 얼나를 참나로 깨달은 한얼님 아들은 얼나로 스스로 참되게 살려고 힘쓴다." (류영모, 《다석어록》)

그런데 사람들은 영원한 생명인 얼나를 쉽게 깨달아보겠다고 욕심을 낸다. 욕심을 버려야 깨달을 수 있는데 가진 욕심을 버릴 생각은 안 하고 얼나를 깨닫겠다는 욕심까지 더 보탠다. 그래서는 죽을 때까지 영원한 생명인 얼나를 깨달아 맘속에 모시지 못한다.

"나는 '맘'과 '몸'을 가려서 쓰고 싶다. 맘이란 아직 이 세상에 욕심을 붙여서 조금 약게 영생하는 데 들어가려는 것이다. '몸'이란 모든 욕심을 다 떼어버리고 한얼님 아버지께서 주시는 얼을 품고 뜻을 세워 나가겠다는 것이다. 재물을 모으는 데 힘써 잔뜩 쌓아놓고 자기 혼자만이 잘 살려고 약은 수단을 다 부리는 어리석은 짓은 그만두어야 한다. 제나로 죽어 욕망을 버려 맘이 뮘(淸淨心)이 되어야 한다. 한얼님이 주신 영성(靈性) 곧 얼나로 돌아가야 한다. 내가 사람들에게 알게 하고 싶은 것은 바로 '뮘'이란 글자이다. 몸을 지니고 살되 물질의 노예로 살지 말자는 것이다. 의·식·주(衣食住)를 구하되 내일 일을 걱정하지 말자는 것이다. 내일 일은 내일 걱정하고 그날 괴롬은 그날로 족하게 살자는 것이다. 물질에 매이는 매임(拘束)과 물질을 모으는 모음(致富)은 그만두고 마음을 비워 두어야 한다. 그래야 공심생백(空心生白)하여 한얼님의 얼이 뮘속에 들어와 주격(主格)이 되신다."(류영모, 《다석어록》)

얼나가 맘속에 와서 맘이 비어 '뮘'이 되는 것이 아니다. 6년 동안 석가가 한 고행이나 40일 동안 예수가 한 시험이 보여주듯이 제나 스스로가 자기부정을 하여 맘이 뮘으로 바뀌어야 한다. 그래서 얼나가 들어와 임자(主)가 되시어 스스로 자수한 제나를 다스린다. 이것이 인격 세움이 되어 한얼님 아들이 된다. 이 얼나가 "나와 한얼님 아버지는 하나이다."(요한 10:30), "아버지는 나보다 크시다."(요한 14:28)라고 고백한다. 얼나로는 아버지 아들이 하나이지만 아들은 아버지가 보내신 이다. 아버지가 발전소라면 아들은 가정의 전기로 비유할 수 있다. 전기는 똑같으나 전압이 다르다. 이것을 류영모는 이렇게 비기어 말하였다.

"내 맘속의 얼나는 한얼님이신 참의 끄트머리이다. 사람은 얼의 나가 무엇의 끝인가를 잘 알지 못한다. 그리하여 제나로 이 세상의 으뜸(첫째)이 되려고 야단들이다. 그러나 으뜸(元)은 한얼님뿐이다. 사람이 깨달은 얼나는 한얼님의 맨 끄트머리의 한 긋(點)이다. 우리가 참을 찾는 것도 한얼님의 끄트머리인 이 긋을 찾자는 것이다. 참(진리, αληθεια)이란 이 긋이요, 이 긋이 참이다. 이 긋은 한얼님이 주신 얼생명으로 나의 속나요 참나이다. 이 긋에서 처음(알파)도 찾고 마침(오메가)도 찾아야 한다. 무한한 허공과 영원한 시간과 신비한 얼이 하나가 된 것이 이 긋이다. 이 긋은 우주에 켜진 하나의 얼의 불꽃이요 빛꽃이다."(류영모, 《다석어록》)

'하나'에 대해서 글을 쓰자니 분단 된 지 70년이 지난 이 나라의 쓰라리고 안타까운 사실이 마음을 아프게 한다. 멀쩡한 나라를 두 토막으로 자른 것은 사람이 지닌 짐승 성질인 수성(獸性)의 심술이다. 70년이 지났으나 수성이 여전한 것이다. 통일의 노래를 부른다고 통일이 되는 것도 아니다. 수성을 버리기 전에는 통일이 안 된다. 수성의 삼독(三毒) 가운데서도 진성(瞋性, anger)이 문제이다. 진성에서 나오는 권력욕이 문제인 것이다. 남쪽도 북쪽도 나라의 주권을 국민에게 돌려주어야 한다. 김정은이 불상지기(不祥之器)인 핵무기에 매달리는 것은 진성을 버리지 않겠다는 속내이다. 노자(老子)가 말한 불상지기인 핵무기에 매어 달리는 것은 자멸밖에 없다. 불상지기를 가지게 되었다고 우쭐거리다니 참으로 어리석기 그지 없다. 그럴수록 우리는 '하나'를 받들어야 한다.

이 세상에서 가장 가엾은 이는 '하나'를 잊은 이요 '하나'를 버린이다. 기도는 '하나' 속으로 들어가자는 것이라고 류영모가 말하였다. 하나 속에 들어가는 길은 제나를 버리는 것이다. 세계의 모든 분단 국가는 거의 하나가 되고 이 나라만 분단된 채로 남아 있다. 이는 배달겨레의 부끄러움이요 인류의 부끄러움이다. 나는 아직도 짐승이라고 알리는 어리석은 일이다. 한얼님께서 우리에게 '하나'에 대해서 깊이 생각해보라는 뜻이리라. '하나'에 대한 류영모의 말씀이다.

"단 '하나'밖에 없는 온통(전체) '하나'는 태허공(太虛空)이다. 물질이란 참으로는 없는 것인데 있는 것으로 보이는 환상은 죄다가 색계(色界)이다. 유일(唯一)의 빔을 이 사람은 확실히 느낀다. 빔(허공)은 한얼님의 맘이 있다면 한얼님의 맘이라 느껴진다. 유일 허공에 색계(물질계)가 눈에 티검지같이 끼어 있다. 빔(허공)을 지구보다 작은 것으로 느끼는 사람이 많다. 그런 소견 가지고는 얘기를 못한다. 우리는 기껏 과학의 결과로 추상하여 절대 존재인 한얼님을 알려고 하나 땅 위에서는 한얼님을 볼 수 없다. 있다 하더라도 보지 못하니까 없다고들 한다. 우리가 있다 없다고 하는 한정(限定)이 얼마만 한 것인가를 이로써 미루어 알 수 있다. 우리는 쉽게 있다는 존재로 '하나'인 허공을 알아서는 안 된다. 빔(허공)은 우리 몸의 오관(五官)으로 감지해 알 수 있는 것이 아니다. 빔은 과학과 수학으로 아는 것이 아니다. 빔(허공)은 가장자리 없는 영원 무한한 것이다. 빔은 중심만 있고 가장자리가 없다는 소리를 하는데 가장자리가 있어야 중심이 있을 수 있다. 빔은 온통이 중심일 것이다. 이 유한 우주는 빔이 내고 품고 있다. 이렇게라도 해서 단일(單一) 허공을 알아야 한다.

무한대의 빔에 충만한 얼이 절대이신 한얼님이시다. 한얼님은 있다 없다 또 없다 있다 이렇게 왔다 갔다 하는, 생멸(生滅)하는 상대적 존재가 아니다. 상대적 존재를 내고 드리며 포용한다. 요새 와서 내겐 저 가장자리 없는 영원 무한의 태허공이야말로 가장 장엄하며 다정하게 느껴진다. 저 빔을 모르고 하는 것은 모두가 거짓이다. 허공은 불변하는 참이다. 곧 한얼님이시다. 무수한 은하 우주를 안고 있는 무한 허공이 절대 하나인 한얼님이라 만물은 한얼님의 부속물이다. 그러므로 한얼님의 존재 밖으로 떠나 있는 것이라고는 없다. 한얼님 아닌 것이 없는 것을 아는데 이르러야 한다. 모든 것을 한얼님이 주관하고 다스린다. 나는 이것을 보고 간다. 본 것이라고는 빈탕한데(태허공)밖에 없다. 참으로 홀가분하다."(류영모, 《다석어록》)

버려, 벗어, 하나

1950년 북한 김일성이 일으킨 전쟁으로 남한 백성들은 부산 사람들을 빼놓고는 거의 피란을 겪었다. 피란을 나설 때는 모든 것을 다 버리고 떠나게 된다. 그 가운데서 가장 소중한 것을 품거나 들거나 이거나 지고서 나섰다. 약관의 나이였던 이 사람에게는 귀중품이라고는 없어 맨몸으로 나선 기억이 난다. 류영모는 신약성경 한 권을 가지고서 부산으로 피란을 떠났다. 그때 류영모의 생각으로는 신약성경이 가장 소중한 것이었다. 류영모는 그때의 일을 돌이켜 본 느낌을 이렇게 밝혔다.

"내가 66년 동안 인생에 참여하면서 본 것이 있다면 말씀(로고스)을 알아야 한다는 것이다. 이것은 6·25동란을 겪으면서 거듭 알게 된 중요한 교훈이기도 하다."(류영모, 《다석어록》)

여기서의 말씀은 언어화되거나 문자화된 말씀이 아니고 한얼님께서 사람의 마음에 넣어주신 얼을 말한 것이다. 그런데 죽을 때는 가진 것을 다 버린다. 몸까지도 버린다. 죽어도 못 버리겠다 하여 무덤에 세운 비석에 망인의 이름을 새긴다. 이름이 있으면 그 사람이 살아 있는 것으로 여기는 듯하다. 그리하여 족보에 이름을 올린다. 류영모는 이름을 허수아비라고 말하였다. 사슴은 죽어서 녹용을 남기고 사람은 죽어서 이름을 남긴다는 생각과는 아주 다르다.

"생명은 고정할 수가 없다. 고정하면 죽는다. 발전해 가는 것에 이름이 있을 수 없다. 이름은 고정된 개념이기 때문이다. 그러므로 나는 이름이 있을 수 없다. 이름을 붙이면 그것은 나가 아니다. 벌써 다른 것으로 바뀐다. 신(神)은 본디 이름이 없다. 신에 이름을 붙일 수가 없다. 신에 이름을 붙이면 이미 신이 아니요 우상이다. 나도 이름을 붙일 수 없다. 이름을 붙이면 벌써 나는 아니요 허수아비가 된다. 이름을 좋아하는 사람은 허수아비를 좋아하는 도깨비 장난이다. 서로 이름이라는 가면을 쓰고 가면극을 벌리고 있는 게 이 세상이다." (류영모, 《다석어록》)

류영모는 몸이 지닌 삼독(三毒)의 욕망은 나의 원수라고 하면서 날마다 싸워야 한다고 말하였다. 그런데 얼나를 태우고 다니는 수레이기 때문에 몸이 성해야 한다고 말하였다. 그런데 아주 못마땅하게 생각한 것이 개인의 호화 분묘와 외국인들에게 옛 왕조의 무덤을 자랑하는 것이었다. 거기에 송장을 유리관에 넣어 오래 보관하는 일이 이 나라에서 생긴 일이었다. 다음은 류영모의 지적이다.

"유물 사상에 철저하다는 공산 국가에서도 레닌이니 거시기니 하는 작자의 송장을 늘 곱게 단장시키고 썩지 않게 유리관에 넣어 두는 일이 있는데, 사람은 마찬가지로 무얼 좀 오래 두고 싶은 심정과 보존을 하고 싶어서 이런 생각을 하는 모양인데, 그이는 그만한 지위에 그만한 인격이니 그리하는 것이 마땅하다고 국민 자신이 생각하는지 모른다. 어리석은 국민의 하나라 아니할 수 없다.

이 나라에서도 이러한 유리관에 곱게 두는 것을 바라는 사람이나 그것이 당연하다고 보는 사람이 아주 없다고는 할 수 없을 것이다. 그런 생각이 든다면 저 김일성이를 비롯한 공산 국가에서 하는 짓과 다른 것이 무엇이겠는가? 공산 국가에서는 죽어서 송장이 유리관 속에 들어가고 싶어서 못된 짓을 그 같이 많이 하는지 모르겠다. 육체가 아니라 정신이 사람인데 사람이 그 모양으로 꿈만 꾸고 있으니 잘될 것이 없다. 자손을 잇지 않으면 큰 불효라는 생각, 뼈다귀나 보전하겠다고 자식을 바라는 생각 따위는 다 없어져야 한다.

단군 할아버지의 생신날에 우리는 무엇을 하는가? 개천(開天)의 날은 한얼이 열린 날인데 그이의 뜻은 곧 한얼님의 뜻이었다. 한얼을 열어놓고 살림을 하자는 그 일을 하여야지 다른 일이 또 무엇이 있는가? 한얼님의 말씀에 순명(順命)해야 할 것이 아닌가?"(류영모, 《다석어록》)

그렇다고 몸을 업신여겨 함부로 다루자는 것은 아니다. 몸은 임자인 얼나를 모시고 그 뜻을 실천하는 머슴이라 할 수 있다. 머슴에게 일을 시키려면 먹을 것 먹이고 입힐 것 입히고 쉬어야 할 때 편히 쉬게 해야 한다. 몸에 탈이 나면 글도 못 쓰고 기도도 할 수 없다. 류영모는 몸의 건강은 소(小)건강이고 몸이 죽는 것은 대(大)건강이라 하면서 몸성히를 강조하였다. 걸어 다니고 요가 체조를 하고, 냉수 마찰을 하고 술, 담배를 안 하고 맘을 비워 평안케 하여 이른바 스트레스를 안 받았다. 류영모의 건강은 한얼님이 맡기신 사명을 수행하기 위한 방편이요 이웃 사람을 돕고 괴롭히지 않으려는 사랑의 마음에서 비롯했다.

"증자가 크게 마음 쓴 한 가지는 몸성히였다. 몸은 내 정신을 담은 그릇이다. 증자가 이르기를 '군자는 건강한 정신을 가져야 한다. 군자의 책임은 무겁고 갈 길은 멀기 때문이다. 온 세상 사람을 구원하는 일이라 책임이 무겁지 않겠는가? 이 몸이 죽어야 끝이 나니 멀지 않겠는가?'라고 하였다. 온 세상 사람을 구원하는 책임을 다하기 위해서는 건강한 육체가 필요하다. 건강한 육체가 건강한 정신을 펼수 있게 하기 때문이다.

인생의 목적을 달성하기 위하여 우리는 몸을 소중히 여길 줄 알아야 한다. 내 몸을 거져 건강하게 하자는 것이 아니라 할 일이 있으니까 건강하게 가지라는 것이다. 마치 천 리 길을 가려고 하는 사람이 자동차를 닦고 정비를 하듯이 온 인류를 구하여야 할 책임이 있으니 우리의 몸을 잘 정비하고 닦아야 한다는 것이다. 건강은 책임 의식에서 나온 것이다. 아기를 위해서 앓을 수 없는 어머니처럼 인류의 구원을 위해서 앓을 수 없는 몸을 가지자는 것이다. 그런 의미에서 건강한 육체는 건강한 정신에서 나온다고 볼 수 있다."(류영모,《다석어록》)

그런데 이 세상에는 주(主)와 객(客)이 있고 중(中)과 변(邊)이 있다. '주'와 '중'은 변하지 않는 것이다. '객'과 '변'은 변하는 것이다. 다시 말하면 바뀌지 않는 불역(不易)이 주(主)이고 바뀌는(變易) 것이 객(客)이다. 불역은 절대 세계요 변역은 상대 세계이다. 바뀌지 않는 주(主)는 붙잡고 바뀌는 객(客)을 버려야 한다. 이것을 아는 것이 진리의 지혜이다. 깨달음의 지혜이다. 예수와 석가가 깨달아 가르친 지혜가 이것이다. 이를 석가는 반야바라밀다라고 했다. 니르바나(한얼 나라)에 이르는 슬기(지혜)란 뜻이다. 변하지 않는, 다시 말하면 생사(生死)를 넘어선 얼나를 깨달아 변하는 나고 죽는 상대적인 존재는 무조건 다 버리는 것이다. 지금의 이 나가 상대 세계에 있기 때문에 지금 가까이 있는 것은 다 멀리 하고 버려야 한다. 가족도 이웃도 나라도 세상도 다 버려야 한다. 그것이 내 몸이라도 버려야 한다. 버리는 것은 아니라고 부정한다. 안 버려도 조만간에 다 없어질 것들이다. 류영모는 이렇게 말하였다.

　"자꾸 바뀌(變易)지고 자꾸 주고받(交易)고 그 가운데 변하지 않는 불역(不易)을 가져야 한다. 바뀌는 것은 상대 세계요, 바뀌지 않는 것은 절대 세계다. 바뀌는 것은 겉나요, 바뀌지 않는 것은 속나다. 절대 세계는 상대 세계를 내포하기 때문에 바뀌면서도 바뀌지 않는 것이라고 해야 한다. 변화하는 겉나(몸나)에서 변화하지 않는 속나(얼나)로 솟나면 덧없는(無常) 세상을 한결같이(如常) 살 수 있다. 영원한 생명인 얼나는 무상한 세상을 여상하게 살 수 있는 평상항(平常恒)인 것이다. 참사람은 제 맘속에 한얼님께서 보내주신 얼의 긋(點)이 있

다. 몸은 죽어도 죽지 않는 영원한 한얼님과 이어진 얼의 긋을 지니
고 있다."(류영모,《다석어록》)

영원한 생명인 얼나가 참나임을 깨달자면 모든 것을 버려야 하며
마지막 자신의 제나(ego)까지도 몽땅 다 버려야 하는 것이다. 그 본
을 보여준 이가 예수요 석가이다. 예수는 다 버려 머리 둘 곳 없는 사
람이 되었다. 석가는 다 버려 밥을 빌어먹는 사람이 되었다. 류영모
도 가까이 있는 것은 다 버리고 싶다고 하였다. 이 세상을 초월하자
는 것이다.

"이 지구 위의 인류 문명이라는 잔치에 다녀가는 것은 너 나 다름
없이 미련을 갖지 말아야 한다. 자꾸 더 살자고 애쓰지 말아야 한다.
이것은 자연이다. 이것을 잊지 말고 있어야 한다. 이것을 잊지 않고
있으면 죽을 기회를 놓치지 않는다. 그저 사는 게 좋다고 죽는 게 싫
다고 하는 것은 말이 안 된다. 여기는 잠깐 잔치에 참여할 곳이지 본
디 여기서 산 것도 아니요 늘 여기서 살 것도 아니다. 신앙의 형이상
학은 이 세상을 초월하자는 것이다. 이 세상 잔치만 쳐다보고 있을
수 없으니 이를 생각으로라도 좀 초월해보자는 것이다.

쌀을 된다는 뜻의 되(升)는 될 것을 되고는 금방 비우는 것이며, 이
것이 석가가 말한 응무소주이생기심(應無所住而生其心)의 자리이다.
이 석가의 가르침에는 깊은 뜻이 있다. 처음부터 마음은 내지 말아야
하는데 살아가는 데는 생심(生心)을 하지 않을 수 없다. 마음을 내어
도 머무는 데가 없어야 한다. 마음의 되로 세상일을 되되 금방 되어
넘겨 비워야 한다. 그러기 위해서는 얼나에서 나오는 의지가 있어야

한다. 모든 것을 부정하는 의지가 있어야 한다. 상대 세계를 부정하는 것은 절대인 얼나가 있을 뿐이다. 얼나가 참나이다. 참나를 그늘 지우는 잡념을 자꾸만 지워야 한다."(류영모,《다석어록》)

내가 안 가지는 것이 버리는 것이요 주는 것이다. 공산주의는 개인으론 무소유가 되고 국가가 소유하여 온 국민이 공유하여 다 같이 평등하게 잘 살자는 이론이다. 그렇게 되었는가? 결국은 모든 소유가 권력 잡은 이들의 것이 되어 집권자들만 잘 살았다. 그래서 소비에트연방 공산주의 국가는 사라지게 되었다. 김일성이 입만 벌리면 이밥에 고깃국 먹고 기와집에 살게 해준다더니 국제의 거지 나라로 만들어 굶어서 키가 작아지고 많은 백성들이 굶어 죽었다. 권력 잡은 김씨들만 살이 찌고 기름이 흐른다. 그들만이 부귀와 향락과 자유를 누린다. 다 같이 잘 먹고 잘 산다고 하였지만 진정 그러한가? 진정한 공산주의자는 옛날의 예수요 석가이며 가까이의 톨스토이요 간디이다. 류영모는 자주 예수, 석가, 톨스토이, 간디를 좋아한다고 하였다. 그들은 안 가지려 애썼고 버리고 주기에 애썼다. 류영모는 묘하게 예수는 주는 사람으로, 석가는 버리는 사람으로 그랬다. 주는 게 버리는 것이고 버리는 게 주는 것이고 버리고 주는 건 안 가지는 것이다. 예수는 남에게 바라는 것을 먼저 남에게 해주라고 하였으며 제자들에게 거저 받았으니 거저 주라고 하였다.

"예수는 이 세상 사람에게 주는 것을 가르쳤다. 이 세상은 주라는 세상이다. 지금이라도 줄 수가 있어야 한다. 떳떳치 못하게 무엇을 바라고 산다는 그것은 차라리 이 세상에 안 나는 것이 좋다. 우주의 아버지는 무엇을 나누어 주라는 것이다. 이 세상에 산다는 것은 주는 재미다. 그런 세상이기 때문에 기왕에 주면 예수같이 목숨까지 주어야 한다는 것을 알아야 한다. 비록 아무것도 없지만 이제는 주려고 산다. 내가 세상에 바라지 않는다. 죽음이란 줄 것을 다 주고 꼭 마감을 하고 끝내는 것이다. 줄 것을 다 주고 위로 올라가는 것이 죽음이다. 돈이 있는 사람은 모은 돈을 주고, 아는 것이 있는 사람은 지식을 나눠 주고 그래서 줄 것을 다 주면 끝을 꽉 맺는다. 사람이 이 세상에 나온 것은 모을 것을 모으고 알 것을 알아서 이웃에 주고 가려고 나왔다."(류영모,《다석어록》)

석가는 이 세상에 버리려고 온 사람이다. 가정도 버리고 나라도 버리고 이 세상도 깨끗이 버렸다. 제나(ego)를 버리면 모든 것은 저절로 버려진다. 제나까지 모든 것을 버리는 것을 불교에서 방하착(放下著)이라 한다. 얼나의 깨달음은 방하착(내려놓음)에 있다.

"붓다가 되려고 한다는 것은 참 어려운 일이다. 석가는 이 세상에서 별 고생을 다 했다. 석가는 죄다 주고 죄다 버렸다. 나라도 내버리고 임금 자리도 내버리고 부모, 처자, 궁궐을 다 버렸다. 그것뿐 아니라 눈을 빼 달라면 빼주고 다리, 팔, 뼈, 골수까지 죄다 내준다는 것이다. 그전에 그 소리를 처음 들었을 때 내가 말하기를 '그 인도에서는 옛날 사람들이 골수 그런 것이 다 소용없었던 게지요?'라고 하자 강사가 '그게 무슨 소리요'라고 말했다. 그런 말은 달라면 무조건 준다는 것이다. 준다는 것을 더 힘 있게 나타내느라 그렇게 말하였던 것이다."(류영모,《다석어록》)

그런데 류영모는 주자는 예수의 정신, 버리자는 석가의 정신이 이어지지 않고 있는 것을 안타깝게 생각하여 수정, 백금, 금, 은으로 된 십자가를 들고 무슨 한얼님 생각, 예수님 생각을 하는지 모르겠다고 말하였다. 서울에 있는 어느 불교 선원에서는 청동 일백 톤으로 높이 38m(8층 높이)의 약사대불을 만들어 세우는 데 120억 원이 들었다고 한다. 스님 자신이 얼나(다르마)를 깨달아 붓다가 되어야지 그런 돈장난을 하는 게 버리자는 석가와 붓다의 정신과 무슨 관계가 있는가?

이미 영원한 생명인 얼나를 깨달은 이는 삶의 목적을 이루었으니 얼나 밖의 것은 버리고 주면 된다. 그리고 얼나를 드러내 보이면 된다. 그러나 아직도 얼나를 깨닫지 못한 이는 어떤 가르침을 받아들이고 어떤 가르침을 내어버릴까를 본인이 판단하고 결정해야 한다. 얼나가 모든 말씀의 진위(眞僞)와 선후(先後)를 결정할 수 있다. 얼나가 말씀의 모체요 원형이기에 얼나를 깨달은 이는 남의 글도 말도 필요가 없다.

우리 선조 대대로 믿어 온 것이라 이어서 믿겠다고 한 데 대한 석가 붓다의 제자인 카샤파(가섭)의 대응을 볼 수 있다. 불경 《중아함경》에 나오는 얘기이다. 옛 인도에 있었던 코살라국의 세타부야성의 성주 파야시가 카샤파(가섭)와 만나 얘기를 나누게 되었다. 브라만교 신자인 파야시는 카샤파의 가르침을 받아들이려 하지 않았다. 내가 이제까지 믿어 온 것을 버릴 수 없다는 주장이었다. 그때 카샤파가 삼단 이야기를 하였다.

파야시 : "존자여, 아무리 해도 이때까지 믿어 오던 내 생각을 버릴 수 없어요. 여러 사람들이 반드시 나를 비웃을 것이요."

카샤파 : "성주여, 어떤 나라가 매우 풍성하여 모든 것이 흔하기가 흐르는 물과 같았다고 합니다. 그 소문을 들은 어느 나라 두 벗이 서로 약속하고 그 넉넉히 가멸한 나라에 가서 길에 내버린 물건을 주워 오기로 하고 떠났습니다. 그 가멸한 나라에 들어가서 길가에 내버린 삼(麻)을 보고 두 사람은 삼을 묶어서 한 짐씩 지고 가는데 또 길가에 삼실이 버려진 것을 보았습니다. 한 친구는 여기 삼단보다 나은 삼실이 있으니 지고 온 삼단을 버리고 이 삼실을 지고 가자 하고 바꾸었습니다. 그런데 다른 친구는 이제껏 지고 오던 삼단을 어찌 버리겠냐고 하면서 삼단을 그대로 지고 갔습니다. 또 계속 길을 가다가 삼베가 버려진 것을 보게 되었습니다. 삼실을 지고 오던 친구는 지고 오던 삼실을 버리고 또 삼베로 바꾸었습니다. 그러나 다른 친구는 처음의 삼단을 그대로 지고 갔습니다. 자꾸 바뀌는 친구는 모시베가 나오고 쇠가 나오고 은이 나오고 마지막에는 금이 나오자 금을 한 짐 졌습니다. 다른 한 친구는 끝까지 처음 진 삼단을 지고서 집으로 돌아왔습니다. 기껏 삼단을 지고서 집에 오니 가족들이 기뻐하지 않았습니다. 그러니 자기도 기쁘지 않았습니다. 그러나 금을 지고 온 친구는 가족들이 크게 기뻐하였습니다. 그러자 따라서 본인도 기뻐했습니다.

성주여! 성주는 끝까지 삼단을 지고 집에 돌아온 사람과 같지 않으십니까? 성주여! 어서 그 잘못된 생각을 버리시고 부질없이 고뇌를 하지 않도록 하시지요.

성주 파야시는 카샤파의 삼단 비유 얘기를 듣고서야 생각을 바꾸어서 석가 붓다의 가르침을 받아들이게 되었다. 중국의 고사성어에는 또 다른 이야기가 있다. 매독환주(買櫝還珠)가 그것이다. 어떤 이가 귀한 구슬을 샀는데 구슬을 담은 그릇이 너무도 아름답고 품위 있어 보여 구슬 담은 그릇만 가지고 귀중한 구슬은 돌려주었다고 한다. 예수의 가르침에서 가장 핵심인 것은 영원한 생명인 얼나의 깨달음(거듭남)이다. 그런데 구슬인 얼나의 깨달음 사상은 버리고 예수의 겉나인 몸의 동정녀 탄생과 육체 부활설만 받아들였다. 그리하여 예수의 얼나 사상은 영지주의(그노시스)라 하여 버림을 당하여 오늘에까지 이른 것이다. 이와 같이 어이없고 기막힌 일이 어디에 있단 말인가? 바울로의 황당하고 어리석은 교의 신앙에 사로잡혀 얽매여 있으면서 말로만 예수를 믿는다니 참으로 어이없는 일이다.

류영모는 신앙 생활을 한다면서 교리에 얽매여 옴짝 못하는 것을 싫어하여 교회를 멀리하였다. 스스로 나는 정통이 아니고 이단이라고 하였다. "종교는 자유인데 자기가 분명한 것을 믿으면 된다. 남의 말 듣고 믿으면 그게 무엇인가? 한 마리의 개가 의심이 나서 짖는데 다른 개들이 따라 짖는 것과 무엇이 다른가. 예수의 영원한 생명의 정의는 이렇다. '오직 하나이신 한얼님 아버지를 아는 것과 그가 보내신 얼나(한얼님 아들)를 깨달아 믿는 것이다.(요한 17:3 박영호 의역) 영생하는 것은 얼이지 몸이 아니다.(요한 12:50 참조) 위대한 한얼님을 섬기는 데는 무슨 재물은 안 든다. 먼 것은 잊어버리지만 않으면 섬

기는 것이다. 안 잊어버린다는 것은 생각, 곧 정신의 일이다."(류영모,
《다석어록》)

버릴 것 다 버리고서는 벗어야 한다. 벗는 것은 옷이다. 속옷인
몸옷을 벗는 것을 세상에서는 죽는다고 말한다. 몸 중심으로 말하
면 죽음이지만 얼 중심으로 말하면 벗음이다. 류영모의 몸에 관한
말이다.

"사람의 몸뚱이라는 것 또한 벗어버릴 허물이요 옷이지 별것이 아
니다. 몸에는 옷을 더 입히지만 몸이 옷이라는 것을 나타내는 것밖에
아무것도 아니다. 옷은 마침내 벗을 것이요 속옷과 겉옷을 아무리 겹
겹이 입었더라도 벗어버릴 것밖에 아무것도 안 된다. 결국 사람의 임
자는 얼나이다. 비롯했다 마침이 있는 것은 몸이다. 나서 죽는 것이
몸이요 몸이 죽어 사는 것이 얼이다. 얼은 제나(몸나)가 죽어서 사는
삶이다. 형이하(形而下)에 죽고 형이상에 사는 것이다. 몸에 죽고 얼
에 사는 것이 얼생명이다. 단단히 삶의 결산을 하고 다시 새 삶을 시
작하는 것이 얼나이다. 얼나에는 끝이 없다. 언제나 시작이 있을 뿐
이다."(류영모,《다석어록》)

그런데 많은 사람들은 몸이 참나인 줄로 안다. 많은 사람들은 이
말을 들으면 충격을 받으면서 무슨 헛소리를 하느냐고 성을 낼 것이
다. 사랑하는 이의 주검 앞에 서보라. 내가 살아 있다는 것이 꿈같은
것이다. 알고 보면 물거품 같은 것을 가지고 생명이라 여긴 것이다.
류영모의 탄식을 들어본다.

"오늘날 세상은 나라는 것을 오관(五官)과 사지(四肢)에 한정해 넣

어버린다. 그리하여 몸의 나밖에 모른다. 신체가 미끈한 자, 인기 있는 자를 부러워하고 권력을 잡은 이와 부호를 누리는 이를 부러워한다. 이게 다 악인의 낯을 보는 것이다. 이 세상의 우리가 불공평한 판단을 하고 있다. 가난한 자와 고아들을 돌보려 않고 세력 있는 권력자들을 쫓아다니고 있다. 이게 다 판단을 잘못해서 그렇다. 우리도 이 육근(六根)에 붙잡히면 짐승인 이 몸에 잡아먹혀버린다. 이 짐승을 따르지 말고 한얼님 아들의 길을 가야 한다."(류영모,《다석어록》)

예수와 석가는 서로가 담합이라도 한 듯이 혼인하기를 꺼리고 자식 낳기를 싫어하였다. 그런 예수와 석가에게 아들딸 낳게 하여 달라고 비는 일이야말로 우스운 일이 아닐 수 없다. 류영모는 26살에 혼인하여 3남 1녀의 아버지가 되었는데 52살에 깨달음에 이르고서는 혼인하지 말고 자식 낳지 말라고 하였다. 혼인하고 자식 낳는 일은 정신 똑바로 차린 이는 하는 짓이 아니라는 것이었다. 그런데 류영모의 생각이 예수와 석가의 생각 그대로인 것 같아 인용한다. 류영모의 주장에서 예수와 석가의 생각을 헤아리고 나아가 한얼님의 뜻을 짐작해본다. 류영모가 이런 말을 할 때는 인구 과잉으로 인류가 자멸할지도 모른다고 할 때이지만 지금은 이 나라는 인구 감소로 나라의 미래를 걱정하기에 이르러 말하기가 조심스러우나 진리는 어디까지나 진리이다. 인류의 존망 이상의 문제가 진리인 것이다.

첫째로 예수와 석가는 생명의 근원이요 본모습은 없는 빔(허공)이요 얼(성령)이다. 있음의 물질(육체)이 되는 것은 타락이요 죄악이라 할 수 있다. 사람의 삶의 목적은 물질(육체)의 나를 극복하고 물질의 세계를 초월하는 데 있는 것이다. 그것이 얼나의 깨달음이요 한얼 나라(얼나라)로 돌아감이다. 따옴표의 말은 류영모의 말이다.

"한얼님은 없이 계신다. 한얼님을 보았으면 좋겠다는 것은 어림없는 말이다. 도깨비도 안 뵈는데 만약에 한얼님이 보인다면 도깨비보다 못한 것이다. 한얼님의 아들은 빈탕이신 아버지를 바라보아야 한다. 이 유한 우주는 빈탕(허공) 안에 있다. 요한복음 13장 31절은 내가 제일 좋아하는 말씀인데 이게 정말 생명을 바로 잘 그려놓은 것이다. '영광'을 '뚜렷'으로 고쳐야 한다. 또 아버지를 빔(空)으로, 아들을 맘으로 고치면 불교식 표현이 된다. 부자일치(父子一致)다. 바로 아들이 되면 아버지와 같다. 아들인 맘은 제나가 죽은 맘이다.(류영모는 제나가 죽은 맘을 '믐'으로 썼다.)

아주 빈 절대공(絶對空)을 사모한다. 죽으면 어떻게 되나, 아무것도 없다. 아무것도 없는 허공이라야 참이 될 수 있다. 두려운 것은 허공이다. 허공이 참인 한얼님이다. 허공 없이 진실이고 실존이고 어디 있는가. 유한 우주가 허공 없이 어떻게 존재할 수 있는가? 허공 없이 존재하는 것은 없다. 물건과 물건 사이, 질(質)과 질 사이, 세포와 세포 사이, 분자와 분자 사이, 원자와 원자 사이, 전자와 전자 사이 이 모든 것의 간격(사이)은 허공의 일부이다. 허공이 있기 때문에 존재한다."(류영모, 《다석어록》)

둘째로 몸과 맘의 제나는 한마디로 나지 말았어야 하고 죽어 없어졌어야 하는 거짓되고 더럽고 덧없고 죄악된 것이다. 제나를 참나로 알고 집착하는 것은 어리석음이다. 그래서 남녀의 사랑을 치정(痴情)

이라고 한다. 제나는 살아서는 말썽꾸러기요 죽어서는 송장덩어리
다. 그래서 예수는 영원히 사는 것은 얼이니 몸은 쓸데없다고 말하였
고, 석가는 괴론 몸과 알 모임의 맘의 제나를 없애는 게 참나에 이르
는 길이라고 말하였다. 류영모의 말이다.

　"이 몸은 참나가 아니다. 참나를 실은 수레라고 할까? 참나인 얼
나는 보이지 않지만 있다는 것을 알아야 한다. 우리의 몸은 요망한
것이다. 요망한 몸나에 눈이 멀어서 애착함이 가시어지는가가 문제
이다. 색(色, 빛깔)이라는 것은 물질을 말한다. 물질 세계는 빛깔로 되
어 있어 요망한 것이다. 우주 간의 물질이라는 것은 한낱 하잘것없는
것이다. 이것을 우리는 무서워할 것 없다. 눈이 멀어서 빛이 곱게 보
일 때, 요망한 것들이 좋게 보일 때 미혹으로 색(色)을 사랑하게 된
다. 참으로 사람이란 우스운 것이다. 잘 먹고 빨래는 잘 내놓는다.
그러면 제가 잘 살거니 한다. 이게 다 꿈지럭거리며 벌레 노릇하는
거다. 나는 몸의 일은 부정(否定)이다. 모든 것을 몸을 위해 일하다
가 죽어 그만두게 된다면 정말 서운한 일일 거다. 나는 이를 부정한
다. 그저 남 먹는 것, 남 입는 것에 빠지지 않겠다는 게 몸삶이다. 요
새 사람들은 육체의 건강과 수명의 연장에만 신경을 쓴다. 이 몸생명
은 가짜 생명이다. 우리는 참나인 얼나를 찾아야 한다. 우리의 일이
참나(얼나)를 찾는 거다. 한얼 나라에는 참나(얼나)가 들어간다. 가짜
생명(몸나)은 죽어야 한다. 죽음이 있어야 한다. 사람들은 이 세상에
서 가짜 생명을 연장하는 데만 궁리하고 골몰하고 있다 그래서는 안
된다."(류영모, 《다석어록》)

그렇게 되면 인류 역사가 멸망하는 것이 아닌가? 또는 혼인 안 하고 어떻게 혼자 살 수 있는가? 걱정을 늘어놓는다. 류영모는 이에 대해서 전혀 걱정하지 않는다. 인류가 순결로 오스트레일리아의 원주민처럼 멸종이 된다면 그야말로 유종의 미를 이룩한 것이다. 우주의 임자인 한얼님께서 크게 기뻐할 일일 것이다. 그리고 혼자 사는 것은 데이비드 소로가 보여주었듯이 어떤 조직에 의지하지 않고서도 훌륭하게 독신 생활을 할 수 있는 것이다. 류영모의 말이다.

"남녀의 교재를 황망히 하지 말아야 한다. 이것이 남녀유별(男女有別)의 성별(聖別)함이다. 성별을 해야 구속(救贖)이 온다. 외물(外物)에서 구하는 것부터 구별하면 위로 올라가는 옳은 정신이다. 당길심 있게 시간적으로 띄우고, 공간적으로 멀리하여 성별을 한다. 결코 급하게 사귀기 쉬운 것 따위의 경솔을 하지 않는다. 곱게 보인다고 곧바로 가까이 하지 않는다. 곱고 좋다고 가까이 하면 위태하다. 짝사랑을 하면 상대는 좀 더 배를 탁 튕기고 내쳐 비싸게 군다. 그러니 이쪽은 바탈에 아픔을 받는다.

홀로 사는 독생자(獨生者)가 아주 편하다. 죄에 들어갈 염려가 없다. 자기 혼자 독립해 사니 인애(仁愛)로 마침내 마치게 끝난다. 뭣을 구함이 없고 뭣을 맛봄도 없다. 호기심도 나지 않는다. 인애로 홀로 사는 독생(獨生)을 해야 한다. 성별(聖別)을 자꾸 하면 절로 혼자 살게 된다. 호기심에 이끌리어서 재미가 있을 듯해도 그런 것도 이 세상에 있나 하고 그냥 지나간다. 미인의 코에는 콧물이 안 나오고 눈에서는 눈물이 안 나는가? 그 창자에는 똥이 없는가? 석가는 미인도 똥자루에 지나지 않는다고 말하였다. 그 살가죽에서 떨어지는 때는 때가 아닌가? 진·선·미가 이 세상에 어디 있는가? 그렇다고 혼자서 자기 코 속에 코가 없고 창자에 똥이 없는 것처럼 해도 안 된다. 그것은 사회에 대한 모독이 아닐 수 없다. 인애에 독생(獨生)하기를 바라야 한다. 자기 꿈은 독생으로 하고 성별해서 구속받아야 한다. 인격의 온전함이 능히 독신(獨身)을 가능하게 한다. 누구를 의지하거나 기대거나 하는 것이 없고 혼자서 오줌똥을 가누게 되고 남녀 문제를 초월하게 된다. 마침내 생사(生死) 문제를 초월하게 되어 영원한 생명인 얼나를 깨달아 한얼님나라에 이르러 한얼님께 하나 된다."(류영모,《다석어록》)

20세기가 끝나고 21세기가 비롯되는 아침을 거저 맞을 수 없어 밤새워 기도하며 한얼님께 빌었다. 21세기에는 부디 사람들이 서로 싸워 죽이는 어리석은 짓은 없기를 빌었다. 그러나 소용없었다. 20세기와 다름없이 서로 죽이고 싸운다. 이런 짐승 같은 역사를 이어 갈 바에는 피비린내 나는 역사를 끝내도 좋겠다는 생각이 들었다. 오늘날 날마다 전해지는 뉴스 듣기가 지겹다. 류영모의 말이다.

"땅 위의 사람들이란 아무것도 아니다. 인간이란 벌레가 이 우주 안에 없다고 해서 어떻다는 것인가? 지구도 달과 같이 생물 없이 빤빤하게 있다고 해서 무슨 서운한 것이 있는가? 우주조차도 마침내는 다 타버린다는 사상이 있다. 우리가 옷에 묻어 있는 먼지 하나 털어버린다고 해서 무엇이 서운하겠는가? 똥 벌레 같은 인류이지만 생각함으로써 사상을 내놓아 여느 동물과 다르다고 하는데 이 사상이 문

제이다."(류영모, 《다석어록》)

　내게 딸린 모든 것을 버리는 데는 싯다르타 태자(석가)처럼 용기 있고 통쾌한 일이 없다. 그 용기는 싯다르타 태자가 죽음을 가까이 하는 근사지심(近死之心)에서 나온 것이다. 싯다르타 태자(석가)는 젊은 야소다라 부인과 어린 외아들 라훌라를 카필라 성 집에 두고 참을 찾고자 한밤중에 몰래 말 타고 하인 찬다카와 함께 성을 떠났다. 인공위성을 인력권 밖으로 쏘아 올리자면 서울과 인천까지의 거리를 1초 동안에 통과해야만 한다고 한다. 사람이 처자식에 대한 애정의 인력권을 벗어나기는 그보다도 더 어려울 것이다. 그야말로 결사(決死)적인 근사(近死)의 마음이 없이는 불가능하다. 석가의 부다가야 핌필라나무 아래서 구경각을 이룸에 못지않게 출가의 결행이 감동을 준다. 그때 태자는 29살의 젊은이였다. 진리 편에서 보면 환호할 장한 일이나 세속 쪽에서 보면 주먹질할 일이다. 태자는 한 번 뒤돌아보지도 않고 부르는 이라도 있는 듯 말을 달렸다. 이백 리 길을 달려 라미시에 이르렀다. 후와미강을 건너 숲속에서 명상을 한 뒤 수행한 찬다카에게 고별 인사를 건넸다.

　"찬다카야, 너무 애썼다. 너는 저 말을 몰아 카필라 성으로 돌아가거라. 너는 부왕에게 아뢰어라. 나고 늙고 병들고 죽는 근심, 슬픔, 괴롬을 끊지 못하면 왕궁으로 돌아가지 않겠노라고!"

　그때 찬다카는 땅에 주저앉아서 울며 이렇게 말하였다.

　"소인이 어찌 태자님을 이곳에 두옵고 나 홀로 궁성으로 돌아가오리까?"

"찬다카야, 이 세상의 법은 홀로 태어나 홀로 죽는 것이다. 어떻게 나고 죽음을 같이 하겠는가? 나고, 늙고, 병들고, 죽는 괴롬을 지니고서 어찌 사람들의 좋은 벗이 되겠는가? 나는 괴롬을 끊어 없애려고 집을 나온 것이다. 이 괴롬을 끊어 없앤 뒤에야 비로소 사람들의 좋은 벗이 될 것이다. 나는 아직 모든 괴롬을 여의치 못했거니 어찌 좋은 벗이 되겠는가?"

"태자님, 궁 안에서 고이 자라나신 몸으로 어떻게 이 산 숲속 가시밭 돌 자갈 위에서 살 수 있으오리까? 또 사나운 짐승들과 독한 해충들의 해침을 어찌 막으시렵니까?"

"실로 네 말 그대로이다. 궁 안에 있으면 이 가시밭의 괴로움이나 독충의 피해는 면하겠지만 생로병사의 닥쳐옴을 어찌 피할 수 있겠는가?"

찬다카는 더 할 말이 없어 울기만 하였다. 태자는 이제 본격적인 구도의 길에 오른 첫 출발이요, 이제 입지의 나이에 다다랐는데 인생을 바라보는 혜안이 밝아 바로 보고 있음을 알 수 있다. 사람의 일생이 날마다 혼인하는 날처럼 좋기만 바라는 것은 어리석은 꿈속에서 헤매고 있는 것이다. 그러다가 고·노·병·사(苦老病死)가 날벼락처럼 닥치면 왜 이런 일이 내게만 일어나느냐며 하늘을 원망한다. 사람은 그 누구도 언제 어떻게 죽게 될지는 모른 채 살고 있다. 분명한 것은 언젠가 그 죽음의 순간이 내게도 닥친다는 것이다. 갑자기 죽게 되었을 때도 '왜 내가 죽어'라고 운명에 대들지 말라는 것이다. 죽기 위해 이 세상에 왔으면 언제 어디서 죽든 죽으면 된다. 죽음맛 보려고 이 세상에 왔는데 죽음맛 보게 되었으면 기쁘게 죽음맛을 보는 것이다. 석가의 출가는 죽음 맞을 용기를 지나 죽음을 넘어설 지혜를 얻고자 함이었다.

"이 제나란 신발과 같다. 이 신발은 일생을 신는다. 신이 낡아진다는 것은 자아 발견이란 뜻인데 인생의 의미란 말이다. 인생의 뜻을 알았으면 아무 때 죽어도 좋다. 내 속에는 벌써 영원한 생명이 깃들어 있기 때문이다. 한얼님 아들인 얼나는 죽지 않는다. 죽지 않는 생명을 가졌기에 이 껍질인 몸나는 아무 때 죽어도 좋은 것이다."(류영모,《다석어록》)

류영모는 몸을 옷에 비기었다. 옷은 더러워지고 낡으면 훌렁 벗어 던지면 그만이다. 말할 것 없이 몸옷을 입은 임자는 영원한 생명이요 한얼님 아들인 얼나이다. 그런데 이렇게 생각한 다른 이는 못 보았다. 몸은 내 옷이라는 말은 안 했으나 그처럼 산 이가 바로 예수이다. 예수처럼 기쁨으로 죽은 이가 또 있다. 로마 교황으로부터 이단으로 몰려 산몸으로 화장을 당하면서 기쁨으로 죽은 조르다노 브루너가 몸을 옷으로 생각하였음이 분명하다. 예수는 십자가 형틀에 못 박히어 죽음을 당하게 되었음에도 슬퍼하거나 두려워하기는커녕 마음에 기쁨이 샘솟아 그 기쁨을 스승을 잃는 슬픔에 빠진 제자들에게 나누어 주겠다고 말하였다.

"내가 이 말을 하는 것은 내 기쁨을 같이 나누어 너희 마음에 기쁨이 넘치게 하려는 것이다. 내가 너희를 사랑한 것처럼 너희도 서로 사랑하여라. 이것이 나의 가르침이다. 벗을 위하여 제 목숨을 바치는

것보다 더 큰 사랑은 없다. 내가 이른 것을 지키면 너희는 나의 벗이 된다."(요한 15:11~12)

또 예수는 자신의 육체의 죽음을 영원한 생명(얼나)이 탄생하는 태반으로 비유하였다. 새 생명이 태어나면 태집은 버리면 된다. 하나도 슬퍼할 일이 아니다.

"너희는 근심에 잠길지라도 그 근심은 기쁨으로 바뀔 것이다. 여자가 해산할 즈음에는 걱정이 태산 같다. 진통을 겪어야 할 때가 왔기 때문이다. 그러나 아이를 낳으면 생명 하나가 태어났다는 기쁨에 그 진통을 잊어버리게 된다."(요한 16:20~21)

예수는 죽는 것이란 이 땅의 어버이에게서 받은 몸나(제나)가 죽는 것이지 한얼님 아버지로부터 받은 얼생명은 영원한 생명이라 도로 한얼님 아버지께로 돌아간다. 짐승들은 한얼님을 모른다. 한얼님으로부터 얼생명을 안 받았기 때문이다. 예수는 그 누구보다도 한얼님 아버지를 사모하고 그 뜻을 좇았다. 얼나의 삶이 그런 것이다. 예수의 얼나는 한얼님 아버지의 생명이라 아버지 한얼님께로 돌아간다. 없는 곳이 없이 계시는 얼인데 오고 갈 것이 없지만 몸을 기준으로 삼아 말을 하자니 오고 간다로 표현이 된다. 한얼 나라는 어디에나 있다. 한얼님의 얼이 없는 곳이 없기 때문이다. 한얼님은 얼의 나라이라 사람이 얼을 감지할 수 있는 능력은 생각이다. 그래서 만유보다 크신 한얼 나라가 너희 맘속에 있다고 말한 것이다. 사람의 생각은 한얼 나라 방송을 듣는 수신기라고 류영모가 말하였다. 우리의 생각이란 한얼님의 얼이 와서 머무는 행재소(行在所)이다. 머물다 떠난다. 류영모는 이를 귀일(歸一)이라고 말하였다.

"아버지께로부터 와서 세상에 왔다가 이제 세상을 떠나 다시 아버지께로 돌아간다."(요한 16:28)

석가의 출가는 죽음을 가까이하는 근사지심(近死之心)에서 이루어졌지만 예수의 십자가 죽음은 이미 죽은 기사지심(旣死之心)에서 이루어진 것이다. 류영모도 제나(몸나)가 한 번 죽어야 공심(空心)이 된 빈 맘에 한얼님의 얼이 들어와 주체가 되어 한얼님의 인격이 아닌 신격(神格)이 된다고 말하였다. 한얼님 아들의 사명은 얼나를 깨닫지 못한 채로 멸망의 생명으로 살고 있는 이들의 맘속에 숨어 있는 얼나를 깨닫도록 깨우침을 주는 것이다. 예수가 이른바 공생애를 시작하면서 한 첫 말이 "한얼 나라는 가까이 있다. 얼나를 깨달아라."라고 말한 것이다. 류영모는 "짐승인 이 나에게 한얼님의 생명인 얼나를 주시다니 이보다 더 큰 사랑이 어디 있느냐?"라고 말하였다. 영원한 생명은 나쁜 사람, 좋은 사람 가려가면서 주는 게 아니다. 예수가 말하였다.

"'네 이웃을 사랑하고 원수를 미워하여라.' 하신 말씀을 너희는 들었다. 그러나 나는 이렇게 말한다. 원수를 사랑하고 너희를 박해하는 사람들을 위하여 기도하여라. 그래야만 너희는 하늘에 계신, 한얼이신 아버지의 아들이 될 것이다. 아버지께서는 악한 사람에게나 선한 사람에게나 똑같이 햇빛을 주시고 옳은 사람에게나 옳지 못한 사람에게나 똑같이 비를 내려주신다."(마태 5:45)

이러한 아버지 한얼님과 그 아들인데 할 일이 없어서 심판하러 이 세상에 오시겠는가? 최후의 심판 따위는 한얼님 아버지와 그 아들을 믿는 이의 생각이 아니다.

"'얼 목숨을 얻기 위하여 몸 목숨을 버림이라'. 목숨을 스스로 버린다는 것은 자살한다는 뜻이 아니라 살신성인(殺身成仁)한다는 말이다. 얼생명을 자유롭게 한다는 것도 살신성인을 말한다. 정의를 위하여 목숨을 버린다는 것은 누구에게서 배워서만이 아니라 저절로 알 수 있는 일이다. 몸은 죽이고서(부정하고) 얼이 살아야 한다. 몸 껍데기를 벗어버리면 뚜렷해지는 것은 우리의 영혼인 얼생명이다."(류영모,《다석어록》)

몸옷만 벗는 것이 아니라 맘의 옷도 벗는다. 몸옷은 겉옷이요 맘옷은 속옷이다. 어떤 의미에서는 겉옷인 몸나가 죽기 전에 속옷인 맘나가 먼저 죽어야 한다. 죽는 것이 벗는 것이다. 예수가 몸이 십자가에 못 박히기 전에 겟세마네 동산에서 "내 뜻대로 마옵시고 아버지 뜻대로 하옵소서."(마태 29:39)라 했을 때 예수는 이미 깨끗이 죽은 것이다. 시간적으로나 공간적으로 얼마든지 피할 수 있었지만 스스로 죽기로 한 것이다. 아니, 이미 죽은 것이다. 무아(無我)를 이룬 것이다.

"우리는 몸과 맘의 제나로는 변하면서 얼의 나로는 변하지 않는 것이 영생하는 것이다. 영원한 생명인 얼나로는 몸나가 죽으나 사나 여기서나 저기서나 언제나 행복하다. 생명의 비결은 한결(常)을 알아 그 가운데 드는 것이다. 영원한 현재가 되는 것이다. 그것이 얼생명이 되어 한얼님과 하나 되는 것이다. 하루하루를 지성껏 살면 무상한 인생이 비상(非常)한 생명이 된다. 하루하루를 덧없이 내버리면 인생은 허무밖에 아무것도 아니다. 정성을 다하여 쉬면서 쉬지 않는 숨처럼 언제나 깨어 있는 사람은 쉬지 않으면서 쉬는 숨이며 늘 괴로우면서 가장 기쁜 것이다. 늘 제나를 죽임으로서 얼나가 사는 것이다. 곧 일함이다. 사람은 열심히 일하는 데서 삶의 보람을 느낀다. 그러나 그 일이 한얼님이 시키는 대로 하며 자기 몫을 다하는 삶이 되어야 한다. 자기 사명(使命)을 가지고 사는 삶, 언제 죽어도 좋다고 하는 삶, 죽어서 사는 삶 그것이 영원한 생명이다. 한얼님과 얼나가 하나 되어 중심을 잡고 바로 사는 이것이 한얼님을 기쁘게 하는 삶이요 나를 값지게 하는 삶이다."(류영모, 《다석어록》)

나는 누구로부터 비롯되었는가? 하나(전체 한얼님)에서 비롯되었다. 이 말에 버트런드 러셀이 그러면 한얼님의 아버지는 누구인가라고 물었다. 러셀은 상대와 절대를 몰라서 그런 소리를 하였다. 모든 개체는 온통(하나)에서 비롯되었다. 그 온통은 가장자리 없는 태허공(太虛空)이다. 먼지 한 알갱이와 천체(天體) 한 덩이 모두가 가장자리 없는 태허공에서 비롯되었다. 그것을 부인할 사람은 없다. 나는 어디에 있든 하나(전체 한얼님) 가운데 있다. 보통 사람들은 내가 어디에 있는가라고 물으면 주소를 말한다. 그것은 유치원생의 일이다. 나는 지구에 있고 지구는 태양계에 있고 태양계는 은하 우주에 있고 은하 우주는 유한 우주 속에 있고 유한 우주는 무한 우주인 태허공, 곧 '하나(온통)' 속에 있다. 시간으로 공간으로 우리는 하나에 안겨 있다. 하나를 떠나서는 나란 있을 수 없다. 나란 하나에서 비롯되어 하나로 마친다. 하나가 나의 알파요 오메가인데 그것은 나를 기본으로 생각해서이고 하나뿐이다. 하나에서 비롯돼 하나로 마치는 과정, 이른바 일생이란 과정은 어떠한가?

"사람은 시간이라는 폭포에서 떨어지고 있다. 사람의 삶은 높은 곳에서 떨어지는 것처럼 조금도 머물지 않고 떨어지는 그 모양으로 되어 있다. 그런데도 우리 사람들은 이렇게 떨어지면서도 어디 한번 잘 살아보았으면 좋겠다는 말을 한다. 또 떨어지는 순간에서 좀 잘 살았다고 하면 '그때는 참 좋았어!' '제법 살맛이 있었어!'라고 두고 두고 얘기를 한다. 이런 사람은 죽음이 무엇인지도 모르는 사람이다.

이 세상에 죽기 위해 나온 건데 그걸 뻔히 알면서 죽긴 왜 죽어 하고는 잡아떼지만 그게 말이 되는가? 비롯을 따지니 어쩔 수 없이 마침(終)에 돌아간다. 아담으로부터 지금까지 나고 죽고 나고 죽고 하면서 이어 왔다. 낳았으니 죽고 죽으니 낳았다. 나만 안 죽겠다는 그런 소갈머리가 어디 있는가? 나는 죽음맛을 보고 싶다. 그런데 그 죽음맛을 보기 싫다는 게 뭔가? 이 몸은 흙에서 왔으니 흙으로 내던져지고 얼은 위로 들려야 한다. 땅(흙)에서 온 몸은 죽어 땅으로 떨어지고 얼은 들리어 위로(한얼님께) 올리운다. 그러나 여기에 있는 동안에는 땅의 일도 충실히 해야 한다. 죽음을 생각하여 언제 떠나도 미련이 없도록 준비와 각오를 하면 좀 더 생각을 깊이 하게 된다. 몸이 아프면 죽음을 생각하게 된다. 아픔이 없으면 죽음 생각을 안 하게 된다. 사람의 몸은 아끼고 아끼다가 흙이 된다."(류영모, 《다석어록》)

그런데 보잘것없고 하잘것없고 또 부질없어 내버리고 싶을 때 '하나'이신 한얼님께서 다가오시어 "나지 않고 죽지 않는 나의 생명인 얼을 줄 테니 받아서 몸나의 삶을 두고 얼나가 시키는 대로 살아라. 몸나는 짐승의 새끼지만 얼나는 한얼님의 아들로서 몸나의 죽음과는 상관없이 영생한다."라고 일러주신다. 그 말씀을 오롯이 들은 이가 석가요 예수를 비롯한 성인들이다. 한얼님의 얼은 사람에게 말씀으로 들리고 사랑으로 느껴진다. 그리하여 2천 년 전에서 2천5백 년 전 사이에 한얼님의 말씀을 받은 이가 이 지구 위 이곳저곳에서 그야말로 동시다발로 나타나 영성 시대가 열린 것이다. 이를 카를 야스퍼스가 말한 축의 시대(axial area)이다. 문화의 중심인 돌쩌귀(회전축)라는 뜻이다.

예수가 얼나를 깨닫는 것이 얼마나 중요한가는 이 말에서도 알 수 있다.

"나는 분명히 말한다. 사람들이 어떤 죄를 짓든 입으로 어떤 흉을 보든 그것은 다 용서 받을 수 있으나 얼을 얕보는 이는 영원히 용서 받지 못할 것이며 그 잘못은 영원히 벗어날 길이 없을 것이다."(마가 3:28~29)

이것이 예수가 가르친 진리의 말씀 가운데 핵심이다. 어버이가 낳아준 제나(몸나)를 부정하고 한얼님이 주시는 얼나를 참나로 깨달아 얼나의 뜻을 좇아 살라는 가르침이다. 그런데 이 영성 신앙을 기독교가 버렸다. 유대교의 변형인 바울로의 대속 신앙을 예수교라는 간판을 걸고서 가르쳐 온 것이다. 기독교가 예수에게, 아니 한얼님에게 해서는 안 될 잘못을 저지른 것이다. 이 말을 여러 번 말을 하는 것도 이것을 빼놓고 다른 말을 하는 것은 쓸데없는 말이 되는 것을 알기 때문이다. 얼나로 솟나면 삼독의 죄악도 저절로 깨끗이 해결된다. 얼나는 짐승의 수성(獸性)을 다스리는 능력이기 때문이다.

한얼님이 주신 얼나를 52살에 깨달은 류영모의 말이다.

"죽음은 없다. 그런데 죽음이 있는 줄 알고 죽음을 무서워한다. 죽음을 무서워하는 것은 몸이 참나인 줄 알기 때문이다. 몸나를 나로 아는 육체적인 생각을 내던져야 한다. 죽음의 종이 되지 말자. 죽기를 무서워하여 육체에 매여 종노릇하는 모든 이를 놓아주려 함이 한얼님 말씀이다. 이 세상에서 바로 살 줄 알고 한얼님의 말씀을 아는 사람은 몸으로 사는 것이 좋은 것인지 나쁜 것인지, 그리고 기쁜 것인지 슬픈 것인지 모르고 산다. 죽는 일이야말로 축하할 일인지 모른다고 생각하면서 산다. 이렇게 사는 것을 부지지생(不知之生)이라고 한다. 나를 살려준다고 해서 좋아할 것도 없고 죽이겠다고 해서 흔들릴 것도 없다."(류영모,《다석어록》)

몸을 뒤집어쓰고서는 한얼님과 하나 되는 길은 한얼님의 얼을 받아들이고 사뢰는 길밖에 없다. 이것이 기도요 명상이다. 기도 명상이 중요한 까닭이 여기에 있다.

"큰 성령(한얼님)이 계셔서 깊은 생각을 내 맘속에 들게 하여주신다. 말씀은 사람 보고 한다. 사람과 상관하지 않으면 말씀은 필요 없게 된다. 따라서 사는 까닭에 말씀이 나오게 된다. 생각이 말씀으로 나온다. 정말 한얼님이 존재하심을 믿으면 말씀이 나온다. 말은 한얼님이신 마루 꼭대기에 있는 말이다. 우리는 그 말을 받아서 씀으로 한얼님을 안다. 그래서 마루(宗)로부터 받아씀이 말씀이다. 말은 한 얼님으로부터 받아서 써야 한다. 한얼님과 얼로 교통이 끊어지면 생 각이 결딴이 나서 그릇된 말을 생각하게 된다. 정신 세계에서 한얼님 과 연락이 끊어지면 이승의 짐승이다. 질컥질컥 지저분하게 사는 짐 승이다."(류영모,《다석어록》)

몸을 벗고 죽으면 얼나로 한얼님과 하나 된다. 내 몸 벗는 날도 언 제나 오늘이다. 언제 죽는가 맘 쓸 것 없다. 오늘이 몸 벗는 날이다. 그날도 오늘이다.

돋나, 숫나, 하나

　한얼님의 본성(本性)은 빔(허공)이요 얼(성령)이라 사람이 가지고
있는 오관(五官), 곧 눈, 귀, 코, 혀, 살갗으로는 어떻게 해볼 수가 없
다. 알 수 없다는 말이다. 다만 생각으로 한얼님과 교통할 수 있는데
제나가 살아 있으되 죽어야만 가능하다. 그때 비로소 한얼님의 얼이
내 생각(맘) 속에 나타나 한얼님의 실상을 조금씩 드러내신다. 그것
이 사람에게는 사랑으로 느껴지고 말씀으로 받아진다. 한얼님으로부
터 받은 말씀이 사람에게는 곧 영원한 생명이라 더없이 소중하다.

　"말씀이 곧 한얼님이다. 우리의 생명은 목숨인데 목숨은 말씀하고
바꾸어놓을 수 있다. 공자를 《논어》와 바꾸어놓는 것처럼 말이다. 우
리에게 생각이 끊이지 않고 말씀이 끊이지 않는 것은 누에가 실을 뽑
는 것이다. 그리하여 목숨이 말씀 속에 들어가게 된다."(류영모, 《다석
어록》)

　공자가 《논어》로 바뀌었다는 류영모의 말은 공자의 《논어》에도 한

얼님의 뜻이 담긴 말씀이 있다는 것이다. 그만큼 《논어》를 인정하고 공자를 믿는다는 말이다. 미국의 헨리 데이비드 소로가 쓴 《월든(숲 속의 생활)》에도 《논어》에 나오는 공자의 말씀이 인용되었다. 《논어》를 여러 번 거듭 읽었지만 공자는 여러 사람의 물음에 즉문즉답을 하는데, 준비된 대답을 지혜롭고 자연스럽게 대답을 하고 있다. 오늘의 우리가 들어도 무릎을 치게 될 만큼 나무에서 따온 듯한 멋진 대답을 하고 있음에 놀란다.

이 사람이 《논어》 가운데 가장 감동스럽게 들린 구절은 "나를 알아주는 이는 한얼님이시다(知我爲天乎)."이다. 그런데 가장 찡그리게 들린 것은 자로(子路)가 죽음에 대해서 물었을 때 "삶도 모르거늘 어찌 죽음을 알랴(未知生焉知死)"(《논어》 선진 편)이다. 삶과 죽음은 손바닥의 앞뒤와 같다. 죽음을 알아야 삶도 알게 되고 삶을 알자면 죽음도 알아야 한다. 죽음을 모르면 삶도 모른다. 공자가 삶도 다 모른 까닭이 죽음을 몰랐기 때문일 것이다.

공자의 이상은 군자(君子)가 되는 것이었다. 류영모는 군자를 '그이'라고 옮기며 군자는 한얼님 아들이라고 말하였다. 하루는 자로가 스승 공자에게 군자의 할 일에 대해서 물었다. 공자가 대답하기를 "나 자신을 닦아서 사람들을 평안케 하는 것이다(修己以安人)."(《논어》 헌문 편)라고 하였다. 간디의 표현대로 사람이란 죽음이라는 악어의 입에 놓여 있는 것과 같아 악어가 입을 닫으면 그대로 죽는다. 그런 처지의 사람을 평안케 하자면 죽음이란 악어를 없애야 사람들이 평안할 수 있는 것이다. 그런데 공자는 제자 자로가 죽음에 대해서 알고자 하는 것을 못마땅하게 생각한 것 같다. 죽음도 모르는 군자가 어떻게 사람을 평안케 할 수 있겠는가? 이 사람 또한 공자를 인류의 스승으로 모시며 그의 어록인 《논어》를 성경, 불경과 나란히 꽂아놓고 읽어 온다. 그런 공자의 허점을 들추는 것 같아 송구스럽기도 한데 말이 나온 김에 한마디 더 하기로 한다. 그를 따르는 제자들에게 땀 흘려 일해야 한다는 말을 안 한 것이다. 그리하여 유생들은 거의가 노동을 천시하는 불한당(不汗黨)이 되었다. 그리하여 조선조 유학을 한다는 양반들이 일을 천시하고 일하는 이를 천대하여 산업이 일어나지 못하니 국력이 없어 조선조는 끝내 망하였다. 예수와 석가는 아예 빌어먹었다. 류영모는 공자의 말대로 온고지신(溫故知新)하였다. 아버지가 돌아가시자 류영모는 경복궁 앞 적선동에 있는 집을 팔아서 당시에는 지금의 강원도 보다 더 오지인 북한산 비봉 아래로 들어가 과수원 농사를 하면서 살았다. 그리고 제자들에게도 이마에 땀 흘려 농사하며 살아야 한다고 말하였다.

"농부는 3년 농사를 지으면 한 해 동안 먹을 것을 비축해놓아야 한다. 농사를 밑지면서도 하는 것은 얼생명을 사랑하는 천명(天命)을 기다리기 때문이다. 한얼님을 사랑하고 이웃을 사랑하는 것은 농사꾼뿐이다. 농부는 때를 지키어 할 일을 한다. 그것이 사명이다. 씨 뿌릴 때 씨 뿌리고 거둘 때 거둔다. 이마에 땀 흘리고 살아야 한다. 일이 나 살 것을 돕는다. 자기가 들어앉을 자리를 찾지 못하고 헤매다가 살터를 정하게 되면 그것을 복거(卜居)라고 한다. 도심(道心)이 이롭다는 것을 알고서 땀 흘리며 일해 생활을 규정지어주는 것이 되어

복거하니 이 이상 즐거운 호강이 어디 있겠는가? 권력과 금력으로 호강하겠다는 것은 제가 땀 흘릴 것을 남에게 대신 흘리게 해서 호강하자는 것이니 그 죄악은 여간한 것이 아니다.

우리의 삶은 영원한 꼭대기에 이어진 것으로 생각을 잘해야 한다. 그러니 스스로 몸뚱이를 바로 잘 쓰겠다는 정신이 안 나올 수 없다. 바로 쓸 수 있다면 동포를 위해서도 바로 할 수 있는 것이다.”(류영모,《다석어록》)

어떻든 형이상학에서는 공자보다 장자가 한 수 위인 것은 인정하지 않을 수 없다.

“저 한얼님께서 나를 꼴(몸)에 실어주었고 삶으로 나를 힘쓰게 하고, 늙음으로 나를 평안하게 하고 죽음으로 나를 쉬게 한다. 그러므로 내 삶을 좋게 하는 이가 이에 내 죽음도 잘할 까닭이니라.

그들에게는 삶(生)은 붙은 혹이나 달린 사마귀다. 죽음은 부스럼을 째고 헌데를 짜는 것이다. 저 그 같은 이들이 어찌 또 죽음과 삶의 낮고 못함이 있는 바를 아랑곳하겠는가?”(《장자》대종사 편)

이처럼 장자가 죽음을 자연 현상으로 받아들이고 두려워하지 않는 것을 무달(無怛) 정신이라 한다. 살아 있는 분으로 문단에 알려진 이의 생사관을 들어보기로 한다. 종교 냄새가 없으니 신앙은 안 가진 것으로 짐작된다.

“술 취하고 피곤한 저녁에 잠든 아이의 머리에 코를 대고 아이의 냄새를 맡으면서 나는 때때로 슬펐다. 내 슬픔은 결국 여자 태(胎)에서 태어나서 다시 여자의 태 속에서 자식을 만드는 포유류의 슬픔이었다. 여자의 태는 반복과 순환을 거듭하여 생명을 빚어내는 슬픔의 요람이었다.

　나는 춥고 어두운 흙구덩이로 들어가야 할 일이 무섭다. 그래서 살아 있는 동안의 무사(無事)한 하루하루에 안도한다. 행복에 대한 내 빈약한 이야기는 그 무사한 하루하루에 안도한다. 행복에 대한 내 빈약한 이야기는 그 무사한 그날그날에 대한 나의 추억이다. 행복이라기보다는 그나마 다행이라고 말하는 편이 옳을 것이다.”(김훈,《바다의 기별》)

　김훈의 생사관에는 생사를 뛰어넘는 진리의 지혜는 볼 수 없으나 초라한 인생의 한계에 불만하지 않고 체념할 줄 아는 겸손의 인간미를 느낄 수 있다. 류영모가 30여 년 동안이라는 긴 세월 동안 강의를 계속하였으나 자신과 가족 이야기는 별로 하지 않았다. 그런데 하루는 가족(자식) 얘기를 하였다. “우리 집 자식들은 못난이들은 아닌데 이따금 답답할 때가 있다. 그럴 때면 무엇인가 잘못이 있는 것을 생각하게 된다. 내가 그 짓을 안 했으면 자식들이 안 나왔을 터인데 내가 그 잘못을 저지른 것이 잘못의 원인이었다.”라고 말하였다. 그 말을 들었을 때 마음이 뭉클하였다. 그 잘못을 하지 말자는 예수, 석가였다.

　이 지구상에서 이미 강대국들이 가지고 있는 핵폭탄을 일시에 터트린다면 지구가 순식간에 풍비박산이 될 것이다. 70억 인류가 그러한 위험 속에서 각자 행복을 찾으며 살고 있다. 얼마나 서글픈 일인가? 3차 세계대전이 일어나면 핵전쟁이 반드시 벌어져 지구가 초토화되는 것은 불을 보듯 뻔한 일이었다. 그런데 아널드 토인비의 걱정과는 달리 3차 세계대전은 일어나지 않은 채 소련은 저절로 허물어졌다. 그것은 모진 인간들이 변한 것이 아니라 핵폭탄의 가공할 위력이 전쟁을 멈추게 하였다. 대전쟁은 일어나지 않았으나 이른바 강대국들의 내가 더 세다는 자만심은 그대로이다. 사람이란 짐승은 참으로 구제불능의 어리석고 미련하고 모진 짐승이다. 핵무기가 핵전쟁을 멈추게 하는 아이러니가 언제까지 이어질지 아무도 모른다. 경남 남해에 자리한 옛날 조선조 때 쓰던 수군 주둔지 세병관이 있다. 그 건물 문 위에 지과문(止戈門)이라 쓰여 있는 현판이 걸려 있다. 지과(止戈)란 싸움을 멈춘다는 뜻으로 무(武) 자를 파자하여 생긴 글자이다. 이에 대한 류영모의 말이다.

"나라가 무장(武裝)을 왜 하느냐 하면 평화하기 위해서다. 다시 말하면 싸움을 말리기 위해서다. 무(武) 자가 싸우자는 것이 아니다. 창과(戈) 자가 나타내는 싸움을 멈추게 하자는 그칠 지(止)가 합하여 武(무) 자가 되었다. 절대 평화론자는 비전쟁론자로서 전쟁을 하지 않는다고 한다. 그러나 모름지기 비전쟁론자들은 자기의 주장을 내세우기 위해서 언젠가는 싸움을 할 날이 올지도 모르겠다. 이것만은 마하트마 간디가 몸소 일생을 통해서 자세히 보여주고 갔다. 이 세상에서는 어떠한 때는 싸움에 참여하게 된다. 싸움이 아주 없다는 주의(主義)가 없다. 요새는 싸움하기 위한 싸움이지만 우리는 어디까지나 셈(계산)을 바로 할 줄 알아야 한다. 우리는 암만해도 무엇을 잊고 멍하게만 가고 있는 것 같다."(류영모, 《다석어록》)

나나 너나 그나 바라지 않았는데도 이 세상에 나와 고생하면서 살다가 언제 어떻게 죽을는지 모르는 가엾은 처지라, 서로 측은히 여겨야 할 터인데 오히려 미워하고 업신여기고 구박한다. 심지어 죽이기까지 한다. 이러한 못돼 먹은 인간들이 있단 말인가? 톨스토이의 한탄이다.

"죽음 죽음! 죽음이 매 순간마다 사람들을 기다리고 있다. 사람들의 삶은 죽음 직전에서 이뤄지고 있다. 제 아무리 내가 나의 미래를 위해서 홀로 스스로 애쓴다 해도 오직 죽음만이 나를 기다리고 있다는 것을 알아야 한다. 그리고 이 죽음은 내가 애쓰고 힘쓰고 있는 모든 것을 부셔버린다. 곧 나를 위한 삶은 아무런 의미를 가지고 있지 않다. 만일 올바른 합리적인 삶이 있다 하면 그것은 다른 데서 찾지 않으면 안 된다. 곧 미래의 나를 위한 삶에 목적을 두지 않은 그러한 것이 되지 않으면 안 된다. 올바르고 합리적인 생활을 보내려고 생각한다면 죽음에 의하여 헛되지 않는 영원성이 있는 참된 삶을 꾀해야 한다. 이 땅위에 태어난 날부터 사람의 자리는 딱 정해져 있다. 그것은 죽음이란 종말이다. 만일 우리가 시간과 공간을 초월한 참 삶이 있다면, 그 유일한 길로 나아가지 못하면 불가피한 멸망, 곧 무의미한 삶과 죽음만이 나를 기다리고 있을 뿐이다."(톨스토이, 《신앙론》)

그런데도 사람들은 희망이니 행복이니 성공이니 헛된 잠꼬대를 하고 있다. 무덤 속에 누워 있는 사람에게 한번 물어보자. 그대가 이 세상에 살 때 희로애락이 무엇이었느냐고? 부질없는 꿈이었다고 할 것이다. 화장터를 찾아가서 송장들을 태워 없애는 인생 쓰레기장을 한

번 보면 떠오르는 소감이 있을 것이다.

"사람들이 죽음에 다다라서는 인생이 싱겁다 우습다고 한다. 구약
성경 전도서에서 인생의 일이 바람을 잡는 것과 같다, 헛되고 헛되고
또 헛되다고 했다. 전도서에는 헛되다, 우습다는 말의 연속이다. 중
국의 〈서상기(西廂記)〉의 통곡고인(痛哭古人) 편을 여러 번 읽었다. 그
건 전도서와 같다. 착실하다는 사람도 죽을 때 다다라서는 전도서
를 안 읽은 사람도 다 전도서가 되고 만다. 우습도록 헛되면 웃고 그
만두어도 될 터인데 죽지 않겠다고 악을 바득바득 쓴다. 약을 사오
너라, 입원을 시키라는 등 집안 식구들을 괴롭힌다. 나기 전부터 있
는 말씀은 그러지 말라는 것이다. 이 사람 말은 죽음에 다다라 고요
히 죽는데 소용되면 소용된다. 죽음이 없었다면 종교 신앙도 없다.
이 사람 말은 이 세상에 나오기 전, 나온 후, 죽은 뒤에까지 관계 있
는 말이다."(류영모, 《다석어록》)

불교에서는 간단히 생로병사(生老病死)라 하지만 그렇게 간단치가
않다. 병의 가지 수가 얼마나 많은지 공식으로 인정하는 병만도 일만
이천 가지나 된다. 사람이 일생 동안 평균 앓는 시간이 남자가 20년
이고 여자는 30년이다. 지진이나 홍수 같은 천재가 있는가 하면 사람
의 실수로 죽고 전쟁으로 죽는 인재(人災)가 또 있다. 남으로부터 피
해를 입는 타살이 있는가 하면 스스로 목숨을 끊는 자살도 있다. 얼
마나 불안하기에 오랜 세월에도 변함없는 바위에게 빌고 오랜 세월
동안에도 까딱없이 서 있는 고목나무에 빌까? 오래 살게 해 달라고

빌고 빌어 왔다. 빌어보아도 사람은 바위가 될 수 없고 고목도 될 수 없다. 그리하여 저 위를 바라보게 되어 세상에 빠진 나가 돋나는 계기를 얻게 된다.

"우리가 나에 대해서는 의심을 안 한다. 그런데 이 세상이 괴로울 때면 나를 의심하게 된다. 나까지 의심을 하면 문제가 달라진다. 이렇게 아프고 괴롭고 한 이 나라는 게 뭐냐라는 생각을 하게 된다. 그리하여 나를 의심하고 부정하게 된다. 그게 극에 이르면 나를 없애버리고 싶어진다. 그래서 자살도 한다. 괴롭다 하면서도 재미를 찾고 할 땐 자기 부정을 못한 것이다. 석가가 6년 동안 고행을 한 것은 나를 의심해서다. 나를 의심하다가 이 제나(自我)가 참나가 아니라는 것을 깨닫게 된다. 그러다가 영원 절대한 참나인 얼나를 깨닫게 된다. 그것이 붓다(Buddha)가 되는 것이요 한얼님 아들이 되는 것이다."(류영모, 《다석어록》)

이 세상에서 어버이가 낳아준 몸나(제나)는 죽을 짐승으로 거짓나인 것을 가르쳐주는 스승을 만나 경외하며 배우는 것이 돋나는 것이다. 스승에게 배우고서 나아가 스스로 제나로 죽고 얼나로 솟나 영원한 생명으로 한얼님의 아들이 되는 것이 솟나는 것이다.

"종교의 핵심은 죽음이다. 죽는 연습이 철학이요, 죽음을 이기자는 것이 종교이다. 죽는 연습은 영원한 생명인 얼나를 기르기 위해서다. 몸으로 죽는 연습이 얼로 부활하는 연습이다. 우주가 폭발하면 어떻게 될 것인가? 또 지구가 흩어지면 어떻게 될 것인가? 3차 대전으로 수소 폭탄이 떨어져 터지면 어떻게 되나? 새삼스럽게 우리는 놀랄 필요가 없다. 우주 만물이 반딧불이라 즉조(卽照)하여 죽으니 우리에게 무슨 걱정이 있겠는가? 모두가 나중에는 없어지고 말 것들인데 걱정할 게 없다. 몸나가 있어서 걱정인데 몸나로 죽고 얼나로 솟난 한얼님 아들이 무엇 때문에 죽음이 두렵단 말인가?"(류영모,《다석어록》)

공자는 73살에 세상을 떠났다. 그런데 그의 말에 자신의 정신 성장을 이룬 마디를 일러준 것이 있다. "나는 15살에 배움에 뜻을 두었다. 30살에 참되게 살 뜻을 세웠다. 40살에는 이럴까, 저럴까 마음에 흔들림이 일어나지 않았다. 50살에는 한얼님이 주시는 얼생명을 깨달았다. 60살에는 한얼님 말씀이 귀에 부드럽게 쏙쏙 들려왔다. 70살에는 생사(生死)를 뛰어넘었다." 공자도 톨스토이나 류영모처럼 50살에 들어서 얼나(德)를 깨달은 것 같다. "한얼님이 나에게 얼나를 낳으셨다.(天生德於予)."《논어》술이 편)라고 말하였다. 공자는 외아들 리(鯉)와 애제자 안회가 일찍 죽었다. 아들보다 제자 안회의 죽음에 더 충격을 받았고 더 애통해 하였다. 이 두 사람의 죽음이 공자가 한얼님과 가까워지는 데 큰 영향을 끼쳤을 것으로 짐작된다. 자로에게 "삶도 다 모르면서 죽음을 어찌 알겠는가?"라고 한 공자가 "아침에 얼을 깨달으면 저녁에 죽어도 좋다(朝聞道夕死可矣)."라고 하는가 하면 "나를 죽이더라도 얼사랑을 이루겠다(殺身成仁)."라고 말하였다.

"공자가 한얼님으로부터 받았다는 덕(德)을 나는 '속알'이라고 한다. 속알이란 한얼님이 사람에게 보낸 얼이 사람 마음에 의식화(意識化)되어 정직과 지혜로 나타난 것이다. 어쩌고저쩌고하는 그런 제나

(自我)는 멸망의 생명이라 쓸데가 없다. 석가의 다르마(Dharma), 예수의 얼나(πνευμα), 공자의 속알(德)은 한얼님이 주신 얼나로 한 생명이다."(류영모,《다석어록》)

제나(몸나)를 의심하여 참나가 아님을 알게 되고(?) 한얼님이 주시는 얼나를 깨달아 감동의 법열(法悅)에 든다(!). 그리하여 얼나로는 한얼님 아버지와 나가 하나이다(·). 그러므로 많은 말, 많은 글이 필요 없고(?!·) 세 부호이면 하고 싶은 말 다 한 것이 아니겠는가?

예수의 얼나, 석가의 얼나, 공자의 얼나가 한얼님의 생명임으로 하나이다. 그러면 이 지구의 인류가 얼나로는 하나가 된다. 이것이 참으로 한얼 나라로 하나 되는 것이다. 그래서 류영모는 "예수는 이 우주 혁명, 우주 해방을 하러 오신 이다."라고 하였다. 석가나 공자도 마찬가지로 얼나를 참나로 깨달으면 너와 나가 없다. 얼나로 하나이다. 그것이 한얼 나라에 들어가는 것이다. 그런데 제나(몸나)의 사람들은 제나의 짐승 성질 가운데 성냄(瞋性)을 가지고 세계를 무력으로 눌러 하나로 만들려고 한다. 그것을 이름이 좋아 통일이라고 말한다. 그 통일은 싸움과 갈등을 더 불러온다. 알렉산더, 칭기즈칸, 나폴레옹이 한 일이 세계 통일이었단 말인가? 큰 전쟁을 일으켜 많은 사람들로 하여금 전화(戰禍)로 희생당하게 만들었다. 예수가 말하였다. "오늘 네가 평화의 길을 알았더라면 얼마나 좋았을까? 그러나 너는 그 길을 보지 못하는 구나."(누가 19:42) 평화의 길은 사람이 제나를 죽이고 얼나를 깨닫는 것이다. 그런데 오늘에도 옛날처럼 수성(獸性)

이 강한 이들이 지도자로 등장한다. 그렇게 되면 또 전쟁을 일으키게 된다. 류영모는 "통일은 안 된다. 귀일(歸一)이라야 한다."라고 말하였다. 너도나도 얼나를 참나로 깨달으면 모두가 한얼님 품 안에서 하나가 된다. 이를 '귀일'이라고 한다. "이 몸은 가짜 생명의 탈을 쓴 것이다. 이 몸을 버리고 얼나로 솟나 얼이신 한얼님 아버지께로 가는 게 영원한 생명이다. 아버지께로 간다는 것은 몸으로는 죽고 얼나로 솟나는 것이다."(류영모, 《다석어록》)

맹귀우목(盲龜遇木)으로 만났으니 서로 아끼며, 서로 힘주며, 서로 도우며 살 일이지 날마다 권력 싸움, 재물 싸움, 명예 싸움으로 안 싸우는 날이 없다. 참으로 슬픈 일이요 부끄러운 일이다.

"인류의 역사를 돌에 새기고 쇠에 녹여 부어 수천 년 수만 년을 남겨 왔어도 결국 싸움하고 물어 찢은 기록들이지 자랑할 만한 것이 아무것도 없다. 인류의 역사는 죄악의 역사지 아무것도 아니다."(류영모, 《다석어록》)

그렇게 힘이 넘치면 싸우지 말고 엄홍길처럼 히말라야 높은 봉오리를 순례로 등반하는 것이 좋을 것이다. 등반에 성공하면 땅에서는 제일 높은 사람이 된 것에 이의를 달 사람이 없을 것이다.

"사람이 에베레스트산에 올라가는 것은 사람의 본성이 나타난 것이다. 사람의 본성은 위로 오르는 것이다. 부귀(富貴)를 탐하는 것도 사람의 본성이 나타난 것이다. 그러나 부귀는 산이 아니라 언덕에 지나지 않는다. 우리는 산에 올라야 한다. 한얼님에게 올라야 한다. 높은 산에는 부귀를 가지고는 못 오른다. 우리의 육체를 벗고 죄짐을 벗고 정신이 되어 얼이 되어야 오를 수 있다. 이것이 형이상학이다. 오르고 오르는 것이 사람의 본성이다. 그것이 한얼님이 우리에게 내린 천명(天命)이다. 한얼님께로 올라가는 것이 믿음이다."(류영모,《다석어록》)

사람들이 도움을 볼까 싶어서, 해코지를 받을까 싶어서 힘(권력)을 가진 이에게, 돈(재부) 지닌 이에게 굽실거리는 바람에 힘·돈(富貴)으로 난 채 으스대지만 그게 몇 날 가던가? 뒤에 가서는 천덕꾸러기가 될 뿐이다. 존귀한 대접을 받고 싶거든 차라리 에베레스트산에 오르라. 에베레스트산을 최초로 오른 산악인 에드먼드 힐러리 경과 그의 세르파 텐징 노르가이는 누구 못지않게 세월이 흘렀어도 존귀한 사람으로 기억되고 있다. 이 나라에 고상돈, 엄홍길도 경애를 받고 있다. 참으로 존귀한 이가 되고 싶거든 제나를 아주 버리고 얼나로 솟난 예수와 석가처럼 될 것이다. 한얼님께서 기뻐하는 데 그보다 더 영광된 일이 어디 있는가. 사람들이 알아주고 안 알아주고는 문제도 안 된다.

일본 여인 와타나베 다마에는 에베레스트 산을 비롯해 8천 미터 넘는 히말라야 산봉우리 4개 봉우리를 등정하였다. 그 여인은 산보다 더 좋은 남자를 못 만나 혼인을 안 했다고 말하였다. 미국의 소로는 자연보다 더 좋은 여자를 못 만나 일생 홀로 살았다. 예수는 한얼님보다 더 훌륭한 임(님)이 없어 홀로 살았다. 평생 동안 가정이란 링 위에서 주도권 다툼을 하는 부부가 대부분인데 그래서 혼인한 부부 반 이상이 헤어진다는데, 그러지 말고 저 높은 곳에 계시는 임을 바라보면서 살자. 그게 돋나는 길이요 솟나는 삶이다. 듣고 또 들어도 또 듣고 싶은 말씀이다.

"목숨은 기쁨이다. 사는 것은 기쁜 것이다. 생각하는 것은 기쁜 것이다. 생각하는 것이 올라가는 것이다. 한얼님을 생각하는 것이 기도이다. 기도는 한얼님께 올라가는 것이다. 참으로 한얼님의 뜻을 좇아 한얼님께로 올라간다는 것이 그렇게 기쁘고 즐거울 수가 없다."(류영모, 《다석어록》)

《불량 크리스천》(데이브 톰린슨)은 슬기로 빛나는 바른 소리로 넘쳐 재미있게 읽었다. 그런데 126쪽에 실려 있는 "지금 여기에서 맛보는 천국"이라는 구절은 마음에 거슬렸다. 부제로 단 '이 세상을 본향처럼 느끼며 사는 법'도 싫었고 인용된 펄 벅의 글도 마음에 안 들었다. "나는 이 땅과 이 땅에 사는 생명의 경이로움에 흠뻑 빠져 있어서 천국과 함께 천사에 대해서 생각할 겨를이 없었다." 이 말은 이 세상 몸살림 재미에 빠져 한얼님 생각할 겨를도 없었다는 말이다. 짐승들이 그렇게 살고 있다. 아프고 괴롭고 슬퍼서 한얼님을 찾는 삶이 훨씬 보람 있다고 생각한다.

톰린슨은 이 땅 위에 어딘가에 하늘나라에 가까운 곳이 있다는 것이다. 톰린슨은 이렇게 말하였다.

"대부분의 사람들에게 천국과 조금 닮은 곳, 곧 자기만의 천국이 있다. 내게는 요크셔 주의 외딴 계곡에 자리 잡은 금세 무너질 듯한 오두막이 그런 장소이다. 가장 가까운 도로에서 1마일 정도 더 들어가야 하는 이 오두막을 우리 부부는 25년간 빌려 썼다. 이곳에서 잊을 수 없는 추억을 수없이 많이 만들었다. …… 우리를 둘러싼 모든 것과 온전히 하나 됨을 느끼는데 그래서 온전히 살아 있음에 감사하게 되는 그런 순간이었다. 천국이라 부르고 싶은 순간이었다. 집에 온 것 같은 기분이 들었다.

교회에서 이야기 하곤 하는 하늘에 마련된 집보다 이런 종류의 천국을 경험할 때가 훨씬 더 행복하다. 사실 나는 천국에 관한 이야기를 썩 좋아하지 않는다. 물론 이 세상의 번뇌 이상의 무언가가 사람을 위해 마련되어 있다는 사실은 절대 의심하지 않는다. 나는 저 너머의 세계를 믿는다. 하지만 실제로 거기에 대해 아는 바가 없다. 누구도 거기에 대해 알지 못한다. 누가 알겠는가? 하지만 저 너머의 삶이 하프 연주와 찬송과 예배가 끊임없이 계속되는, 혹은 다른 유형의 성가신 일이 영원히 계속되는 하늘나라 캠프는 아닐 것으로 믿는다. 그보다는 평행 현실의 개념에 더 끌린다. 현세 속에 내세가 있고 도처에 천국이 있다는 생각에 더 마음이 간다. 켈트족 속담에 이런 것이 있다. 천국과 이승의 거리는 고작 3피트 정도이고 그 거리가 3피트도 채 안 되는 얇은 곳도 있다. 아마 우리가 갔던 오두막이 그런 곳일 것이다."(데이브 톰린슨, 《불량 크리스천》)

데이브 톰린슨의 생각은 그 자신이 그렇게 생각한다면 거기에 대해서 시비할 게 없을 것이다. 그러나 예수는 아내도 없었고 여름 휴가도 가본 일이 없다. 그 생각은 한번 해보아야 할 것이 아닌가? 예수는 말하였다. "한얼님의 나라는 가까이 있다." "한얼 나라는 너희 맘속에 있다." 한얼 나라 곧 한얼님은 주관적이면서 객관성이 있는 생각이라야 한다. 톰린슨의 하늘나라는 주관적일 뿐이다. 예수는 한 얼 나라(한얼님)는 만유보다 크신 빔(허공)이시고 없이 있는 얼(성령) 이시다고 하였다. 6·25 한국전쟁이 한창이던 때에 대구에서 치정 사 건이 일어나 신문에 크게 보도된 적이 있다. 치정 사건의 주인공은 대구 어느 큰 교회의 장로였다. 그의 말이 기가 막혔다. 하늘나라가 요단강 건너에 있는 게 아니라 여인의 배 위가 바로 하늘나라이더라 고 말하였다. 짐작이 가는 얘기다. 스스로 뛰어난 천재로 자부하던 버트런드 러셀도 같은 말을 하였다. "나는 사랑의 결합 속에서 성자 와 시인들이 상상한 천국의 신비로운 축도를 미리 보았기 때문에 사 랑을 찾아 다녔다."(러셀,《러셀, 자서전》)

샤크티(Sakti, 性力派)를 숭배하는 탄트라(Tantra)인 라즈니쉬는 아 예 성교를 신성시한다.

"한 여자를 여신(女神)을 사랑하듯 모시고 사랑하자. 그때의 사랑 은 예배가 된다. 탄트라에서는 여자를 사랑하려는 남자는 몇 달 동 안 그 여자를 여신으로 예배하지 않으면 안 된다. 그 여자가 발가벗 고 눈앞에 앉아 있는 것을 보면서도 다만 성스러운 에너지가 고동칠 때 여자라는 그 형상은 신성한 것이 된다. 그때서야말로 사랑은 절정 을 향해 점점 강하게 치달을 수가 있기 때문이다. 그것은 두 실존의 만남이다. 두 영혼이 만나 서로의 속으로 녹아들어가 절대적인 하나 가 되었다는 것을 말해주는 것이다."(라즈니쉬,《잠에서 깨어나라》)

예부터 성기를 숭배하는 어리석은 인간들의 무리가 있었다. 묘에 세운 망두석도 성기 숭배에서 나온 것이다. 라즈니쉬 같은 생각을 한다면 할 말이 없다. 라즈니쉬는 인도에서 탄트라 신앙을 퍼트리면서 성자 행세를 하고 미국에 가서 그 짓을 하다가 강제 추방을 당하였다. 현란한 문장력으로 지성인들을 현혹케 하였다. 류영모는 성자(聖者)에 대해서 이렇게 말하였다.

"성인(聖人)이 무엇이냐? 몬(물질)에 빠지고 미끄러지려는 나를 몬을 차버리고 깨끗해보라는 사람이 아니겠는가! 비록 짐승의 몸으로 태어났지만 얼나를 깨달아 거룩해보자는 것이 성인이 아니겠는가? 위(한얼님)에 보내주시는 얼을 자꾸 생각하여 위(한얼님)와 같이 거룩해보자는 것이 성인이 아니겠는가? 위(한얼님) 없다고 말하는 이들은, 내 위에 누가 있으랴 하는 이들은 지각이 없기로 마치 철없는 사람 같다. 자기 머리가 가장 위인 줄 알고 일을 저지르니 그 하는 일마다 못된 짓이 될 수밖에 없다.

적어도 높이 생각하는 이는 높고 멀고 큰 임이신 한얼님을 생각해야 한다. 우리 머리보다 더 높고 멀고 큰 임을 생각해야 한다. 제나(몸나)에서 얼나로 솟아나가야만 참 삶을 살 수 있다는 뜻이 우리 마음에 줄곧 있다. 이게 한얼님 아버지의 뜻이다."(류영모,《다석어록》)

'황홀'(《노자》14장)은 형이하에서 찾으면 색광이 되거나 마약에 취하거나 오락에 빠진다. '황홀'은 노자처럼 형이상에서 찾아야 한다. 예수가 말한 "내 안에 아버지가 있고 아버지 속에 내가 있다. 아버지와 나는 하나이다."라는 그 지경에서 오는 기쁨을 나타내는 말이 황홀이다.

"산은 오를수록 험하다. 학문도 종교도 올라갈수록 어렵다. 그것은 행(行)의 세계이기 때문이다. 그러나 올라갈수록 기쁨이 넘친다. 이것이 바라는 것의 실상이요 보지 못하는 것의 증거다. 우리가 한얼 나라에 못 가보았지만 한얼 나라에는 기쁨이 넘칠 것이다. 우리가 산에 올라가보면 곧 알 수 있다. 한얼 나라는 보지 못했지만 산에 올라가보면 오르는 데 기쁨이 넘치는 것을 보아 한얼 나라는 극락(極樂)임을 알 수 있다."(류영모, 《다석어록》)

예수가 십자가의 죽음을 앞두고도 내 평안을 너희에게 주겠다, 내 기쁨을 너희에게 주겠다고 말한 것도 얼나에서 나오는 기쁨이요 평안인 것이다. 본디 극락(極樂)이란 말은 불교에서 나온 말이다. 아주 기쁘다, 아주 즐겁다는 뜻이다.

"이 세상의 모든 짓거리 덧없어라. 이것은 나서 죽는 제나이기에 나고 죽는 제나 없애버리니 니르바나님(한얼님)으로 기꺼워라(諸行無常 是生滅法 生滅滅已 寂滅爲樂)."

무슨 구경을 하거나 오락을 하여 무아지경에 빠지면 즐겁다고 한다. 한얼님 앞에 제나가 녹아 사라진다면 그 이상의 기쁨이 없을 것이다. 석가는 니르바나에 이른 기쁨은 몸나의 오욕(五欲)을 만족시키는데서 오는 기쁨과는 비교할 수 없다고 하였다.

돋나고 솟난다는 것은 인생관과 가치관의 향상인 것이다. 인생관과 가치관이 달라지면서 어제 귀하게 보이던 것이 오늘에는 천하게 보이고 어제 천하게 보이던 것이 오늘 귀하게 보인다. 톨스토이가 그랬다. 어제 귀하게 보이던 귀족들이 오늘 천하게 보이고 어제 천하게 보이던 농민들이 오늘은 귀하게 보였다. 그리하여 하루에 12벌의 와

이셔츠를 갈아입을 정도의 멋쟁이가 오늘은 스스로 러시아 농민들이 입는 루바시카를 입고 밭에서 쟁기질을 하였다. 석가는 세상 사람들이 부러워하는 부귀의 신분을 버리고 세상 사람들이 비천하게 여기는 걸인승이 되었다. 인생관과 가치관의 달라짐에 으뜸가는 것은 어머니가 낳아준 나는 참나가 아니고 한얼님이 주시는 얼나가 참나라는 사실을 알았을 때이다. 이렇게 달라질 수 없다. 예수가 사람들에게 말할 때 너희는 아래서 나고 나는 위에서 났다고 하였다. 아래서 났다는 것은 땅의 어버이로 난 죽음의 생명이란 말이다. 위에서 났다는 것은 한얼님으로부터 난 영원한 생명이란 말이다. 어버이가 낳아준 제나는 수성(獸性)을 지닌 짐승이고 한얼님이 주신 얼나는 영성(靈性)을 지닌 한얼님 아들이다. 그것을 예수는 간단히 '너희는 아래서 나고 나는 위에서 났다'고 한 것이다.

이 사람은 스승 류영모로부터 어머니가 낳은 나는 참나가 아니고 한얼님이 보내신 얼나가 참나라는 말을 26살 때 들었으나 지식으로만 알았지 실제는 얼나를 알지 못하였다. 이때부터를 돋난 시대라 하겠다. 그러나 실제 얼나를 깨달은 것은 20년이나 지난 46살에 가서였고, 이때 깨달음의 체험을 하였다. 이를 솟난 때라고 하겠다. 돋나서는 아직 얼나를 깨달지 못하였으니 스승의 가르침이 있어야 한다. 그러나 얼나를 깨달으면 얼나가 스승님이라 이제는 스승이 필요 없다. 스승 류영모가 이 사람에게 단사(斷辭)하라고 한 것은 얼나를 깨달으라는 말이었다. 얼나를 깨달으면 달라지는 것이 있다. 얼나의 아버지인 한얼님을 가장 사랑하게 된다. 이 몸의 가족도 그 뒤이다. 몸나도 귀하지 않다. 류영모는 얼나를 깨달은 이들이 한얼님을 가장 사랑하는 것은 식물의 향일성(向日性)과 같다고 하였다. "모든 초목이 태양에서 왔기 때문에 언제나 태양이 그리워서 태양을 머리에 이고 태양을 찾아 하늘 높이 곧이 곧장 뻗어 가며 높이높이 서 있는 것처럼 얼사람은 한얼님께로부터 왔기 때문에 언제나 하늘로 머리를 두고 언제나 하늘을 사모하며 곧이 곧장 일어서서 하늘을 그리워하는 것 같다. 사람이 한얼님을 찾아가는 궁신(窮神)은 식물의 향일성과 같이 사람의 가장 깊은 곳에 도사리고 있는 사람의 본성이라고 생각된다."(류영모, 《다석어록》)

얼나를 깨달아 한얼님의 아들이 되면 한얼의 뜻이 담긴 한얼님의 말씀이 나온다. "이런 세상이 한얼님의 말씀을 들을 리가 없다. 그것은 난 데가 몸과 얼로 다르기 때문이다. 이 땅 위에 몸 사람으로 사는 이는 한얼님 말씀을 모른다. 식색(食色)의 수성(獸性)이 주인이 되면 정신의 말씀을 모른다. 정신이 풍부해지면 식색은 자연히 끊게 된다. 정신의 얼나가 참나다. 정신으로 판단해야 올바른 판단이다. 한얼님이 주신 얼은 영원한 생명이다. 죽는 것은 짐승인 몸뿐이다. 사람의 얼은 영원히 산다. 얼나의 영생은 몸의 생사(生死)와는 관계가 없다. 정신이 깨서 얼생명으로 살아야 한다."(류영모, 《다석어록》)

예수가 내 나라는 땅에 속한 나라가 아니라고 하였다. 또 한얼 나라에 속한 이만이 내 말을 알아듣는다고 하였다. 그 까닭이 여기에 있다. 우리는 한얼님의 말씀으로 사는 참나인 얼나를 깨달아야 한다.

"절대자 한얼님이나 무한대의 허공이나 얼의 맘은 왔다 갔다 하는

상대적 존재가 아니라는 것을 이 사람은 인정한다."(류영모,《다석어록》)

이 문장은 45글자로 되어 있다. 류영모의 말씀 가운데 이 한마디만큼 무게 있는 문장을 못 찾을 것이다. 절대자 한얼님, 무한대의 허공, 얼의 맘 세 가지를 말하고 있지만 사실은 셋이 아니다. '하나'이다. 한얼님을 절대자라고 한 것은 온통(전체)으로 하나라는 말이다. '하나'인 한얼님은 무한대의 허공이시면서 무소부재(無所不在)의 없이 있는 얼(성령)이시다. 모든 물질은 그 속에 담겨 있으나 있으면서 없다. 계시는 것(존재하는 것)은 한얼님 '하나'이다. 예수도 똑같은 말을 하였다. 한얼님 아버지라고 하였고 그 아버지는 만유(萬有)보다 크신 허공이라 하였고 또 아버지는 없이 계시는 얼(성령)이라고 하였다. 류영모와 예수의 생각이 완전 일치한다. 참으로 놀라운 일이다. 이는 예수와 류영모의 생각이 아니라 한 얼나의 생각임이 분명하다. 다음엔 류영모의 '하나'에 관한 말씀이다

"이 사람은 '하나'의 존재를 바로 계신 자리에서 느낀다. 이 '하나' 밖에 다른 것은 없다. 무엇이 있다고 하면 '어디 있는가?' 하는 것이 버릇이 되어 있다. 그 버릇대로 '하나'가 어디 계시느냐 하면서 묻는다. 그래서 모르는 사람에게 갑갑하게 생각을 가지지 않게 하고자 나에게 있다고 한다. 내게 있다고 해서 내 가슴속에 있다고 뚜렷이 말할 수가 있느냐 하면 그렇지 않다. 그러나 내가 '하나'를 느끼는 것을 사실대로 생각대로 고백하는 것이다.

그래서 나는 이 '하나'를 증거하여야겠다. 다른 것은 다 모르니까

'하나'라는 것을 증거하여야겠다는 것이다. 그래서 참나(眞我 = 한얼 님)라는 '하나'의 증인이다. 류영모뿐만 아니라 누구라도 참나(얼나, 한얼님)라는 것에 대해서 모르면 몰라도 자세히 알 것 같으면 '하나' 의 증인이 된다. 그러니 절대자인 그 '하나'가 나에게 계시니 나에게 사람의 사명을 주신다. 그리하여 나는 '하나'로부터 사명을 받아서 그의 아들이 된다. '하나'의 아들이 된 것을 느낀다. 그러므로 '하나' 의 아들 노릇을 해야 한다. 아마 예수도 이것을 느낀 것 같다. 아들 은 '하나'의 소리 없는 소리를 귀 없는 맘이 듣는다. 허공이 가장자리 없이 퍼져 있는 것과 영원한 시간으로 인해서 '하나'의 뜻이 있음을 이 사람은 느낀다. 아들 노릇한다는 그 소리, 아버지가 계신다는 그 소리, 아버지와 아들 사이에 뜻이 활동하는 소리가 맘속에서 들린다. 내 맘에서 자꾸만 '하나'의 뜻이 일어난다. 그것을 느끼는 것이 내 뜻 이다. 맘속의 뜻은 '하나'의 뜻이다. '하나'는 가장 큰나(大我)인 참나 (眞我)이다."(류영모,《다석어록》)

옛날 사람들의 생각은 유치하였다. 그리하여 신관(神觀)도 유치 할 수밖에 없었다. 사람이 신이 되기도 하고 신이 사람이 되기도 하 였다. 이스라엘의 야훼신이나 로마의 제우스신도 인태신(人態神)이었 다. 사람 모습의 한얼님이었다. 그런 버릇이 있어 왔으니 예수를 한 얼님으로 만드는 것은 문제가 되지 않았을 것이다. 상대와 절대의 개 념이 뚜렷하지 않을 때는 신과 사람 사이에 경계 없이 오르내렸던 것 이다. 변하지 않는 것은 절대요 변하는 것은 상대라는 생각이 자리 잡으면서 신(神)과 인(人) 사이에 경계가 생긴 것이다. 그래서 류영모도 상대와 절대를 분명히 해야 한다고 자주 말하였다.

"신(神)이라는 것은 어디 있다면 신(神)이 아니다. 언제부터 있었다고 하면 신(神)이 아니다. 언제부터 어디서 어떻게 생겨 무슨 이름으로 불려지는 것은 신(神)이 아니다. 상대 세계에서 하나라면 신(神)을 말하는 것이다. 절대(絶對)의 하나는 신(神)이다. 그래서 유신론(有神論)이라고 떠드는 그 소리가 무엇인지 모르겠다. 무엇이 있는지 없는지를 알고 있는지 모르겠다."(류영모, 《다석어록》)

노자(老子)는 있는 것은 없음에서 생기었다(有生於無)고 말하였다. 이는 사실이다. 있(有)을 낳는 없(無)은 이미 여느 없(無)이 아닌 것이다. 이것을 류영모는 본무(本無)라 절대무(絶對無)라 하였다. 이 무(無)가 한얼님이시다. 없(無)에서 나온 있(有)은 없(無)의 테두리를 벗어날 수 없다. 그러니 참 있(有)은 본무(本無)인 절대무(絶對無)이다.

"형이하(形而下)의 물건을 느끼기를 고유한 것처럼 확실하다고 느끼는 것과 허공(하늘)은 허무하다고 느끼는 것을 하나로 합치면 신(神)이다. 신은 합해서 된 것이지 둘은 아니다. 절대가 상대화한 것으로 절대가 따로 있고 상대가 따로 있는 것뿐이다. 우리 몸의 감각 기관의 상대 세계를 고유한 것으로 절대 세계를 허무하게 착각한 것일 뿐이다.

허무(虛無)는 무극(無極)이요 고유(固有)는 태극(太極)이다. 태극과 무극은 하나다. 절대 하나는 신(神)이다. 유(有)의 태극을 생각하면 무(無)의 무극을 생각하지 않을 수 없다. 그래서 '하나'다. 절대다."
(류영모, 《다석어록》)

씻어, 닦아, 하나

옛 동화에 《엄마 찾아 삼만 리》가 있었다. 이 글은 '아바 찾아 삼만 날'이라 하겠다. 아바는 땅의 아바가 아니라 한얼 아바(Abba)이다. 아바는 세계적인 공통어이다. 위의 뜻으로 함석헌과 류영모라는 역사에 드문 영성의 큰 스승을 만나 학교에서 배울 수 없는 한얼 아바 찾는 공부를 할 수 있었다. 맞춤 공부를 한 듯 은혜로웠다. 거기에 함석헌은 반면(反面)의 스승이었다면 류영모는 정면(正面)의 스승이었다. 스스로 함석헌의 문하를 떠나올 때 함석헌은 떠날 때가 아직이르다며 붙잡았는데 류영모는 떠날 때가 이제 됐으니 떠나라고 먼저 말하였다. 두 분 다 이 세상을 떠날 때 몸이 하루하루 죽음에 이르는 모습을 보면서 마지막 임상 신학을 하였다. 그 이상의 죽음 공부가 어디 있으며 얼나의 깨우침이 어디 있겠는가? 두 분께 머리 숙여 고마움의 경의를 바친다. 함석헌으로부터는 고군분투로 삼독의 수성(獸性)을 씻어내야 한다는 것을 배웠다. 류영모로부터는 절차탁

마로 제나(ego)를 닦아 없애야 한다는 것을 배웠다.

공자는 입만 열면 요순(堯舜)을 말하였다. 류영모는 입만 열면 예수와 석가의 이름을 말하였다. 예수의 기도문을 번안하여 가르쳐주었고 석가의 《반야심경》을 직접 옮겨 가르쳐주었다. 물론 반야심경은 석가가 직접 지은 것은 아니다. 류영모는 힘주어 말했다. "예수, 석가는 상대 세계에 대해서는 철저한 부정(否定)이다. 철저한 부정을 안 하려면 예수와 석가를 믿는 척하지 말아야 한다."(류영모, 《다석어록》)

일생을 예수와 석가와 더불어 살았다. 아니, 그들이 깨달은 얼나와 함께 하였다. 얼나가 영원한 생명임을 알게 되었다. 얼나는 개인의 얼나가 아닌 것이다. 얼나는 예수와 석가의 얼나요 또한 한얼님의 얼나이다.

"우리는 얼나를 만난다. 한얼님이 보내신 이란 영원한 생명인 얼나이다. 우리에게 대기(大氣)에서 산소가 공급되듯 한얼(大靈)이신 한얼님으로부터 얼이 공급되는 것이 얼나이다. 얼나는 한얼님으로부터 줄곧 오는 얼로서 영원한 생명이다. 이 껍데기 몸이 죽는 것이지 참나인 얼나가 죽는 게 아니다. 그러므로 거짓나인 몸의 죽음을 무서워하고 싫어할 까닭이 없다. 죽음이라고 하는 것, 이 껍데기 몸이 픽 쓰러져 못 일어나는 것밖에 더 있는가?"(류영모, 《다석어록》)

그리고 보면 2천 년 전 예수의 삶이 내 삶이고 2천 년 뒤의 류영모의 삶이 예수의 삶일 수도 있는 것이다. 예수와 석가의 생애를 들여다보아도 그분들의 말씀을 들어보아도 그렇게 재미있고 즐겁다. 노자(老子)는 말하기를 "가장 착한 것은 물 같다(上善若水)."라고 하였다. 모든 더러운 것을 씻어서 깨끗하게 하고서 물 자신은 더러운 것을 받아들인다는 것이다. 레프 톨스토이는 노자(老子)가 지은《도덕경》을 아주 좋아하였다. 그 가운데서도 상선약수(上善若水) 이 말을 특히 좋아하였다. 그런데 인도 사람들은 이 물을 신성시하여 갠지스 강에 들어가 몸을 씻는 것을 종교 의식으로 예부터 오늘에 이르기까지 행하고 있다. 그 의식이 세례 요한에 의하여 이스라엘에서도 행하게 된 것이다.

"그 무렵에 세례 요한이 나타나 유다 광야에서 전파하여 가로되 회개하라. 천국이 가까이 왔느니라. …… 이 요한은 약대 털옷을 입고 허리에 가죽 띠를 띠고 음식은 메뚜기와 석청이었더라. 이때에 예루살렘과 온 유대와 요단강 사방에서 다 그에게 나아와 자기들의 죄를 자복하고 요단강에서 그에게 세례를 받더라."(마태 3:1~6)

여기에서 깜짝 놀랄 일은 아직 진리 전도에 나서기 전의 예수가 요단강에서 세례 의식을 행하고 있는 세례 요한 앞에 나타나서 세례 요한에게 침례의 세례를 받은 것이다. 그런데 궁금한 것은 예수와 세례 요한의 관계를 복음 기자들은 일부러 시원히 밝히기를 꺼리고 있다는 느낌을 준다는 것이다. 예수와 세례 요한은 둘 사이가 보통을 넘는다는 것을 느낄 수 있다. 그렇다고 세례 요한이 예수를 좇는 것도 아니고 그렇다고 예수가 세례 요한을 좇는 것도 아닌 것 같다. 그러나 서로 존중하고 경외하는 것만은 틀림없어 보인다. 예수가 세례 의식을 추종하지도 않으면서 세례 요한에게 일부러 찾아와 세례를 청해 세례를 받은 것은 예수가 세례 요한에게 도반의 우애를 나타내 보이기 위한 것으로 보인다. 복음 기자들은 이 사실로 예수를 돋보이게 하려고 애쓴 것으로 보인다. 어떤 이들은 예수와 요한이 에세네파 수도원에서 같이 수행을 한 것으로 짐작하기도 한다.

신학자 루돌프 불트만의 《예수전》에는 다음과 같은 내용이 있다.

"이 밖에 세례자 요한은 세례를 주었다. 종교 의식적인 정결을 주는 씻음은 유대교와 중동 지방의 다른 종교에도 예부터 알려져 있었다. 그러나 예수가 활동할 당시 이 지역에는 세례를 주는 여러 종파가 생겼는데 알려진 에세네파도 이런 종파에 속한다. 세례의 조건인 회개를 하고 세례를 받은 이는 한얼 나라에 들어가기 위해 깨끗해진 것이다. 후기에 나타난 영지(靈智) 신앙의 만디아 종파 문헌에는 세례자 요한도 그 범위에 그의 역사적인 자리를 가지는 바 세례 종파들에 소급되는 한 전통의 단편들이 많이 보존되고 있다. 눈을 번쩍 뜨이게 하는 것은 만디아파가 자신들을 나사렛인이라고 부르고 있는 점이다. 실로 예수도 초대 교회의 전승에서 여러 번 그렇게 불리어진다. 이 호칭은 예수의 고향 마을의 이름 나사렛에서 소급될 수 없다."(불트만, 《예수전》)

불트만이 제시한 자료에 의하면 예수가 영지(靈智) 종파에서 수련을 했을 수도 있다는 것을 암시해준다. 예수가 나사렛인으로 불린 것이 불트만의 표현대로 깜짝 놀랄 자료인 것이다. 예수가 세례 요한에게 세례를 받은 것은 그들의 세례 의식을 부정하지는 않지만 그대로 좇지는 않는다는 것을 구체적으로 보여준 것이다. 예수가 그의 제자들에게 세례 의식을 베풀지는 않았기 때문이다. 예수는 만디아 종파와는 거리를 두고 자주(自主)의 길을 걸었다. 공자는 말하였다. 군자는 좋게 지내나 같지 않고(君子和而不同), 소인들은 같으나 다툰다는 것이다(小人同而不和). 얼나를 깨달은 이는 생각이 일치하면서 화평하다는 것이다(覺者和而合一). 예수와 석가가 함께 지냈으면 각자 합일 하였음에 틀림없다.

류영모는 신학교를 안 다니고 반교의(反敎義) 신앙인 레프 톨스토이의 종교 저서를 독파하였다. 그래서 류영모가 "나나 톨스토이는 비정통이다."라고 스스로 먼저 말을 하였다. 크리스천 가운데는 서로 내가 정통이라며 싸우는데 류영모는 스스로를 비정통, 이단(異端)이라고 말하였다. 그래서 한국 신학자들이 류영모에겐 따질 것이 없다는 것이다. 류영모는 바울로의 유대교적인 대속 신앙을 멀리하고 예수의 얼나의 깨달음 신앙을 받아들인 것이다. 류영모는 신학을 안했으니 예수는 그노시스(영지주의)라는 말을 한 적은 없다. 류영모는 '예수는 신(神)이다.' '예수는 반신반인(半神半人)이다.' '예수는 인(人)이다.'라고 다투는 신학자들의 논쟁에 관심도 흥미도 안 보였다. 나나 예수나 똑같다는 것이다. 류영모 자신도 예수처럼 어버이가 낳아준 제나(몸나)를 부정하고 한얼님이 보내주시는 얼나로 솟났다는 것이다. 그래서 한얼님의 얼나나 예수의 얼나나 자신의 얼나나 얼나로는 한 생명이라고 말하였다.

4복음서 가운데 요한복음에는 예수가 세례 받는 이야기도 광야에서 시험받는 이야기도 안 나온다. 마태, 마가, 누가 공관복음서에는 다 같이 나오는데, 세례 받는 이야기가 먼저 나오고 광야에서 시험 받는 이야기가 뒤에 나온다. 예수에게 결정적인 깨달음은 광야 시험에서 이루어진 것으로 본다. 거기서 문제 제기를 하는 예수의 제나(사탄)가 꺾이고 얼나가 참나로 성립이 된 것이다. 이른바 극기각령(克己覺靈)을 이룬 것이다. 똥보다 더 더러운 것은 제나(몸나)의 삿된 생각, 즉 사념(邪念)이다. 그 더러움을 깨끗이 씻은 것은 요단강 물이 아닌 광야에서 깨달은 얼(성령)이었다. 그런데 예수가 요단강 물에서 침수 세례를 받고 깨끗함을 입은 것처럼 말한 것은 복음 기자의 세례 의식을 미화하려는 데서 나온 잘못이다. 물은 몸의 때는 씻어주지만 제나의 사념을 씻어줄 힘은 없다.

"예수께서 세례를 받으시고 곧 물에서 올라오실 때 하늘이 열리고 하나님의 생명인 성령이 비둘기같이 내려 자기 위에 임하심을 보시더니, 하늘로서 소리가 있어 말씀하시되 이는 내 사랑하는 아들이요 내 기뻐하는 자라 하시더라."(마태 3:16~17)

신앙 사상은 형이상의 정신 세계의 일이라 몸의 감각으로는 알 수가 없다. 그래서 예수와 석가 같은 높은 수준의 사상가는 비유를 잘 쓴다. 그런데 비유를 안 쓰면 곧 거짓말이 된다. 그래서 위대한 신앙인 둘레에는 거짓말이 돌아다니게 된다. 하늘이 열린다니 한얼 나라에 무슨 문이 있단 말인가? 성령이 비둘기같이 내려왔다니, 예수도 한얼님의 얼은 바람 같아 보이지 않는다고 하였는데 비둘기 같은 성령이 있다니 터무니없는 거짓이다. 하늘에서 소리가 있다니, 한얼님이 입이 있어 목소리를 낸다는 말인가? 모두가 거짓말이다. 더구나 아직 광야의 시험을 겪기 전인데 얼나의 깨달음이 분명치 않는 가운데 그런 소리가 들렸다는 것은 지나친 것이다. 어떻든 물의 위력은 정신 세계에게까지 직접적으로 미치지는 못한다. 물의 위력이 그렇게 있다면 말씀이 필요 없을 것이다. 따라서 성경도 필요 없을 것이다.

류영모가 얼나로 솟나기 위해 제나로 죽는 것을 깨끝(깨끗)이라고 말하였다. 참으로 깨끗한 것은 얼이란 말이다. 물로 씻어서 깨끗해지는 것은 몸이나 몬(物)인 물질 세계의 일이다. 정신 세계에서는 물로는 안 되고 얼(성령)이라야 한다.

"나는 생사(生死)의 몸나로 죽어 얼나로 초월하는 것이 깨(覺·破) 끝(終·潔)이라 한다. 얼나를 깨어 시작하고 제나로 끝내어 마치기 때문이다. 인생은 언제나 깨끝(깨끗)해야 한다. 깨끝(覺終·얼나)은 나와 남이 없다. 얼나는 한얼님의 생명이라 나와 남이 없어 너와 나가 없다. 생사(生死)를 초월한 사람은 참나인 얼나로 살기 때문이다. 나니 남이니 하는 좀나(小我)나 제나(自我)가 없다. 그리고 하루하루가 다 영원한 이제인 현재이다. 오이며 늘이다. 하루가 영원이란 말이다. 생사(生死)를 초월한 사람은 깬 사람이요 끝에서 사는 사람이다. 끝 하면 칼날, 칼끝을 생각해보자. 있는 것 같기도 하고 없는 것 같기도 하다. 끝은 유무(有無)를 초월한 세계다. 생사를 초월하면 유무도 초월한다. 있도 없도 걸리지 않는다. 깨끝(깨끗)이다. 깨끝한 길은 깨끗하게 다다라야 한다. 깨끝한 길은 험하고 좁은 길이다. 그러나 순탄하고 평안한 길이다. 그러므로 미혹된 길은 넓고 평탄한 것 같으나

빠지고 허무한 길이다."(류영모, 《다석어록》)

사람이 한얼 나라에 들어갈 성결(聖潔)을 얻으려면 제나(몸나)로 죽고 얼나로 솟나는 길뿐이다. 예수도 얼에서 나오는 말씀을 생수(生水)로 비유하였다. 그 비유의 말씀 속에서는 얼이 곧 물이다.

예수 일행이 예루살렘에서 갈릴리 고향으로 돌아가자면 반드시 사마리아를 지나가야 한다. 그곳은 포수 시대에 들어온 이민족 사이에서 태어난 혼혈족이 사는 곳이다. 순혈을 숭상하는 이스라엘 민족이 더럽혀진 곳이라 하여 그곳을 다니기조차 꺼리고 그 혼혈족과 상대하는 것도 기피하였다. 이스라엘 사람들의 유별난 제노포비아(외국인 혐오증)가 빚어낸 예토(穢土)요 비민(悲民)들이 사는 곳이었다. 톨스토이가 4복음을 통합하고 헬라어를 공부하면서 많은 자료를 가지고 연구하였다. 그때 예수가 원수를 사랑하라는 원수가 사실은 이민족인 것을 알아내었다. 예수가 이웃을 사랑한다는 것은 한얼님의 자리에서 이웃을 보고 대하라는 말이다. 옛날에 어른들이 자식들을 편애한다고 투정을 부리면 어른들 말씀이 열 손가락을 다 깨물어서 안 아픈 손가락이 어디 있느냐고 하면서 손가락 길이는 달라도 아프기는 똑같듯이 너희 형제 크기와 생김은 달라도 엄마(아버지)에게는 똑같은 자식이라고 하였다. 형제 가운데 내게 잘하는 이도 있고 못하는 이도 있지만 어버이의 자리에서 보면 똑같다. 이스라엘 민족이 야훼신이 천지를 창조하고 만백성을 내었다면서 이민족을 차별하는 것은 한얼님을 믿는다고 할 수 없는 것이다. 아니면 야훼신은 우주의 임자가 아닌 이스라엘 민족의 신에 지나지 않는 것이라 아니할 수 없다. 민족 신은 있을 수 없으니 민족 신 신앙은 우상 숭배에 지나지 않는다. 같은 핏줄의 스피노자를 그들의 랍비가 되기를 사양한다고 그렇게 박대할 수는 없는 것이다. 그러므로 참되신 우주의 임자인 한얼님 아버지를 바로 알고 바로 믿는 예수에게는 사마리아 지방이 더러운 곳도 아니요 사마리아인들이 더러운 사람도 아닌 것이다. 그래서 예수는 사마리아 지방으로 여행을 하고 사마리아 사람들과 상종하기를 꺼리지 아니하였다. 지금도 이스라엘 민족이 여행객들의 돈 때문에 외국인들을 받아들이기는 하는데 그들의 민족적인 우월 의식은 여전하다고 한다. 그들도 철이 날 때가 올 것으로 믿는다. 모든 사람들은 제나(ego)로는 다르지만 얼나로는 하나이기 때문이다. 편협, 배타, 차별은 씻어버려야 할 짐승인 수성(獸性)의 발로인 더러움이다.

사마리아에 이른 예수 일행은 마을에 들어가서 먹을 것을 구하러 가고, 예수는 목이 말라 야곱의 우물이 있는 곳에 다다랐으나 두레박이 없어 물을 기를 수가 없었다. 물을 보고도 마시지 못하고 목마름을 참고 있을 때 마침 사마리아 여인이 물을 길러 우물로 오고 있었다. 예수는 반가워서 물을 길러 마실 물을 좀 달라고 하였다. 사마리아 여인은 남의 목마른 사정은 아랑곳하지 않고 엉뚱한 소리를 하였다.

"당신은 유대인으로서 어찌 사마리아 여자인 나에게 물을 달라 하나이까?" 예수는 사마리아 여인보다 더 엉뚱한 말을 하였다. "그대가 만일 한얼님의 선물(영원한 생명인 얼)과 물 좀 달라 하는 이가 누구인줄 알았다면 그대가 먼저 그에게 구하였을 것이요 그가 생수를 그대에게 주었으리라." 본디 스님의 선문답은 남들이 들으면 동문서답이다. 땅에 있는 나라라도 나라가 다르면 말이 안 통하게 마련이다. 그런데 예수는 형이상의 한얼님 나라 사람인데 사마리아 여인은 형이하의 땅의 나라 사람이다. 낱말이 같아도 그 뜻은 하늘과 땅만큼 다른 것이다. 예수가 말한 생수(生水)는 마음속의 샘에서 솟는 한얼님의 말씀이다. 예수는 한얼님의 아들로 영원한 생명인 얼나를 깨달은 이다. 그런 이는 인류 역사에서 극히 소수의 사람만이 만날 수 있다. 예수를 바로 알고 바로 사랑한다면 사마리아 여인을 부러워하지 않을 사람이 어디 있겠는가? 그러나 얼나를 깨달은 이를 알아주려면 자신도 얼나를 깨달아야 한다. 그러니 알아주는 이가 사실상 없게 된다. 모욕이나 안 하고 박해나 안 하면 다행인 것이다. 사마리아 여인의 동문서답은 계속 이어진다. 이런 것을 서로 만나지 못하는 평행선이라고 한다. "손님은 물 기를 그릇도 없고 이 물은 깊은데 어디서 생수를 얻겠습니까? 우리 조상 야곱이 이 우물을 우리에게 주었고 또 여기서 당신과 당신의 아들들과 짐승이 다 먹었으니 당신이 야곱보다 더 크니이까?" 예수의 동문서답은 또 이어진다. "이 물을 마시는 자마다 다시 목마르려니와 내가 주는 물을 마시는 이는 영원히 목마르지 아니하리니 나의 주는 물은 그 속에서 길이 솟는 영생의 샘물이 되리라." 총독 빌라도가 예수에게 "'너를 내게 넘겨준 자들은 너희 동족과 대사제들인데 도대체 너는 무슨 일을 했느냐?' 하고 물었다. 예수는 이렇게 대답하였다. '나는 오직 진리를 증언하려고 났으며 그 때문에 세상에 왔다. 진리 편에 선 사람은 내 말을 귀담아 듣는다.' 하고 대답하였다. 빌라도는 예수께 진리가 무엇인가라고 물었다."(요한 18:35~38 일부 줄임) 빌라도가 진리가 무엇인가라고 물었을 때 예수는 대답을 안 했다. 예수는 한얼님 아버지라는 말 대신에 진리라는 말을 썼다. 야훼신을 언급하지 않으려고 그렇게 한 것이다. 예수는 야훼신을 안 믿었다. 그런데 사마리아 여인의 대답을 들으면 예수의 말을 알아듣지 못하고 있는 것을 안다. 그런데도 꼬박꼬박 대답하는 데 대하여 경의를 표하고 싶다. 이스라엘 사람들은 사마리아인들을 혼혈족이라고 상종도 안 하는데 예수는 알아듣지도 못하는 사마리아 여인에게 오래도록 귀찮게 생각지 않고 성실하고 정중한 대답을 해주고 있다. 니고데모와의 대화와 사마리아 여인과의 대화가 요한복음을 더욱 빛나게 하여준다. 여인의 대답은 어이가 없다.

"손님이여, 그런 물을 내게 주시어 목마르지도 않고 또 여기 물 길러 오지도 않게 하옵소서."(요한 4:9~15)

류영모는 씨알(서민) 정신이 철저하였다. 신사복 한 벌 맞춰 입은 일이 없었다. 신사복을 입고는 밖에 못 나간다고 말하였다. 류영모의 씨알 정신이 잘 나타난 말이다. 나 잘났다, 너희들은 나보다 못났다는 생각인 우월 의식은 깨끗이 씻어버려야 한다. 그렇게 할 능력이 있는 게 한얼님의 말씀이다. 한얼님의 말씀밖에 이 세상을, 또 내 마음을 정결케 할 수 있는 것은 없다. 한얼님 아들로서 자존심은 우월 의식이 아니다. 우월 의식을 버리는 것이다.

"우리의 이름 없는 무식한 동포, 가난한 동포, 밥 못 먹고 고생하는 동포, 그 가운데는 한얼님의 일꾼이 많다. 행세 못하여 모든 사람에게 무시당하고 '촌뜨기'라는 별명을 듣고 서울 구경 한번 못하고 대접받지 못하는 이들 중에 한얼님의 일꾼이 많다. 그들은 가난하고 남에게 무시당하고도 그 끝에 가서는 다른 사람의 질고와 괴로움을 대신하여 진다. 그들은 잘 먹시 못하고 부지런하지 않으면 안 된다. 그 대표적인 것은 우리나라 어머니들일 것이다. 요새(1957년도) 어머니들은 덜 할는지 몰라도 우리 시대(1920년)의 어머니는 모두가 무식하였다. 바깥 구경은커녕 이름자도 모르는 어머니가 많았다. 못나서가 아니다. 우리들의 어려움과 가난함과 괴로움을 대신 짊어진 것이다."(류영모, 《다석어록》)

요즘에는 이 나라에서도 타조를 사육하는 농장이 있다고 한다. 먹이를 먹을 때는 입을 내놓고 먹인 뒤에는 타조의 입에 철로 만든 입마개를 해놓는다고 한다. 그렇지 않으면 힘센 타조가 약한 타조를 계속 쪼아서 약한 타조의 털을 다 뽑아버린다는 것이다. 어떻게 세었는지는 모르겠으나 하루에 5천 번 이상 쫀다고 한다. 이게 짐승들이 지닌 수성(獸性)이다. 고양이가 쥐 놀리듯 한다고 한다. 고양이가 쥐를 잡으면 그대로 먹는 것이 아니라 물어대거나 도망가게 한 뒤에 쫓아가 덥석 잡곤 해 쥐를 정신없게 놀려댄다. 사람도 마찬가지다. 비교적 순진하다는 초등학교 학생들인데 장애 학생이 있으면 도와주고 챙겨주어야 할 터인데 계속 놀려대는 것이다. 그렇게 괴롭히는 것을 즐긴다. 어른들의 세계도 마찬가지다. 한 번 만만하게 보이면 계속 놀리고 괴롭힌다. 주먹 힘이 세거나 지위가 높거나 권력을 잡았거나 재력을 지닌 자들의 진성(瞋性)이 드러난다. 나라 사이도 마찬가지다. 강대국이 약소국을 계속 위협하고 억누르려 한다. 예수가 한 "내 나라는 땅에 속한 나라가 아니다."라는 말은 탐욕의 탐(貪)과 진성(瞋性)의 진(瞋)과 음욕의 치(痴)의 짐승 성질인 수성(獸性)이 지배하고 설치는 나라가 아니라는 것이다. 수성이 지배하는 것은 더러운 곳인 예토(穢土)이다. 오줌똥이 많아 더럽다는 말이 아니다. 수성이 없는 얼나라는 깨끗한 나라, 즉 정토(淨土)이다.

바리새 사람들과 율법학자들이 예수께 와서 말하였다. "당신의 제자들은 왜 조상들의 전통을 어기고 있습니까? 그들은 음식을 먹을 때에 손을 씻지 않으니 어찌된 일입니까?"(마태 15:1~2) 예수는 그들에게 이렇게 대답하였다. "입으로 들어가는 것은 사람을 더럽히지 않는다. 더럽히는 것은 오히려 입에서 나오는 것이다. 입으로 들어가는 것은 무엇이나 배 속에 들어갔다가 뒤로 나가지 않느냐? 그런데 입에서 나오는 것은 마음에서 우러나오는 것인데 바로 그것이 사람을 더럽힌다. 마음에서 나오는 것은 살인, 간음, 도둑질, 거짓 증언, 모독과 같은 여러 가지 악한 생각들이다. 이런 것들이 사람을 더럽히는 것이지 손을 씻지 않고 먹는 것이 사람을 더럽히는 것이 아니다."(마태 15:10~11, 마태 15:17~20)

예수가 말한 한얼 나라는 공간적으로 푸른 하늘을 가리키는 것이 아니라 한얼님이 보내신 얼의 나라를 뜻하는 것이다. 땅의 나라는 사람의 몸나가 지닌 짐승 성질인 수성(獸性)이 지배하는 나라를 뜻한다. 주의 기도문에 '나라가 임하옵시며'란 구절은 한얼님께서 보내시는 얼이 오셨다는 뜻이다. 예수가 말하였다. "너희도 알다시피 세상에서는 통치자들이 백성을 강제로 지배하고 높은 사람들이 백성을 권력으로 내리누른다. 그러나 너희는 그래서는 안 된다. 너희 사이에서 높은 사람이 되고자 하는 사람은 섬기는 이가 되어야 한다. 사실은 사람의 아들인 나도 섬김을 받으러 온 것이 아니라 섬기러 왔고, 많은 사람을 위하여 목숨을 바쳐 사람값을 하러 온 것이다."(마태 20:25~28)

그러나 인류 역사는 강한 수성(獸性)을 지닌 제나(ego)의 사람들이 지배해 왔다. 오늘에도 마찬가지다. 권력의 힘이나 재력의 힘을 가진 자들이 힘없는 이를 누르고 짓밟았다. 그리하여 힘 있는 놈들끼리 싸움질을 해 왔다.

"부귀일(富貴日)이란 말은 세상 사람들이 돈과 감투만을 찾는 시대란 말이다. 배운 사람이나 안 배운 사람이나 다 마찬가지다. 모르는 사람은 몰라서 그렇다고 하지만 아는 사람은 참(진리)을 아느냐 하면 참을 모른다. 아는 것은 부귀뿐이다. 부귀란 식색(食色)의 사회적인 표현이다. 시간과 공간에 사로잡힌, 곧 생사(生死)에 매인 제나(몸나)이다. 그것은 참 아는 것이 아니다. 참이란 부귀를 넘어서야 한다. 식색을 넘어서야 한다. 시공(時空)의 세계를 넘어선 얼의 사람이 양지(良知)를 지닌 사람이다. 예부터 위인불부(爲人不富)란 말이 있다. 사람이 되어야지 부자가 되는 것이 아니라는 것이다. 사람과 부자를 가릴 줄 아는 것이 양지(良知)이다. 사람의 본성은 사람이 되는 것이지 부자가 되는 것이 아니다.

인생의 평안을 생평(生平)이라 한다. 사람들은 생평을 보자고 평생(平生)을 떠돈다. 인생의 생평, 인류의 평화(平和)는 전 인류가 두고 두고 말하며 내려왔다. 꼭 무슨 권력이나 재물을 얻어서 생평하겠다는 것이 아니다. 내가 깨닫지 못한 것을 누가 와서 아까까지 못 깨달은 것을 크게 깨달아서 생평하게 하여주지 않나 수십 세기 동안 기다리고 온 것이다. 이렇게 생각하면 참으로 불행한 인생처럼 보인다. 이 불행을 전 인류가 지니고 오늘날까지 온 것이다. 불행한 인생이라는 것을 우리가 알아야 한다. 더구나 이 불행에 권력이나 금력(金力)을 가지고 더 한층 불행의 원인을 만든다면 그 사람은 모름지기 불행의 맨 밑바닥 지옥이라는 것을 맛보고 가는 것밖에 안 된다."(류영모, 《다석어록》)

《논어》와 《맹자》도 읽으면 읽을수록 맛이 깊은 것을 느끼게 된다. 그러나 형이상에 관심이 있는 이들에겐 《노자》와 《장자》에 더 매력을 느끼는 것이 사실이다. 《노자》가 덕유산(1614m)이라면 《장자》는 설악산(1707m)이다. 설악산은 기암괴석과 단애 절벽으로 사람을 경이롭게 하는데 등반에는 힘이 들고 어렵다. 《장자》를 번역하면서 齋物(제물)이라는 단어로 안간힘을 쓰게 되었다. 앞서 사람들은 글자 그대로 한 가지 제로 풀어놓았다. 그래서 무슨 뜻인지 애매하였다. 그런데 제물론 안에 있는 與物相刃相靡(여물상인상미)에서 수수께끼를 풀 수 있게 되었다. 몬(몸)과 더불면 서로 싸우거나 서로 음란해진다. 그래서 가지런할 제, 한 가지 제(齊)가 아니라 씻을 재, 깨끗할 재(齋)임을 알게 되었다. 물질에 대한 애착이나 욕망을 씻어버려야 한다는 뜻이다. 물질에 휘감기면 사람 노릇 못 하게 된다. 씻어 닦이는 《장자》의 재물(齋物) 정신이다. 재물 정신은 얼로 솟남이다.

라빈드라나트 타고르의 재물 숭령(齋物崇靈) 정신을 만나본다.

"사람이 생각하는 범위는 온통(하느님)에까지 넓혀야 한다. 그리하여 한얼님의 생명인 얼로 살며 기뻐하자는 것이다. 그러나 사람의 생각이 여기에 이른다는 것은 참으로 어렵다. 제나(ego)의 이기적인 충동과 자기중심적인 욕망은 얼나에 대한 직관력을 흐리게 한다. 그것은 제나의 짓이다. 우리가 얼나를 의식할 때 제나를 초월하여 참나인 얼나를 깨닫고 전체인 한얼님과 하나로 친화(親和)하게 된다. 우리는 생각의 자유를 얻는 것에 대하여 값을 치러야 한다. 그 값이란 무엇인가? 사람이 어버이가 낳아준 제나를 버리는 일이다. 제나를 깨끗이 부정(否定)함으로써만 참나인 얼나를 깨달을 수 있다. 참나를 나타내는 것은 밖에 있는 물질이 아니라 내 맘속의 얼의 빛이다. 이 빛이 밝혀질 때 사람에게 으뜸가는 계시(啓示)는 내 속에서 들려오는 한얼님의 말씀이다."(타고르,《삶의 실현》)

인도 사람들이 특별히 갠지스강을 신성시하는 이유는 강의 발원지가 이 지구의 지붕이라 일컬어지는 거룩한 에베레스트 산이 있는 히말라야 산맥이기 때문이다. 성수라 그 물에 몸만 한 번 담가도 한얼나라에 간다는 것이다. 그리하여 바라나시에서는 산 사람의 몸은 물론이고 죽은 이의 화장한 유골의 재도 강가 강에다 뿌린다. 마하트마 간디는 자신이 힌두교도이면서 이것은 미신이라는 생각을 하고 있었다. 그래서 이렇게 말하였다. "강은 사람의 제 맘속에 흐르고 있다. 그런데 사람들은 그 가운데 들어가 나를 씻지 않아서 허물을 씻는 효험을 받지 못한 채 흐르고 있다."(간디,《날마다의 명상》) 진짜 거룩한 강물은 한얼님으로부터 흘러오는 맘의 강물이라는 것이다. 요즘은 강가의 강물도 오염이 심하여 침례를 하고 나면 몸에 피부병이 생긴다고 한다.

맘속에는 한얼님으로부터 샘솟아 흘러나오는 얼의 샘물이 있다는 것을 류영모도 말하였다.

"나는 가끔 문제가 별로 없다고 말하는데 그것은 다만 '하나'만을 문제로 삼고 있기 때문이다. 따라서 말씀도 결국 '하나'밖에 없다. 모든 문제는 마침내 '하나'(절대 한얼님)에 이어져 있을 뿐이다. 문제는 언제나 '하나'인데 '하나'로 참 산다는 것이다.

한얼님 아들 노릇은 한얼님이 주신 얼나로 한얼님 아버지와 함께하자는 것이다. 우리는 자꾸 제나(몸나)를 버리고 얼나로 한얼님 아버지와 하나 되자는 존재이다. 이것이 본디의 참나인 얼나를 회복하는 것이다. 영원한 생명인 얼나로 한얼님께로 올라간다는 것이 그렇게 기쁘고 즐거울 수가 없다. 우리의 유일한 임(님)이신 한얼님이시여 꼭 한 가지만 이루어 주시옵소서! 거짓된 제나(ego)를 뿌리째 뽑아버려 주옵소서. 그리되오면 그 뿌리 뽑힌 속의 속에서 용솟음쳐 나오는 산물(生水, 말씀)이 강이 되어 흐를 줄 믿습니다."(류영모,《다석어록》)

사람이 제각각이면서도 같은 생각을 한다는 것은 여러 샘의 근원이 하나가 되어서 그런 것이다.

"넓고 두루 넓어 깊이깊이 샘으로 줄곧 나오니라(溥博淵泉而時出

之)."(《중용》 31장)

요한복음에 문제가 되는 말씀이 있다.

"물과 얼로 새로 나지 않으면 아무도 한얼님의 나라에 들어갈 수 없다."(요한 3:5 공동 번역)

얼을 물로 비유하지만 물과 얼을 동격인 주어로 삼는 말은 자연스럽지 못하다. 예수는 그렇게 애매한 말을 할 리가 없다. 물이란 낱말을 '샘솟는 얼'로 또는 '부어주시는' 또는 '드리워주시는' 얼이라고 표현하는 것이 옳을 것이다.

예수는 제자들에게나 그 밖에 좇는 이들에게 물로 세례 의식을 한 일은 없었다. 그런데 마지막 십자가에 죽음을 앞두고 이른바 최후의 만찬을 하는 자리에서 예수가 손수 제자들의 발을 씻겼다. 제자들이 스승인 예수의 발을 씻긴 것이 아니라 거꾸로 스승인 예수가 나이가 비슷한 제자들의 발을 씻어준 것이다. 스승이 제자들의 발을 씻어준 일은 고금을 통해 예수밖에 없을 것이다. 예수는 한얼님 아버지를 몰랐으면 기인(奇人)이었을 것이다. 예수의 정신은 뺀 채 세족 흉내는 부질없는 짓이다. 예수가 제자들의 발을 씻긴 것은 제 잘난 체하기 쉬운 제나를 밑바닥에까지 낮추는 겸손을 가르치자는 것이었다. 이 사람에게도 기억나는 일이 있다. 스승(류영모)의 집(구기동)으로 찾아갔다가 말씀을 한 시간 이상 듣고 일어나서 작별 인사를 하고 현관으로 나오는데 스승도 따라 나왔다. 이 사람이 신발을 신고자 하는데 이 사람 구두 안창에 조그마한 붉은 덩어리가 떨어져 있었다. 이 사람이 손수건을 꺼내어 닦으려는데 스승이 얼른 먼저 맨손으로 훔치는 것이었다. 고추장 한 방울이 떨어진 것으로 보였다. 얼마나 송구스러웠는지 그때 일을 상상만 하여도 피가 급류해 가슴이 더워 온다. 그런데 예수의 제자들은 스승에게 발 씻음을 받았으니 그 일이 잊힐 리가 없을 것이다. 교육은 말씀도 중요하나 본보기는 더욱 중요하다. 예수가 제자들의 발을 씻긴 것은 발을 깨끗이 하라는 뜻이 아니다. 제나(ego)를 낮추라는 마음 닦음(修心)을 가르친 것이다. 몸은 물로 씻을 수 있지만 마음은 물로 씻을 수는 없다. 듣고 보는 것으로 스스로 제 맘을 제가 닦아야 하는 것이다. 지금 이 나라 학교 교육이 제대로 안 되는 까닭을 알아야 한다.

예수가 십자가에 죽은 것은 사람(인류)들에게 제나(몸나)를 죽이는 교육을 시키자는 것이었다. 제나가 죽기 전에는 얼나를 깨달을 수 없기 때문이다. 제나는 거짓나라 죽는 것이 자연스러운 것이요 당연한 것이다. 슬퍼할 일도 아니요 두려워할 일도 아닌 것을 보여주고자 함이었다. 그래서 예수는 죽음을 앞두고서 통탄하거나 원망하는 태도는 털끝만큼도 없었다. 기쁨과 평화가 넘치었다. 예수가 태연하게 십자가에 죽는 모습을 보고도 죽음을 두려워하거나 슬퍼한다면 예수의 죽음을 잘못 배운 것이다. 영원한 생명인 얼나를 깨달은 이가 가짜 나가 죽는 것에 두려워하거나 슬퍼할 까닭이 없다. 오히려 고마워할 것이다. 귀찮고 성가신 제나이기 때문이다.

이순신 장군이 적탄을 맞고 숨졌지만 어떤 이들은 이순신 장군이 일부러 적탄을 맞고 죽고자 하였다고 본다. 나라의 임금이란 이가 자기가 다스리는 나라를 침공해 온 적군을 물리친 이순신 장군을 관민이 하나같이 칭송하는 것을 시샘하여 없는 죄를 만들어 죽이려 하였으니, 종전 후에 자신에 대한 예우가 어떠하리라는 것은 뻔한 일이라 군인은 전장에서 전사하는 것이 가장 명예롭다는 것을 아는 이순신이 일부러 적탄을 맞으려 하였다는 추리는 지나친 것이 아니라고 본다.

나이 40도 안 된 예수는 몸을 숨길 곳은 많았다. 당시에는 해외로 나간 이스라엘 유민(디아스포라)이 많았다. 더구나 예수는 로마 점령군에 대한 범죄가 아니라 이스라엘 대제사장에게 미움을 산 것일 뿐이다. 그러나 예수는 몸을 살리고자 도피할 생각은 티끌만큼도 없었다. 그러니 로마 병정들에 의해 십자가에 못 박히기는 하였으나 스스로 죽은 것이나 마찬가지인 것이다. 기록에 스승 예수를 배신했다는 가롯 유다에 대해 이상하리만큼 전혀 노여움이 없었다.

참된 스승의 모범인 사범(師範)은 죽음의 본보기인 사범(死範)에 있다. 이 세상의 모든 문제는 결국 마지막엔 죽음에 있다. 죽음을 바로 풀면 안 풀리는 문제가 없다. 모든 문제가 저절로 풀어진다. 살아도 얼나를 깨닫기 위해 살 것이며 죽어도 얼나를 증거하기 위해 죽자는 것이 예수의 인생관이었다. 예수는 가장 수월한 해결을 하였다. 그 해결 방안은 "사망에서 생명으로 옮기는 것이었다". 이를 좀 더 알기 쉽게 윤문을 하면 이렇다. 죽음의 생명이요 짐승인 제나를 버리고 영원한 생명이요 한얼님 아들인 얼나로 옮기라는 것이다. 죽음의 생명에서 죽음을 초월한 영원한 생명으로 바꾸면 이 세상 모든 문제가 저절로 풀어진다. 예수는 자신이 이 세상에 온 목적을 이렇게 말하였다. "나는 오직 진리를 증언하려고 났으며 그 때문에 이 세상에 왔다."(요한 18:37) 진리란 크게 말하면 한얼님이지만 작게 말하면 한얼님이 내 맘에 보내신 얼나이다. 이 얼나를 깨달으면 저절로 한얼님을 알게 된다. 예수는 이 세상에 온 목적이 이 얼나에 대하여 증언하여 사람들로 하여금 얼나를 깨닫게 하는 데 있다는 것이다. 그런데 그 얼나는 제나를 버리든지 죽이든지 하지 않으면 안 된다. 그런데 예수가 그 본을 보일 기회를 잡은 것이다. 십자가에 못 박혀 죽기를 기쁨으로 받아들인다면 진리의 생명인 얼나를 아직 깨닫지 못한이들이라도 얼나가 있음이 분명한 것을 믿게 되고 알게 될 것이라는 확신이 선 것이다. 그래서 능히 죽음을 피할 수 있는데도 의젓이 죽음을 받아들이는 모습을 보여주자는 것이다. 그리하여 예수는 악독한 대제사장 가야바, 실권자인 전 대제사장 안나스의 권모술책을 의젓이 받아들이는 대장부의 태도를 보였다. 얼나가 실재함을 이 이상 분명하고 뚜렷하게 증거할 수는 없는 것이다. 그래서 예수가 스스로 죽기로 한 것이다. 그러므로 가롯 유다의 배신 여부는 문제시할 필요도 없는 것이다. 스스로 십자가를 지기로 결심한 것이다. 그래서 아직 예수 자신이 십자가를 지고 골고다 산을 오르기도 전에 제자들에게 십자가를 지고 나를 좇으라고 말할 수 있었을 것이다. 그렇지 않으면 자기가 십자가를 지기도 전에 제자들에게 십자가를 지고 내 뒤를 따르라는 말을 할 수 없다. 너희도 너희의 십자가를 지고 나를 따르라는 것은 다 같이 죽자는 말이 아니다. 자기의 제나(ego)는 자신이 꺾을 수 있고 꺾어야만 참나인 얼나를 깨달을 수 있기 때문이다. 그런데 실제로 자신의 제나를 꺾은 이가 없어서 얼나를 깨달은 이가 나오지 못했다. 김재준도 예수의 죽음을 이 사람과 같이 보았다. "나는 다시 예수의 죽음을 본다. 예수의 삶이란 맨 처음부터 의미 있는 죽음을 목표로 산 삶이었다."(김재준, 《인생의 한계》) 석가가 아난다로 하여금 얼나(다르마)를 깨닫게 하지 못한 까닭도 극기자각(克己自覺)을 하는 것인데 아난다가 이것을 못한 것이다.

이때에 예수의 생각을 류영모가 이렇게 대변하였다.

"이 몸생명은 거짓생명이다. 우리의 참생명인 얼나를 찾아야 한다. 우리의 할 일은 참나인 얼나를 깨닫는 것이다. 한얼 나라에는 참나인 얼나가 들어간다. 거짓나인 몸나는 꺾어야 하고 죽어야 한다. 예수, 석가의 말씀은 제나(ego)를 죽이는 것이다. 죽음이 꼭 있어야 한다. 죽은 몸이 다시 산다는 것을 믿는 것은 멸망이다."(류영모, 《다석어록》)

쇠렌 키르케고르는 십자가에 못 박히어 숨진 예수의 상(像)을 보고 두려움에 주눅이 들어 불면증에 걸렸다고 말하였다. 그래서는 예수가 십자가에 기쁘게 죽은 보람과는 거리가 멀다. 류영모는 십자가에 못 박혀 죽은 예수의 모습을 보고 진리 정신에 꽂힌 것으로 보았다. 예수가 십자가에 못 박힌 것은, 십자가에 못 박혀 죽은 예수 몸뚱이는 아무것도 아니다. 예수가 깨달은 영원한 생명인 얼나는 지금도 한얼님과 하나 되어 영원하다. 그 예수와 깨달은 얼나는 지금 우리 맘에도 온다는 것을 알아야 한다. 우리가 예수를 높이 좋는 것은 예수

처럼 제나(몸나)로 죽고 얼나로 솟나 한얼님과 하나 되어 영생하자는
것이다. 그러므로 우리는 몸나의 죽음을 두려워하거나 슬퍼하지 말
자는 것이다. 더구나 빔이요 얼로 없이 계시는 한얼님을 받들며 사랑
하는 우리가 몸나에 사로잡혀 몸나가 죽는 것을 두려워하고 슬퍼하
는 것은 있을 수 없는 일이다. 예수의 십자가 죽음이 인류가 지은 죄
를 대속하기 위함이란 교의는 예수의 영성 신앙과는 아무 관계가 없
다는 것을 거듭 밝힌다. 바울로의 대속 신앙을 떠날 수 없다는 이들
이야 어찌 말릴 수 있겠는가? 예수가 "얼나가 길이요 진리요 생명이
니 얼나로 말미암지 않고는 아버지께로 올 자가 없다."(요한 14:6 박
영호 의역)라고 하였다. 복음서에는 그저 나로 되어 있으나 얼나이다.
선한 선생님이라고 불렀을 때 왜 날보고 선하다고 하느냐고 말하였
고, 한얼님 한 분만 선하시다고 하였을 때는 예수가 제나의 자리에
서 말하였다. 그 밖에는 거의가 얼나이다. 위로부터 난 얼나와 아래
로부터 난 제나를 가려볼 줄 알아야 한다. 이천 년 동안 이것을 가려
보지 못해 예수의 가르침이 잘못된 것이다. 예수의 몸은 아래서 난
것이다. 그러니 예수도 제나(몸나)가 있다는 것이다. 예수의 몸나는
여느 사람들과 다름없이 죽어 흙으로 돌아갔다. 류영모는 분명하게
말하였다. "몸이 다시 사는 것을 믿자는 것도 멸망이다."(류영모,《다
석강의》)

　　다음은 《장자(莊子)》에 나오는 이야기다. 《장자》에는 여러 장애인
이야기가 나오는데 그 가운데 한토막이다. 여기에 나오는 장애인 이

름은 신도가이다. 신도가는 죄를 지어 형벌을 받아 발목이 잘리어 외발 절뚝이었다. 신도가는 백혼무인이라는 스승에게 글공부를 하고 있었다. 신도가의 글벗 가운데 정자산이라는 사람이 있었다. 정자산은 이미 벼슬에 나아가 제후 나라의 정승이었다. 그런데 정승인 정자산이 글방 벗인 절름발이 신도가와 나란히 다니기가 창피스러웠다. 그래서 글방 벗 신도가에게 나하고 같이 다니려고 하지 말라고 하였다.

정자산 : 내가 먼저 나가면 그대는 여기서 머무시오. 그대가 먼저 나가면 내가 여기 머물겠소. 이제 내가 곧 나갈 테니 그대는 머무시오. 아니 머물겠소? 그대는 재상인 나에게 도무지 삼가할 줄 모르니 그대도 나와 같은 정승이란 말이오?

신도가 : 우리 스승님의 문하에 본디 이처럼 재상이 있었소? 그런데 당신은 언제부터 재상이 되었다고 재상 티를 내시오? 그래서 생각이 남보다 뒤진 것이오. 내가 들은 바로는 거울이 빛나 밝으면 먼지 때가 끼지 못하고 거울에 먼지 때가 앉으면 거울이 밝게 빛날 수 없다고 했소. 오래도록 어진 이와 함께 지내면 허물이 없어진다고 했소. 그런데 오히려 이같이 잘난 체하는 말이 나오는 것은 또한 허물이 아니오?

정자산 : 당신은 이미 이 모습으로서(발목이 잘린 죄인) 오히려 요(堯)와 더불어 착함을 겨루려 하는가? 당신의 속알(德)을 헤아려 보고 모자라는 것을 스스로 돌이키시오.

신도가 : 스스로 허물을 변명하여 발목이 잘려 없어진 것을 마땅치 않다고 하는 이는 많아도 제 허물을 변명하지 않고서 발을 지닌 것이 마땅

치 않다고 하는 이는 적소. 어찌할 수 없음을 알아 그래서 기꺼이 한얼님의 양심에 따르는 것은 오직 속알(얼나)을 지닌 이만이 할 수 있소. 궁술 명인의 과녁판 안에 노닐면 한가운데 화살이 꽂히는데 그 안에 있어도 화살을 맞지 않는 이는 한얼님의 뜻이오. 나의 온전치 못한 발목을 보고 웃는 온전한 발목을 가진 사람이 많소. 나는 발끈하여 성을 내지만 그러고는 스승님(백혼무인)께로 가서 곧 떨쳐버리고서 집으로 돌아온다오. 스승님이 착함으로써 나를 씻었는지 모르오. 내가 스승님과 사귄 지가 19년째요. 그런데 스승님은 아직도 내가 발목이 잘려진 것을 모르시오. 이제 그대와 나는 얼 사귐을 하자는 사이인데 그런데 그대는 내 속에 있는 얼은 보지 않고 겉몸이나 살펴보다니 또한 잘못이 아니겠소?

　정자산 : (삼가며 몸을 가다듬고 낯빛을 고쳐 이르기를) 그대는 이제 그만 하시오.

　장자는 말하였다. "맘속에 속알을 간직하면 밖의 몸이 놀아나지 못한다(內保之而外不蕩也)". 어진 스승과 함께 있기만 하여도 맘속의 노여움(瞋性)이 함부로 놀아나지 못한다. 예수와 석가는 짐승인 몸은 지니고 있어도 탐욕을 내거나 성질을 부리거나 음욕을 일으키는 일이 없었다. 삶에 짐승 냄새가 전혀 없었다. 맘속에 얼을 품는 것이 맘 닦음(修心)이다. 류영모는 "한얼님이 주시는 얼이 나로 하여금 올바르게 살도록 하는 힘이다."라고 말하였다.

　"향락을 위주로 하는 이 세상은 멸망을 스스로 부르는 것이다. 이 멸망할 세상은 집어치우고 한얼님이 계시는 위로, 얼로 솟는 길밖에 다른 길은 없다. 한얼님의 나라는 얼나를 받들어 바르게 사는 곧은 마음을 가진 사람들의 나라이다. 그 나라는 한얼님의 생명인 얼로는 한 생명인 나라이다. 시간을 초월하고, 공간을 초월하고, 인간을 초월하여 언제나 변함이 없는 얼의 나라가 한얼님 나라이다. 예수, 석가는 이 얼나라를 사람들에게 알려주고자 하였다. 한얼 나라는 우주 안팎으로 한얼님의 생명인 얼로 충만한 호연지기(浩然之氣)의 얼나라인 얼나(한얼님)이다. 그러므로 지강지대(至剛至大)하여 아무도 헤아릴 수 없고 무엇에도 견줄 수 없다."(류영모, 《다석어록》)

예수의 한얼 나라와 맹자의 호연지기(浩然之氣)를 일치시킨 류영모의 혜안에 깜짝 놀랐다. 류영모가 이 사람에게 《논어》에도 성령 같은 것이 있었으면 좋겠다는 말을 하였는데 맹자의 호연지기에서 성령을 찾은 것이다.

공손축이 스승인 맹자에게 물었다. "감히 여쭙고자 합니다. 스승님은 무엇을 잘하십니까?" 그러자 맹자가 대답하기를 "나는 말을 알고 또 호연지기를 잘 기른다."고 하였다. 그러자 공손축이 또 물었다. "감히 여쭙겠습니다. 호연지기란 무엇을 말하는 것입니까?" 맹자가 대답하였다. "말하기 어렵다. 그 기운은 지극히 크고 지극히 세어서 바로 길러 다치지 않으면 하늘과 땅 사이에 가득하다. 그 기운 됨은 옳음과 짝하고 참됨과 더분다. 이것이 없으면 살아도 죽은 것이다."(《맹자》 편) 맹자의 호연지기는 데이비드 소로처럼 자연을 좋아하는 사람이 자연 속에서 어머님의 품속처럼 느끼는 평안함, 거룩함, 신비함의 기운이다. 데이비드 소로는 이를 우주 정신이라 하였다. 맹자의 호연지기는 지강지대(至剛至大)함에 이어 옳음과 짝하고 참과 더분다는 배의여도(配義與道)하여 '이것이 없으면 살아도 죽은 것이다'라고 하였다. 이것으로 호연지기가 성령(聖靈)이 분명하다는 확신을 얻었다. 예수의 말 가운데 "너희는 먼저 한얼님의 나라와 한얼님의 옳음을 구하여라."(마태 6:33)를 연상케 하였다. 이런 것을 만나게 되면 말씀의 임자는 사람이 아니라 한얼님의 얼(성령)임을 실감하게 된다. 맹자만 그런 것이 아니다. 공자도 마찬가지다. 공자는 말하였다. "스승은 네 가지를 끊었다. 내 뜻대로가 없고, 반드시가 없고, 기어이가 없고 내노라가 없다(子絶四 毋意 毋必 毋固 毋我)."(《논어》자한편) 이는 공자도 제나를 죽였다는 말이다. 제나를 죽이고 얼나로 한얼님과 아버지와 아들 관계를 돌이켰다. 극기복례(克己復禮)를 이루었다는 뜻이다. 수성(獸性)을 버리는 것이 씻는 것이요 제나를 없애는 것이 닦는(修己) 것이다.

류영모는 이 세상은 더러운 땅(穢土)이라하고 한얼 나라를 깨끗한 나라(淨土)라고 말하였다.

"이 오줌똥으로 가득한 이 더러운 땅 예토(穢土)를 넘어서야 정토(淨土)에 들어간다. 깨끗한 나라가 한얼 나라요 니르바나 나라다. 한얼 나라에는 가는 것이 아니다. 깸(自覺)이 한얼 나라이다. 깨면 여래(如來)가 된다. 정토인 한얼 나라엔 늙음이 없다. 아픔이 없다. 죽음이 없다. 괴로움이 없다. 영원한 진리와 사랑이 있을 뿐이다. 몸나가 없는 곳에 한얼님이 계시고 한얼님 앞에는 얼나가 있다. 얼나가 있는, 한얼님 계시는 곳이 계(彼岸)이다. 한얼 나라가 계계다. 계계, 가

온 이것이 인생이다. 제계, 가온은 한얼 나라에 가는 것이요 참나(얼
나)를 깨달음이다. 한얼 나라가 자각(自覺)이다. 스스로 깨달음과 한
얼 나라가 둘이 아니다. 얼나와 한얼님은 하나이다.

식색(食色)을 넘어서야 한얼 나라에 이른다. 식색(食色)을 해결 못
한 사람은 아직 정신이 없다. 정신은 자신(얼나)이 자신(제나)을 지배
할 수 있어야 정신이다. 정신의 세계만 자성존지(自性尊持)하는 세계
이다."(류영모,《다석어록》)

한얼 나라와 한얼님은 한 말이다. 얼의 나라가 한얼님이시다. 가장
자리 없는 영원 무한한 빔의 허공에 지혜와 사랑의 얼이 충만한 한얼
나라가 한얼님이시다. 물질의 나라는 있어도 없는 것이다. 그 얼의
한 긋이 내 생각(마음) 속에 온 것이 내게 오신 한얼님이시다. 그 얼
로는 아버지와 아들이 하나이다. 그런데 거룩한 지혜와 차별 없는 사
랑을 가진 이로 보이는《불량 크리스천》의 저자 데이브 톰린슨이 한
얼 나라를 사랑의 공동체로 알고 있으니 목숨 바치며 외친 예수의 한
얼 나라는 빈 메아리뿐이다.

"그 분(예수)은 한얼님의 나라를 말씀하셨는데 얻은 것은 교회라
는 말을 듣고자 한다. 맞는 말이다. 복음서를 통틀어 예수님이 '교
회'라는 낱말을 쓴 것은 단 두 번뿐이지만 한얼 나라(천국)에 대해서
는 수백 번 말씀하셨다. 그 분이 교회가 아니라 한얼님나라에 열정
을 쏟으신 것은 명백한 사실이다. 그렇다면 한얼님의 나라란 무엇일
까? 단순하게 말하면 한얼님 나라는 지금의 정치인이나 통치자들이
아니라 한얼님이 왕이시라면 이 세상의 모습이 어떠할지에 대한 비전

이라 할 수 있다. 예수님은 우리에게 기도하라고 가르치셨다. '그 나라를 오게 하여주시며 그 뜻을 하늘에서 이루심같이 땅에서도 이루어주십시오.'(마태 6:10) 한얼님의 뜻이 성취되는 곳이라면 어디에서나 한얼님의 나라가 임한다. 정의와 공평이 승리하고, 배고픈 자들을 먹이고, 집 없는 자들에게 거처를 제공하고, 갈등하던 자들이 화해하고, 사랑이 증오와 복수를 이기는 곳에 한얼님의 나라가 임한다."(톰린슨,《불량 크리스천》)

톰린슨은 예수의 한얼님 나라의 뜻을 모르고 있다. "한얼님 나라는 너희 안에 있다."(누가 6:21)라고 예수가 말하였다. 그것으로도 이 땅 위에 어떤 공동체를 뜻하는 것이 아님을 알았어야 했다. 주기도문의 나라도 얼(성령)을 말한 것이다. 예수의 전기를 쓴 르낭의 말처럼 예수는 교회를 세우고 이끌어 가는 사제가 아니다. 제자들에게 사제 임명을 한 일도 없었다. 베드로에게 반석이라는 뜻의 이름을 지어주면서 내 교회를 세우겠다고 한 것은 복음서 기자들이 덧붙인 것이다. 예수는 교회에 관심이 없었다. 교회를 세우고 싶으면 당신이 먼저 세워서 교회를 이끌어 가는 운영을 제자들에게 보였을 것이다. 예수 자신이 베드로보다 능력이 모자라 교회 세우는 것을 베드로에게 떠넘긴 것이 아니다. 예수가 한얼 나라 소리를 자주한 것은 한얼 나라가 바로 한얼님이시지 땅 위에 세우는 어떤 공동체가 아니었기 때문이다. 사람들이 땅의 어버이가 낳아준 짐승이요 죽음인 제나를 버리고, 한얼님이 주시는 한얼님의 얼을 받아 영원한 생명인 얼나로 솟나 한얼님 아버지의 아들이 되자는 가르침인 것이다. 사랑의 공동체는 그 다음의 일이다.

 "참을 찾는 것은 '하나'를 찾는다는 말이다. 둘(相對)에 빠지지 말고 '하나'를 찾아 가져야 한다. 땅에 묻히지 말고 한얼로 올라가야 한다. 몸나로 살지 말고서 얼나로 살아야 한다."(류영모,《다석어록》)

 '하나'는 온통(全體)으로 둘이 아니다. 빔(허공)이요 얼(성령)이시다. 그러므로 빔이 깨끗하고 얼도 깨끗하다. 물질은 덜 없어진 있(有)이라 더럽다. 얼이 빔이요 빔이 얼이라 둘이 아니다. 그러므로 물질 세계는 더러운 예토(穢土)이다. 빔이요 얼인 한얼 나라는 깨끗한 정토(淨土)이다. 사람은 물질인 몸을 지니고 있어 더럽다. 몸나를 버리고 죽어져 초월하는 것이 씻고 닦아져 깨끗해지고 거룩해지는 것이다. 제나에서는 진·선·미(眞善美)가 없다. 있다 해도 거짓이다. 오줌 싸고 똥 싸는 몸뚱이를 가지고 미인(美人)이라는 것은 모르는 소리이다. 석가는 거침없이 미인을 똥자루요 핏자루라고 말하였다. 미인의 똥이라고 구린내가 안 나며 미인의 오줌이라고 지린내가 안 나는가? 구린내, 지린내 풍기는 미인이 아름다우면 얼마나 아름답겠는가? 미인이 죽은 송장 냄새도 고약하기는 마찬가지다. 제나 자체가 악(惡)이기 때문에 아무리 착한 일을 해도 제나, 곧 내가 했다는 나가 조금이라도 붙어 있으면 이미 선(善)이 아닌 악이 되고 만다. 그래서 참된 선인은 선행을 하고서도 나를 안 밝힌다. 참 선(善)으로 끝나기를 바라서다. 참 사람은 제나(몸나)의 흔적을 될수록 안 남긴다. 석가의 뜻으로 석가의 초상화도 조각품도 없었다. 그래서 초기 5백년을 무불상(無佛像) 시대라 이름 한다. 성인무명(聖人無名)이라 얼나에는 너·나가 없기 때문에 이름이 소용없다. 석가는 석가의 속성일 뿐이다. 붓다(부처)는 '깨달은 이'라는 보통 명사이지 고유 명사가 아니다. 류영모는 사진 찍기를 싫어하였다. "몸은 얼의 그림자인데 그림자의 그림자를 찍어서는 뭐해!"라며 사양하였다. 그래서 91살을 살았지만 사진을 모두 합해도 10장도 채 안 된다. 이름도 류영모란 이름이 죄수의 번호와 같게 느껴져 지긋지긋하게 싫다고 하였다.

"세상에는 살아서 죄수의 번호인 이름에 잡혀서 산 사람도 가엾지만 죽어서까지 이 번호(이름)를 영원히 간직하기 위하여 돌에 새겨 두는 것은 한심한 일이다. 명함을 돌장으로 바꾸어 두지만 그것은 몇 날이 지나서 파멸된다. 영원한 것은 참나인 얼나뿐이다. 얼나는 영원자(한얼님)의 아들이다. 내 속에 한얼님이 보내신 속알(얼나)이 있다. 속알(德)은 신성(神性)이요 인격이다. 내 마음속에 온 한얼님의 생명이다.

이름을 자기로 아는 사람도 있다. 명예에 취하여 체면을 지키다가 거짓말을 하고 속 빈 겨 껍질이 되어 살아가는 이가 얼마나 많을까? 이름이란 남이 부르기 위하여 붙여놓은 것이며 내 이름 류영모(柳永模)도 이름에 무슨 가치가 있는 것이 아니다. 이름이란 마치 감옥에서 죄수에게 붙여준 죄수 번호와 같은 것이다. 이름을 가졌다는 것은 우리가 감옥 속에 갇힌 죄수라는 것뿐이다. 그러므로 이름이란 수치지 나와는 아무 상관이 없다. 이름 없는 것이 나의 본바탕(本性)인 얼나이다. 나란 영원한 생명이 폭발하여 나타나는 참나인 얼나뿐이다. 그런 의미에서 제긋(얼나) 찾아 자각(自覺)한 인생은 이름과는 아무 상관이 없다. 참인 공통의 생명인 얼나에 무슨 이름이 붙을 리가 없다. 진리인 얼나는 영원 전에도 얼이고 영원 후에도 얼이고 오늘도 얼이다. 우리가 다른 사람을 만나면 이름 석 자를 기억하느라고 애쓰지만 영원한 입장에서 보면 어리석은 짓이다."(류영모, 《다석어록》)

"몸(몬)은 한창이면 늙는다. 이는 참(얼)이 아니다. 참(얼)이 아니면 일찍 그만두어라(物壯則老 是謂不道 不道早已)."(《노자》 30장) 노자는 제나(몸나)가 참이 아닌 것을 알고 부정하였다. 그래서 노자는 살아서 이름도 없고 죽어서 무덤도 없다. 그저 《도덕경》 한 권만 덜렁 남아 있지 도무지 누구인지 알 수 없다. 노자의 정확한 이름은 아무도 모른다. 사마천도 몰라 여러 이름을 대고 있으니 그것은 이름을 모른다는 것이다. 성인은 이름이 없다(聖人無名)더니 노자야말로 이름이 없는 성자이다. 욕심 가운데 명예욕이 더러운 욕심이다. 제나가 온전히 죽은 이는 이름이 없다. 참인 얼나는 이름이 없다.

석가는 자신(몸)의 모습을 그리지도 말고 만들지도 말라는 유지(遺志)를 남겼다. 그리하여 이른바 무(無)불상 시대가 5백 년이나 지켜지다가 석가의 유지를 거스르며 불상을 만들기 시작하여 불교가 우상 종교라는 폄하를 받게 되었다. 그러나 불상이 없는 적멸보궁이 있어 석가의 신앙을 증언하고 있다. 노자나 석가는 제나(몸나)를 초월한 얼나를 깨달은 성자들이라 이름도 모습도 감추려 하였다. 이름 박기를 좋아하고 사진 찍기를 기뻐하는 이는 몸을 자기로 아는 제나의 사람이다. 얼나의 사람은 몸나의 모습과 이름을 싫어한다.

2부

예수의 한얼 나라

예수의 한얼 나라라 하였지만 이는 석가의 니르바나 나라이기도
하다. 여기서는 예수의 한얼 나라를 주로 다루겠다는 뜻일 뿐이다.
류영모는 거의 예수와 석가를 함께 언급한다. "마음 그릇을 가지려
고 한다면 측량할 수 없이 크게 하라. 우리의 마음은 지극히 큰 것으
로 제나로 죽어 마음을 비워놓으면 한얼 나라도 그 안에 들어온다.
그 마음에 한얼 나라가 들어오지 못하면 마음의 가난을 면치 못한
다. 이 세상에서 가장 큰 마음은 제나로 죽은 석가, 예수의 빈 마음이
다. 나는 어제 크리스마스 방송을 들었는데 하루 종일 크리스마스야,
나라의 중앙 방송국이 기독교 예배당이 되었어, 뭐든지 하나만 주장
하는 건 참 꼴 보기 싫은 거다."(류영모,《다석어록》)

예수는 "깨달아라. 한얼 나라가 다가왔다."(마태 4:17)라고 하였는
가 하면 석가는 "내가 세상에서 한 것은 니르바나님께로 가는 길을
연 것이다."(《열반경》)라고 하였다. 제나로 죽어 참나인 얼나를 깨달

아 한얼 나라(니르바나님)에 들어가야 한다는 말이다. 그러나 예수의 가르침을 좇겠다는 이들이 예수의 한얼 나라를 잘 모르고, 석가의 가르침을 좇는다는 이들이 니르바나 나라를 잊어버린 듯하다. 한얼 나라는 큰 얼의 나라라는 말이요 니르바나 나라도 큰 얼의 나라로 한가지다. 니르바나(Nirvana)는 침묵이란 뜻이다. 한얼님은 그 자체가 뜻이요 참이요 말이다. 그런데 말씀은 사람을 통해서 하신다. 다만 제나로 죽고 얼로 솟난 사람을 통해서 말씀하신다. 그런 사람이 예수요 석가였다. 20세기에 와서 마하트마 간디와 다석 류영모가 대표적인 사람이라 할 것이다.

"말씀을 하는 한얼님을 누가 보았나? 이 마음속에 한얼님께서 출장을 보낸 우리 정신을 통해서 위에서부터 한얼님의 말씀이 온다. 예수, 석가는 다른 게 아니다. 다 위로부터 오는 뜻을 받아 바른 말씀을 한 사람이다. 종교를 신앙하는 것도 우리가 바른 말을 하자는 것이다. 그저 위로부터 오는 말씀이다. 말씀뿐이다. 이 세상에서 큰일이란 말씀을 바로 받아 바로 알리는 게 큰일이다. 달리 큰일이 없다. 말은 내가 하는 게 아니다. 이 입이 하는 게 아니다. 재판관(얼나)이 하는 일이다. 모든 게 판단하는 것밖에 없다. 말이자 일이고 일이자 말인 것은 판관(判官)의 일이다. 이 세상의 대부분의 일은 몸이 살아가는 문제이다. 그러나 몸삶의 일은 그때만 필요하지 그만둘 거다. 영원히 갈 말씀만이 있다. 오직 한얼님의 뜻 하나밖에 없다. 한얼님이신 것도 한얼님의 아들 되신 것도 뜻이다. 영원히 갈 말씀은 이 혀로 하는 말이 아니다. 입을 꽉 다물어도 뜻만 있으면 영원히 갈 말씀이다. 나는 말씀밖에 믿지 않는다. 말씀은 절대이다. 한얼님에 대한 신앙은 말씀을 따르는 것이다."(류영모,《다석어록》)

예수가 다시 오느니 미륵불이 오느니 하지만 제나로 죽고 얼나로 솟나 한얼님의 뜻이 담긴 말씀을 전하는 이가 오는 것이지 다른 특별난 사람이 오는 것이 아니다. 예수와 석가가 깨달은 얼나나 지금 깨달은 얼나나 한얼님이 보내신 얼나라 얼나로는 한 생명이다. 그 얼나가 영원한 생명이다. 거룩할 성(聖)은 한얼님이 이르시는 바른 말씀을 듣고 바른 말을 하는 것을 나타낸 글자이다.

"예수의 몸도 여느 사람과 똑같은 몸이다. 마음은 목마르지 않으나 몸은 목마르다. 목마르고 아프지만 이 몸이 어떤 뜻을 드러내는 상징이라면 입성(入城)도 하고 십자가도 지고 한얼님의 뜻을 따라야 할 것이다. 곡식을 기르기 위하여 거름이 있듯이 어떤 뜻을 위하여 몸이 있다면 몸이 나타낼 상징은 빠뜨리지 말고 드러내야 할 것이다.

우리는 이미 정신 세계에서 한얼님과 연락이 끊어진 지 오래이다. 그리하여 사람들이 이승의 짐승이 되었다. 우리들이 산다는 것이 몸인 짐승이다. 질척질척 지저분하게 먹고 마시고 싸기만 하는 짐승이다. 한얼님으로부터 얼을 받을 때 짐승 성질을 끊고 사람이 회복된다. 짐승에서 사람으로 회복된 이가 사람 아들(人子)이다. 사람이다.

예수의 영원한 생명은 몸이 아니고 얼이다. 한얼님께서 예수에게 보내주신 얼을 지금도 우리에게도 보내주신다. 우리가 얼을 받을 수 있고 얼이 임할 수 있다고 본다. 얼이 진리다. 얼을 받아야 우리의 한 줄기 생명을 유지하게 하여주는 것이 아니겠는가?"(류영모,《다석어

록》)

류영모는 재미있는 비유를 하였다. 땅의 어버이로부터 받은 제나
(몸나, ego)가 한얼님 앞에 자수(自首)하여 한얼님으로부터 얼을 받아
들여 임자로 모시고 제나가 얼나의 심부름꾼이 될 때 사람의 인격(人
格)이 세워져 한얼님의 아들 노릇을 할 수 있다는 것이다. 그런데 지
금 예수를 좇는다는 이들에게서 이런 예수의 말씀을 들을 수가 없다.
예수가 니고데모에게 가르쳐준 말씀이 바로 이것이다. 류영모는 이
렇게 말하였다.

"복음이란 무엇이냐 하면 누가복음 15장 탕자의 회개에 잘 나타나
있다. 탕자 얘기는 누가복음에만 있는 것이 아니라 불교의《법화경》
에도 있다. 탕자의 아버지는 온전하신 한얼님 아버지를 가르쳐준다.
우리는 한얼님 아버지를 배반하고 제멋대로 돌아다니며 고생을 한
다. 그리하여 거지 노릇까지 하다가도 회심을 하여 아버지께로 돌아
오면 탕자의 아버지는 마음이 하늘처럼 넉넉하시어 탕자를 맞아 곧
자기 아들로 회복시켜준다. 이보다 더한 은혜가 없다. 짐승으로 산
사람도 하루아침에 한얼님이 주시는 아들의 생명인 얼을 참나로 깨
달으면 그대로 얼을 받아 한얼님의 아들이 된다. 그러면 영원한 생명
인 얼나를 세상에 증거하여야 한다. 나는 요새 부끄러워서 예수를 믿
는다고 할 수 없다. 나는 늘 이단이라고 해서 예수를 안 믿는다고 하
는 것이 차라리 좋지만 그나마도 믿는다는 것이 부끄러워졌다. 예수
를 믿는 게 무슨 외래(外來)의 무당 같아 보인다."(류영모,《다석어록》)

류영모는 "예수, 석가는 상대 세계에 대해서는 철저한 부정(否定)

이다. 철저한 부정을 안 하려면 불교와 기독교를 믿지 말아야 한다." 라고 선언하였다. 상대 세계를 부정하는 것은 곧 제나(몸나)의 부정이다. 모두가 제나(몸나)로 살려고 하지 죽으려고 하는 이가 몇 사람이나 있겠는가? 그러기에 예수, 석가의 가르침이 이 세상에 바로 받아들여지기가 어렵고 따라서 바로 전해지기 어려울 수밖에 없다. 예수, 석가의 이름은 전해 오지만 가르침은 사라진다. 그야말로 유명무실(有名無實)하게 된다. 예수, 석가의 이름을 내걸었지만 그 내용은 샤먼들의 기복 의식(儀式)이 주를 이루게 된다. 기복 의식이 없으면 아예 사람들이 찾아오지를 않는다. 류영모가 현 기독교를 보니 무슨 외래 무당같이 보인다고 한 것은 정확한 판단이다. 목사(설삼종)의 입에서 솔직한 말을 들었다. 샤먼 노릇을 해야 신도가 모이니 샤먼 노릇을 하느냐 마느냐 고민하는 사목들이 많다고 하였다.

"예수를 좀 알겠다고 하고 지금 믿는다고도 한다. 죽는 것이 무엇인지 사는 것이 무엇인지도 모른 채 상대적으로 남에게 빠지지 않고 사는 것이 은혜이고 믿는 것인 줄 알고 있다. 답답하기 짝이 없다. 헤프게 예수를 알려고 하고 또 헤프게 예수를 가르치고 있다. 내 마음에 예수를 임(님)으로 받아들이는 것은 평생 내 심장에 칼날을 받아들이는 것이나 마찬가지인지도 모른다. 알아준다는 인(認) 자는 말씀 언(言) 변에 칼날 인(刃) 자와 마음 심(心) 자로 되어 있다. 내 심장에 칼날을 받아들이는 아픔이 있고서야 예수를 임(님)으로 알게 되는지 모르겠다. 진주 조개가 진주 씨를 받아들이는 것과 같은 것이다."(류영모, 《다석어록》)

기독교가 예수를 헤프게 알려고 하고 또 헤프게 가르치고 있는 것은 어제오늘의 일이 아니다. 4세기에 사도신경을 만들고부터이다. 예수의 가르침에 가라지 노릇을 한 것은 자칭 사도와 거짓 사도라 아니할 수 없다. 사도신경을 공식적으로 외우게 되고부터는 예수 알기가 식은 죽 먹기보다 쉬워진 것이다. 더구나 사도신경을 외우지 않으면 이단으로 몰아 박해하였다. 사도신경을 만든 저의가 환히 드러난다. 이는 먼저 예수를 이단으로 박해하는 것이나 마찬가지다. 아널드 토인비는 믿을만한 것을 내걸고 믿으라고 해야 하지 않느냐고 하였고, 헨리 데이비드 소로는 교회는 무신론자와 회의론자들이 모인 곳이라 하였다. 슈바이처는 기독교에 예수의 진리(얼) 정신이 없다고 말하였다. "내가 예수를 우러르고 생명의 임(님)으로 믿는 것은 그가 위대한 이단자이기 때문이다."라고 한 성천 류달영은 "나는 사도신경의 동정녀 마리아의 예수 탄생, 예수의 육체 부활, 예수 재림 따위를 그대로 믿을 수 없다."라고 하였다. 요한복음을 정신을 집중하여 일곱 번만 읽고 사도신경을 보면 사도신경과 예수의 가르침이 다름을 분명히 알수 있을 것이다. 류영모는 자신도 교회에 다닐 때에는 사도신경을 외웠지만 사도신경을 외울 것 없다고 말하였다. "예수가 인간을 위하여 십자가에 못 박혀 피 흘린 것을 믿으면 영생한다고 믿는 것은 나와 상관없다."(류영모, 《다석어록》)라고 하면서 "한얼님을 자꾸 말하면 실없는 소리가 된다. 실없는 말과 짓을 깨뜨려주는 종교가 있으면 그것은 참종교가 된다."(류영모, 《다석어록》)라고 말하였다.

예수에 대한 복음서를 보는 데는 슬기의 눈이 있어야 한다. 옛사람들이 예수를 우상화하려고 일부러 꾸며서 이야기를 만든 것을 선언적(케리그마) 예수라 한다. 말하자면 신화적인 예수이다. 그런데 이를 따지지 말고 무조건 믿어야 한다는 것이다. 지금에서야 있을 수 없는 얘기지만 옛날에는 그게 통했으나 오늘날의 사람들에게까지 믿기를 강요하는 것은 안 될 말이다. 다음에는 역사적 예수이다. 2천 년 전 일이라 그것도 무명 청년이 40세도 못 되어 처형되었으니 기록이 거의 없다. 너무 기록을 찾다가는 예수가 없어질 수도 있다. 마지막으로 영성적 예수이다. 예수의 말씀 가운데 진리의 말씀이 있느냐가 문제이다. 있으면 예수를 통해 나온 한얼님의 말씀이다. 이는 누구를 통해 나온 말씀이냐도 중요하지만 결정적인 문제는 아니다. 그 말씀이 한얼님으로부터 나온 말씀인가 아닌가를 판단할 수 있는 근거는 다른 성자들을 통해 나온 한얼님의 말씀과 공통성이 있느냐이다. 한얼님의 말씀은 임자가 한얼님이시기 때문에 그 말씀이 예수를 통해 나오든, 석가를 통해 나오든 장자와 노자를 통해 나오든, 일치할 수밖에 없는 것이다. 또 지금 살아 있는 사람이라도 제나로 죽고 얼나로 솟난 이는 그것을 알아본다. 그 얼나는 한얼님께서 보내주신 한얼님의 생명이기 때문이다.

지금 예수를 잘못되게 하고 있는 것은 예수의 모습도 본 일이 없고, 예수의 말씀도 들은 일이 없고, 예수에 관한 글(복음서)도 읽은 적도 없고, 예수에 대한 제자들의 말씀도 듣지도 못한 자칭 사도인 바울로의 선언적 예수이다. 그리고 바울로의 영향을 받고 복음서 기자들이 복음서에 기술된 소설 쓰듯 가공된 설화들이다. 성서학자들이 연구한 바에 따르면 복음서는 예수의 직제자들이 쓴 것이 아니라고 한다. 예수의 직제자들은 거의 글을 모르는 이들이었다. 그런데 복음서는 처음 코히네(히브리적인 헬라어)로 쓰였다고 한다. 말하자면 예수의 손자뻘 되는 디아스포라(이스라엘 민족의 흩어진 유민)에 의해 기록된 것이다. 그러므로 복음서도 에누리하고 읽어야 한다. 예수가 한얼님의 성령으로 마리아에 잉태되었으면 예수의 족보를 나열하는 것은 쓸데없는 짓인 것이다. 성서학자들이 밝힌 바에 의하면 예수는 다윗의 후손이 아니라고 한다. 예수를 메시아로 만들려고 억지로 끌어다 붙인 것이다. 맹자가 말하기를 글을 다 믿으면 글이 없는 것만 못하다고 하였다. 복음서가 바로 그러한 글이다. 지금 복음서 기자 이름은 거짓이다. 소아시아 히에라포리스 주교 파피아스가 예수의 직제자 이름을 근거 없이 추상해서 갖다 붙인 것이다.(《신약성서주해》 참조)

류영모는 신학자가 아니다. 류영모는 논문 한 편도 안 썼고 책 한 권도 안 썼다. 그러나 동서양의 주요 사상가들의 저서를 섭렵하였다. 그런데 말을 했다 하면 꼭 예수, 석가를 함께 언급하였다. 그만큼 예수와 석가의 사상이 일치하기 때문이다. 예수와 석가는 땅에서 어머니가 낳아준 제나(몸나)를 버리고 한얼님이 주시는 얼나로 솟나라는 가르침을 주었다. 내게 얼나를 보내주시는 존재가 얼의 나라인 한얼 나라(니르바나 나라), 곧 한얼님이시다. 내게 온 얼나를 예수는 프뉴마($\pi\nu\epsilon\acute{\upsilon}\mu\alpha$)라 하고 석가는 다르마(Dharma)라 하였다. 같은 얼나이다.

예수의 한얼 나라와 석가의 니르바나 나라가 같은 한얼님이시다.

"우리는 이 몸을 뒤집어쓰기 전 또 홀랑 벗어버린 뒤에 어찌 될 줄은 모른다. 이를 안다면 나도 거만할 수 있을 거다. 그러나 영원한 생명인 얼이 있는 것은 틀림없다. 예수, 석가의 맘속에 나타났던 얼이 나에게도 나타났으니 얼나가 시간과 공간을 초월하여 존재하는 것만은 틀림없다."(류영모, 《다석어록》)

석가는 류영모보다 2천5백 년 전에 태어난 사람이요 예수는 2천 년 전에 태어난 사람이다. 예수, 석가에게 나타나 예수, 석가에게 같은 얼의 진리를 깨우쳤다. 그런데 2천 년 뒤에 온 류영모에게도 나타나 꼭 같은 얼의 진리를 깨우쳤다. 그렇다면 시간과 공간과 인간을 초월한 얼이 있는 것이 틀림없다. 제나로 죽고 얼나를 깨달은 사람이 나타난다면 시간과 공간과 인간을 초월해 존재하는 얼의 나라가 있는 것을 알 수 있다. 그 얼의 나라가 한얼 나라요 한얼님이다. 한얼 나라와 한얼님이 따로 계시는 게 아니다. 예수가 가르친 영원한 생명이란 바로 이 얼나이다. 사람에게 보낸 얼나의 근원이 얼의 나라인 한얼님이시다. 예수가 말한 얼의 나라, 한얼 나라, 한얼님 아버지가 하나이다. 넷 복음 가운데서 요한복음이 가장 뛰어난 영성(靈性)의 복음이라 한다. 그런데 공관복음에도 얼이 가장 소중하다는 예수의 말씀이 있다.

"나는 분명히 말한다. 사람들이 어떤 죄를 짓든 입으로 어떤 욕설을 하든 그것은 다 용서받을 수 있으나 얼(성령)을 모독하는 사람은

영원히 용서받지 못할 것이며 그 죄는 영원히 벗어날 길이 없을 것이다."(마가 3:28~29)

얼을 모독하는 이는 얼나를 깨달으려 하지 않고 몸나(제나)가 참나인 줄 알고 사는 이다. 또 얼나로 솟나는 것이 영원한 생명을 얻는 것인데 또 몸의 부활로 영생한다는 것도 얼을 모독하는 것이다. 사도신경에 몸이 다시 사는 것을 믿는다는 말처럼 얼을 모독하는 생각이 없을 것이다. 부활한 몸이 한얼 나라에 들어간다는 것은 있을 수 없는 일이다. 한얼 나라는 얼의 나라이기 때문이다. 얼의 나라에는 어떤 몬(物)이나 몸(肉)도 용납이 안 된다. 류영모도 이렇게 말하였다.

"얼밖에 정신이 만족할 만한 것이라고는 상대 세계(이 세상)에서는 없다. 그러므로 상대 세계에 한눈팔 겨를이 없다. 그래 응무소주이생기심(應無所住而生其心)이다. 참 좋은 말이다. 이 상대 세계는 머물러 맘 붙일 데가 없다는 말이다. 그리하여 이 상대 세계에 머무르지 않는 참나인 얼나의 맘을 내라는 것이다. 이 말 한마디만 잘 알면 제나로 죽고 얼나로 솟나 제나의 생사(生死)에서 해탈할 수 있고 구원받을 지경에 갈 수 있다."(류영모, 《다석어록》)

예수가 말한 '나라'와 '한얼 나라'는 한 가지 말로 얼의 나라인 한얼님을 나타낸 것이다. 이 상대 세계에 대통령 따로 있고 나라 따로 있는 것처럼 생각하면 큰 착오이다. 한얼 나라를 줄여 말한 것이 나라이다. 예수가 진리의 말씀을 전파하기 시작할 때 첫 말이 '한얼 나라'가 가깝다고 한 한얼 나라(마태 4:17)와 예수가 일러준 기도 말씀에 나라이 임하옵시며 '나라'와 '한얼님 나라'는 바로 너희 마음속에 있다(누가 17:21)의 나라가 모두 한 말로 얼의 나라를 가리키며 곧 한 얼님이시다. 기도문의 '나라이 임하옵시며'를 무슨 유토피아가 이 땅에 이루어지는 것으로 아는 이도 있는데 그것은 예수의 말을 알아듣는 지혜가 열리지 못해서 엉뚱한 생각을 하는 것이다. 석가의 정토불국(淨土佛國)도 얼의 나라이지 땅의 나라가 아니다. 궁예나 왕건이 칼로 불국을 이루겠다는 것은 망발이요 망상일 뿐이다. '나라이 임하옵시며는 얼의 나라의 얼이 내 맘속에 오시라는 비옴이다. 예수는 분명히 말하였다. "내 나라는 이 세상에 속한 나라가 아니다."(요한 18:36) 그런 예수에게 땅에 무슨 천국이 이루어지기를 바란다는 것은 그야말로 웃기는 일이라 아니할 수 없다. 또 한얼님 나라는 너희 맘속에 있다고 하였다. 한얼님의 얼생명을 내 맘속에 보내신다는 말이다. 얼이라 사람은 생각으로 감지할 수밖에 없다. 내 맘속에 짐승 성질이 가라앉고 바른 생각과 거룩한 생각이 일어나면 바로 한얼님의 생명인 얼이 내 맘속에 오신 것이다.

나라로는 인격이 아닌 신격(神格)을 느낄 수 없어 한얼 나라에서 한얼님이 된 것이다. 그러나 한얼 나라가 한얼님으로 호칭이 달라진다고 그 얼인 실체가 달라지는 것은 아니다. 더 친근한 한얼님을 느끼고 싶어 아버지라 부르게 되었다. 그래서 한얼님 아버지라 부른다. 예수는 "한얼님은 만유보다 크시다."(요한 10:30)라고 하였다. 만유보다 큰 것은 가장자리 없는 무한의 빔(허공)이다. 한얼 나라와 한얼님이 다르지 않다는 것을 그대로 보여준다. 예수는 한얼님의 얼이 물질이 아닌 것을 밝혔다. "바람은 제가 불고 싶은 대로 분다. 너는 그 소

리를 듣고도 어디서 불어와서 어디로 가는지를 모른다. 성령(얼)으로
난 사람은 누구든지 이와 마찬가지이다."(요한 3:8) 한얼님은 아무것
도 없는 빔이요 없는 곳이 없이 있는 바람 같은 얼이다.

류영모는 한얼님과 한얼 나라가 다른 게 아닌 하나인 것을 밝혔
다.

"예수가 가르쳐준 기도문에 나오는 '나라'는 얼의 나라, 얼의 나이
다. 얼에는 나라와 나가 다르지 않다. 얼이란 유일절대(唯一絶對)하기
때문이다. 땅 위에서 이룬 나라는 좇아갈 필요가 없다. 세상의 나라
를 좇아간 것이 오늘날 이러한 나라를 만들고 말았다. 이 세상은 거
짓이다. 이 세상에서 참(眞)을 못 본다. 착(善)도 곱(美)도 마찬가지
다. 이 세상에서 참(眞)인 것 같은 것은 절대의 참을 잊지 말라는 것
이다. 참(眞)은 제 것이라야 참인데 이 세상의 참은 빌려 온 세상이니
참이 없다. 이 세상에서는 불만이 있고 결핍이 있는 것은 참이 아니
기 때문이다. 영원하신 한얼님이 참(얼)에로 자꾸 오라고 하신다. 본
생명의 자리인 얼나(얼나라)를 세워 나가야 한다. 그렇지 않으면 얼나
라는 서지 않는다. 자기의 참나(얼나)를 찾은 다음엔 참나(얼나)와는
떨어질 수 없다."(류영모, 《다석어록》)

예수의 가르침을 좇는다는 이들이 세계적으로 몇 억이나 될 터인
데 예수가 가르쳐준 한얼 나라를 바로 아는 이가 몇 사람이나 되는
지 모르겠다. 예를 들어 단테의 《신곡》에 그려진 한얼 나라를 보면
한얼 나라에 대해서 얼마나 무지(無知)한지 어이가 없다. 한얼 나라
도 이 세상처럼 몬(物)과 몸(身)의 나라로 그려놓았다. 그건 한얼 나

라가 아니다. 한얼 나라에 가서 천당과 지옥을 찾겠다는 것은 한얼 나라를 모르는 이의 어리석은 생각이다.

"이 몸은 아무리 튼튼해도 죽을 때는 죽는 것이지 죽지 않을 수는 없다. 이 몸은 전셋집이나 같다. 빌려 쓰다가 마침내 두고 가는 것이다. 이 몸은 내 것이 아니다. 내 것이라면 내 맘대로 할 수 있지만 내 것이 아니기 때문에 내 맘대로 할 수 없다. 이 몸집은 그 자체의 존재 법칙에 따라 존재하는 것뿐이다. 몸이 강하든 약하든 마침내 이 몸집은 내놓아야 한다. 물론 쓰고 있는 동안 깨끗하고 튼튼하게 간수해야 한다. 병 없이 잘 지내는 것이 사람이 바라는 이상(理想)이다. 그러나 복잡한 도시 생활에서는 그것을 보장하기는 어렵다. 병 없기를 바라는 것이 사람이 바라는 이상이지만 한얼님의 이상은 아니다. 한얼님의 계획은 따로 있다. 사람의 몸은 자연이지만 자연이 전부는 아니다. 여기에서 한얼님의 계획이 따른다. 한얼님께서 주신 사명이 있다. 그것은 이적(異蹟)을 행하는 것도 신인(神人)이 되는 것도 아니다. 한얼님의 아들이 되는 것이다. 한얼님과 하나 될 수 있는 얼나가 되는 것이다."(류영모, 《다석어록》)

예수는 이 세상에 온 목적이 거짓나인 제나(몸나)를 버리고 참나인 얼나를 깨닫는 것으로 보았다. 예수는 이런 비유의 말을 하였다.

"한얼 나라는 밭에 묻혀 있는 보물에 비길 수 있다. 그 보물을 찾아낸 사람은 그것을 다시 묻어 두고 기뻐하며 돌아가서 있는 것을 다 팔아 그 밭을 산다. 또 한얼 나라는 어떤 장사꾼이 좋은 진주를 찾아다니는 것에 비길 수 있다. 그는 값진 진주를 하나 발견하면 돌

아가서 있는 것을 다 팔아 그것을 산다."(마태 13:44~46)

여기에 값진 보물이나 값진 진주는 얼나를 상징하는 것이다. 값진 보물이나 값진 진주를 내 것으로 만들기 위해 가지고 있던 모든 것을 바칠 수 있고 버릴 수 있다는 것이다. 얼나를 깨닫는 것이 삶의 궁극적인 목적이요 절대적인 가치이기 때문이다. 그런데 반대로 이 세상에는 어리석은 이도 많다. 고사성어에 손궤를 사고 구슬을 돌려준다(買匵還珠)는 말이 있다. 어떤 이가 귀한 구슬을 사고서 그 구슬을 담은 손궤가 너무나 아름다워 그 궤만 가지고 구슬을 돌려주었다는 뜻이다. 구슬은 얼나이고 구슬을 담은 궤는 몸나이다. 사람들이 얼나에는 관심조차 없고 몸에 홀딱 빠져버린다. 이 세상의 모든 사람이 거의 매독환주(買櫝還珠)를 하고 있으며 몸나를 버리고 얼나를 깨닫는 이는 극소수에 지나지 않는다.

"우리의 정신이 물질에 휘감겨서는 못쓴다. 언제든지 물질을 부려 써야 한다. 이 몸은 심부름꾼이지 참나가 아니다. 몸나에 붙잡히면 안 된다. 한얼님 아들이 종인 몸나의 심부름을 해서는 안 된다. 아들이 종에 끌려다녀서는 안 된다. 이게 뒤집히면 존심양성(存心養性)이 아닌 실성(失性)이요 진리파지(眞理把持)가 아닌 실진(失眞)이다. 이것은 영원한 생명(얼나)을 떠난 멸망일 뿐이다. 몸이 잘 빠지고 얼굴이 잘생겼다고 거기에 끌려다녀서는 멸망이요 죄악이다. 사람이란 몸나의 짐승 노릇은 그만두고 참나(얼나)에게로 가자는 것이다. 참나인 얼나로 제대로 하자는 것이다."(류영모, 《다석어록》)

참 쉼에 들과저

돈써 지낸 몸삶길 갈래기도 하더니만
힘써 한얼님께로 오를란데는 쉼없난 얼숨 쉼으로만
일없어 쉼이 아니고 참 쉼에만 들과저

(류영모, 《다석일지》 1969. 10. 30.)

예수가 말하였다. "내가 아버지 안에 있고 아버지께서 내 안에 계
신다."(요한 14:10) "아버지와 나는 하나이다."(요한 10:30) 이것이 류
영모가 노래한 참 쉼에 드는 것이다. 노자(老子)의 무위(無爲)가 바
로 이런 지경에 드는 것이다. 명상이나 기도는 몸을 위해서는 아무것
도 아니하고 오로지 얼나라 한얼님과 하나 되는 얼의 교통을 한다.
죽은 뒤의 얼나는 그러한 지경에 머무는 것인지 모르겠다. 류영모의
'참 쉼에 들과저'가 바로 그러한 경지라 믿어진다. 극락의 황홀일 것
이다.

그렇다면 예수와 석가가 그렇게 싫어한 땅의 나라란 무엇인가. 어
찌하여 예수와 석가는 땅의 나라를 싫어하였는가? "내 나라는 땅에
속한 나라가 아니다."(요한 18:36) 예수는 얼의 나라는 좋아하지만 몬
(物)의 나라는 싫어하였다. 몬의 나라는 생멸(生滅)하는 나라라 싫어
하였다.

"너희는 아래서 났고 나는 위로부터 났으며 너희는 이 세상에 속
하였고 나는 이 세상에 속하지 아니하였느니라."(요한 8:23)

아래서 났다는 것은 땅의 어머니로부터 몸을 받아 몸나(제나)로 태어났다는 말이고, 위로부터 났다는 것은 한얼님 아버지로부터 얼을 받아 얼나로 태어났다는 말이다. 몸나는 땅에 속하여 머지않아 죽어 땅으로 돌아갈 것이며 얼나는 몸나에 머물다가 몸나가 허물어지면 한얼 나라로 돌아간다. 몸나는 땅에 속하여 땅에서 나는 것을 먹어야 살 수 있고 얼나는 한얼님에 속하여 한얼님으로부터 얼을 줄곧 받아 산다. 얼을 받는 것이 기도 명상이다. 얼나로 산 예수와 석가도 몸을 지녔다. 그 몸나로는 세상의 여느 사람과 다름없이 땅의 어머니에게 받았으며 땅에서 나는 음식을 먹고서 살았다. 몸나를 무시하고 말한 것이다. 예수는 몸나를 지녔으나 몸나를 위해 살지 않고 얼나를 위해서만 살았으니 몸나의 삶을 무시한 것이다. 얼나를 모르는 몸나의 사람들은 몸나를 위해 살고 있다. 그래서 얼나를 위해 사는 사람과 몸나를 위해서 사는 사람으로 대립시켜 한 말이다. 류영모는 예수가 지니고 산 몸나에 대해서 이렇게 말하였다.

"예수를 우러러 보는 것은 그의 몸을 보고 따르자는 것이 아니다. 예수는 내 맘속에 있는 얼이 참생명이요 영원한 생명임을 가르쳐주었다. 그러므로 먼저 내 속에 있는 얼나를 따라야 한다. 그 얼이 예수의 참생명이요 나의 참생명이다. 몸으로는 예수의 몸도 내 몸과 같이 죽을 껍데기지 별수 없다."(류영모,《다석어록》)

예수가 십자가에 못 박혀 죽은 뒤에 무덤에 장사 지낸 지 사흘 만에 몸으로 다시 살아나 돌아다니다가 하늘로 올라갔다는 이야기는 역사적인 거짓말 대회에 나간다면 금메달일 것이다. 인류를 그렇게 감쪽같이 오랫동안 속인 거짓말이 없기 때문이다. 류영모는 몸이 다시 사는 것을 믿자는 것도 멸망이라고 말하였다. 한얼님 나라는 얼의 나라이다. 죽었다가 다시 살아난 몸도 몸이다. 몸은 한얼 나라에 들어갈 수 없다. 몸나가 죽어 장사 지낸 자가 사흘 만에 다시 살아나 돌아다니다가 하늘에 오른 것을 믿는 이는 이미 신학(神學)이 아니라 미학(迷學)을 하는 것이다. 예수가 분명히 가르쳐주었다. 예수가 니고데모에게 "정말 잘 들어 두어라. 누구든지 위(한얼님)에서 내려주시는 얼로 나지 아니하면 아무도 한얼 나라를 알 수 없다."(요한 3:3)라고 하였다. 이 세상 사람들이 자칭 사도의 대속 신앙에만 귀가 솔깃하여 제나로 죽고 얼나로 솟나는 데는 관심도 없어 한얼 나라에 대해서도 바로 아는 것이 없게 된 것이다. 한얼 나라는 얼의 나라이고 이 세상 나라는 몬(物)의 나라이다.

니고데모가 얼을 모르는지라 새로 나라니까 몸나가 새로 나야 하는 줄로 착각하고서 엉뚱한 소리를 하였다. "다 자란 사람이 어떻게 다시 태어날 수 있겠습니까. 다시 어머니 배 속에 들어갔다가 나올 수야 없지 않습니까?"(요한 3:4) 예수는 니고데모의 말에 어이가 없었다. 예수는 니고데모에게 그대는 이스라엘의 이름난 선생이면서 어찌 이것을 모르느냐고 나무랐다. 오늘의 크리스천들이 니고데모보다 얼마나 더 나은지 모르겠다. 예수는 니고데모에게 친절하게 일러주었다. "정말 잘 들어 두어라. 한얼님께서 드리워주시는 얼로 새로 나지 아니하면 아무도 한얼님나라(바실레이아)에 들어갈 수 없다. 부모의 몸에서 나온 것은 몸이며 한얼님의 얼에서 나온 것은 얼이다."(요한 3:5~6 박영호 의역) 한얼님으로부터 온 얼만이 한얼 나라에 들어가지 땅의 어버이에게서 난 몸은 한얼 나라에 들어갈 수 없다는 것이다. 거기에는 예수가 땅의 어머니 마리아에게서 받은 몸도 예외가 아니다. 무덤 속에서 다시 살아났어도 몸은 몸이지 얼은 아니다. 예수의 얼만이 한얼님께로 돌아가 한얼님과 하나 된 것이다.

"한얼님은 생사(生死)와 유무(有無)를 초월한 얼의 생명이다. 곧 참나이다. 똑똑히 얼인 참나가 있는 것을 깨달아야 한다. 이 참나(얼나)를 가르치는 것이 교육의 궁극적인 목적이 되어야 한다. 삶의 실현(實現)이라는데 삶의 실현이란 소유가 아니다. 제 맘속에 있는 얼나를 세상에 나타내는 것이다. 삶의 뜻을 알았으면 아무 때 죽어도 좋다. 인생의 의미란 내가 깨달은 얼나로는 한얼님의 아들인 것을 깨닫는 것이다. 내가 얼나로는 한얼님의 아들임을 깨달으면 몸은 아무 때 죽어도 좋다. 내 맘속에는 이미 영원한 생명인 얼이 깃들어 있기 때문이다. 한얼님의 아들인 얼나는 죽지 않는다. 죽지 않는 얼생명을 가졌기에 이 껍질인 몸은 아무 때 죽어도 좋은 것이다."(류영모,《다석어록》)

석가도 가르침의 초점은 니르바나님과 니르바나님이 주시는 얼나에 의지하여 살라는 데 있었다.

"나는 이 세상에 나와 널리 니르바나 나라에 이르는 길을 일러주어 생사(生死)의 제나(몸나)를 이미 넘어섰다. 그러므로 너희들은 내가 멀리 떠난 뒤라도 니르바나 나라에 이르는 것을 잊지 말기를 바란다. 아난다야, 너는 너 자신의 참나인 얼나를 등불로 삼고 집으로 삼

아라. 남을 의지하거나 남에게 귀의하여서는 안 된다."(석가, 《반니 열반경》)

예수와 석가가 이 세상에 와서 한 일은 삶의 목적을 가르치고 간 것이다. 사람들은 삶의 목적이 짐승들처럼 종족 번식에 있는 줄 알고 자식 낳아 길러놓고 삶을 물려주고 떠나간다. 그런데 예수와 석가가 와서 가르치기를 삶의 목적은 제나로 죽고 얼나로 솟나 한얼 나라(한얼님)에 가는 데 있다고 하였다. 예수는 아예 가정을 이루지 아니하였고 석가는 이룬 가정을 흩어버렸다. 그리고 한얼 나라(니르바나 나라)로 돌아가자고 말하였다. 그런데 2천 년 뒤에 온 류영모도 같은 말에 같은 삶을 보였다. 얼나로는 한 생명임이 분명하다.

"우리는 세상을 목적으로 알고 있지만 이 세상 여기가 삶의 목적이 아니다. 여기는 수단이다. 여기서 살고 그치는 것이 아니다. 여기는 지나가는 길이다. 그것을 믿는 것이 신앙이다. 신앙은 한얼 나라를 바라는 것이다.

몸은 때(垢)이며 멸망의 생명이다. 얼은 깨끗(淨)하며 영원한 생명이다. 몸이란 한 금을 넘어서야 사상(말씀)이다. 쌀(米)이 살(肉)이 되듯이 몸은 발전적으로 해소되어 정신이 된다. 몸 부정(否定)이 정신이다. 우리의 몸이 숨을 쉬듯이 이 한울(우주)도 숨을 쉰다. 숨 쉼이 성령의 말씀이다. 영원한 생명인 얼나의 활동이 말씀이다."(류영모, 《다석어록》)

몸나에 애착하고 세상에 집착하는 이는 얼나로 솟날 수 없다. 얼나로 솟나지 못하고는 한얼 나라에 들어가지 못한다. 그러니 제나의 사람은 한얼 나라를 천당, 지옥쯤으로밖에 생각하지 못한다. "세상에서 나온 사람은 세상에 속하여 세상일을 말하고 한얼에서 오신 분은 세상 위에 계시며 한얼 나라 말씀을 하신다."(요한 3:31)

예수가 제나로 죽고 얼나로 솟나 한얼님 아들의 사명을 다 하기 위하여 십자가에 못 박혀 죽기까지 하였다. 그런데 몸을 가지고 사는 사람이라 여러 가지 세상일을 겪었다. 제베대오의 두 아들 야고보와 요한이 예수께 가까이 와서 "선생님 소원이 있습니다. 꼭 들어주십시오." 하고 말하였다. 예수께서 그들에게 "나에게 바라는 것이 무엇이냐?" 하고 물으시자 그들은 "선생님께서 영광의 자리에 앉으실 때 저희를 하나는 선생님 오른편에 하나는 왼편에 앉게 해주십시오." 하고 부탁하였다."(마가 10:35~37) 예수를 좇는 무리의 정신이 이 정도의 수준이었다. 그러자 다른 제자들이 이 사실을 알고 시샘하고 화를 내었다. 그래서 예수는 제자 모두를 불러다놓고 이렇게 말하였다.

"너희도 알다시피 이방인들의 통치자로 자처하는 사람들은 백성들을 강제로 지배하고 또 높은 사람들은 백성을 권력으로 내리누른다. 그러나 너희는 그래서는 안 된다. 너희 사이에서 누구든지 높은 사람이 되고자 하는 사람은 남을 섬기는 사람이 되어야 하고, 으뜸이 되고자 하는 사람은 모든 사람의 종이 되어야 한다. 사람의 아들도 섬김을 받으러 온 것이 아니라 섬기러 왔고 또 많은 사람들을 위하여 목숨을 바쳐 사람값을 하러 온 것이다."(마가 10:42~43)

이 말씀은 예수가 땅의 나라 조직과 제도를 근본적으로 인정하지 않는다는 속마음을 드러내 보인 것이다. 그러나 이 세상 사람들은 모두 얼나를 깨달은 한얼 나라 사람이 아니다. 짐승 성질(獸性)로 좇아 사는 사람들에게는 그들 나름대로의 질서가 있는 것이다. 그들에게 한얼 나라 질서를 강요할 수는 없다. 그것은 한얼님의 아들 예수도 할 수 없는 일이다. 그래서 예수가 십자가의 죽음을 받아들이게 된 것이다. 한얼 나라 권위가 땅의 나라 권위에 꺾인 것이다. 그것이 한얼 나라 권위를 드러내는 방편이기도 한 것이다.

예수에게 사람들이 로마 황제 카이사르에게 세금을 바치는 것이 옳은지 옳지 않은지 물었다. 예수는 데나리온 한 닢을 내게 보이라 하고서는 그 돈에 누구의 초상화와 글자가 새겨져 있느냐고 물었다. 사람들이 카이사르의 것이라고 대답하자 예수가 말하기를 "카이사르의 것은 카이사르에게 돌리고 한얼님의 것은 한얼님께 돌리라고 대답하였다."(누가 20:25) 그렇다고 예수가 로마의 식민지 통치를 인정하자는 것이 아니다. 묵인하는 것이다. 예수는 거듭 말하였다. "누구든지 자기를 높이면 낮아지고 자기를 낮추면 높아질 것이다."(누가 18:14) "너희는 사람들 앞에서 옳은 체한다. 그러나 한얼님께서는 너희의 마음보를 다 아신다. 사실 사람들에게 떠받들리는 것이 한얼님께는 밉게 보이는 것이다."(누가 16:15)

몸나(제나)에 짐승 성질인 세 가지 본능이 있다. 탐욕은 재(財)를 추구하고 진에(瞋恚)는 권(權)을 추구하고 치정(痴情)은 색(色)을 추구한다. 재(財)가 쌓이면 부(富)가 되고 권(權)을 누리면 귀(貴)해지고 색(色)을 밝히면 음(淫)해진다. 옛날에 나라(국가)를 세워놓고 부귀음(富貴淫)으로 멸망해 갔다.

"이 세상에서 미색(美色)과 부귀(富貴)는 병(病)이 아니면 죄(罪)이다. 정말 온전한 세상에 부자와 귀인이 있을 리가 없다. 온전한 세상에서는 미인도 병신도 없다. 미인을 세상에서 권장하는 것은 이 세상이 병들어서 그렇다. 병신에 대해서는 내가 괴로움을 받을 걸 저 사람이 대신한다는 생각이 들어야 옳은 것이다. 미인도 마찬가지이다. 눈살과 눈총 받는 것이 제일 괴로운 것이다. 병신이나 미인은 눈총을 많이 받으니 괴로운 것이다. 미인은 유혹을 받기 쉽다.

세상에 영웅이라는 자들이 권력이나 금력을 잡으면 고작 호의호식하고 처첩을 많이 거느리는 것이 다인 줄로 생각한다. 과식(過食)하고 과색(過色)하는 악마의 나라를 세우고 멸망해 간다. 그래서 밤낮으로 연락(宴樂)하며 미녀들과 음행에 빠진다. 뱀, 개 따위를 먹고 진귀한 보약이나 심지어 아편을 먹고 음탕에 골몰한다. 중국에서 아편이 그렇게 유행하게 된 것도 음란 때문이요, 세상에 폐병이 그렇게 흔한 것도 음란 때문이다. 지옥이 먼 데 있는 것이 아니라 음란이 지옥이다.

오늘날 세상을 보면 서로 높은 자리에 가려고 마구 싸우느라 야단들이다. 이것은 틀린 일이요 잘못된 일이다. 남에게 뒤지면 안 된다고 남보다 더 높아지려고 자꾸 커지고 고이려고 하는데 예수는 이건 아니라는 것이다. 남에게 섬김을 받으려면 먼저 남을 섬기라고 하였다. 예수 자신도 사람들로부터 섬김을 받으려고 세상에 온 것이 아니라 섬기러 왔다고 하였다. 다 같이 한얼님의 자녀인데 높고 낮음이 있을 리가 없는 것이다. 한얼님 아버지의 뜻을 바르게 알아 좇는 이가 모든 사람의 본보기가 될 뿐이다. 교회에 나가던 목사나 교인이 무슨 장관이라도 되면 이는 한얼님의 은혜로 되었다며 남에게 대접받고 칭찬받으려 한다. 그리고 그 사람을 이용해서 무슨 일을 하려고 생각한다. 이것은 진실한 교인도 못 되고 또한 한얼님의 은혜도 아니다. 칭찬은 안 받아도 좋고 대접을 안 받아도 좋다. 다만 나라와 겨레를 위하여 부지런히 일하면 한얼님에게 영광이요 민족에게도 영광이 된다."(류영모, 《다석어록》)

예수와 석가는 땅에 있는 집과 나라에 가치를 두지 아니하였다. 집이나 나라나 짐승 성질에서 비롯되었으며 수성(獸性)이 다스리고 수성으로 멸망한다. 중국은 가족 지상(至上), 국가 지상의 나라인데 家(집 가) 자와 國(나라 국) 자를 뜯어보면 좋은 글자가 아니다. 家 자는 집 안에 돼지가 있다. 사람이 돼지 같은 짐승이란 뜻이다. 國 자는 일정한 지역을 무기로 지키는데 밖에 큰 테두리가 있다. 마음이 좁은 틀에 갇히면 미혹 혹(惑) 자가 된다. 그래서 예수와 석가는 가정과 국가를 초월하려 하였다. 글자로만 그런 것이 아니다.

사사인 사무엘에게 사람들이 와서 나라를 임금이 다스리도록 나라에 왕을 세우라고 요구하였다. 이를 못마땅하게 생각한 사무엘이 그들에게 일러준 말이다.

"너희를 다스릴 왕권 제도가 어떤 것인지 일러주겠다. 그는 너희 아들들을 데려다가 병거대나 기마대의 일을 시키고 병거(兵車) 앞에서 달리게 할 것이다. 천인대장이나 오십인대장을 시키기도 하고 그의 밭을 갈거나 추수를 하게 할 것이며 보병의 무기와 기병(騎兵)의 장비를 만들게도 할 것이다. 또 너희 딸들을 데려다가 향료를 만들게 도 하고 요리나 과자를 굽는 일도 시킬 것이다. 너희의 밭과 포도원 과 올리브 밭에서 좋은 것을 빼앗아 자기 신하들에게 줄 것이며 곡식 과 포도에서도 십 분의 일 세를 거두어 자기의 내시와 신하들에게 줄 것이다. 너희의 남종 여종을 데려다가 일을 시키고 좋은 소와 나귀를 끌어다가 부려먹고 양떼에서도 십 분의 일 세를 거두어 갈 것이며 너 희들마저 종으로 삼으리라. 그때에 가서야 너희는 너희들이 스스로 뽑아 세운 왕에게 등을 돌리고 울부짖을 것이다."(사무엘상 8:11~18)

생물학자 프란스 드 발은 짐승인 유인원들이 사람 뺨치게 권력을 좋아하며 종족 가운데 특권을 누리기를 즐긴다는 것을 연구하여 발 표하였다.

"니체의 표현을 빌리자면 사람이 지닌 '권력에의 의지' 그것을 표 출하는 데 드는 엄청난 에너지와 어린 시절부터 일찌감치 나타나는 서열의 정상에서 추락한 사람의 어린애 같은 행동을 감안한다면 나 는 우리 사회가 이 문제를 금기시하는 태도에 의문을 느낀다. …… 스스로 권력을 원한다고 대놓고 얘기하는 권좌에 오르려고 출마한 입후보자를 보았는가? 스스로 국민들의 공복이 되겠다는 말은 국민 을 속이려는 말에 지나지 않는다. 그들이 현대 민주주의의 진흙탕 싸 움에 뛰어드는 것이 오로지 국민을 위해서라는 말은 믿을 사람이 있 을까? 그렇다면 얼마나 고귀한 자기 희생인가? 차라리 침팬지를 연 구하는 것이 속 편하다. 침팬지는 우리 모두가 간절히 바라는 정직 한 정치인이기 때문이다. 정치 철학자 토마스 홉스가 누구에게나 억

제할 수 없는 권력 충동이 있다고 가정하면서 사람과 유인원을 그 대상으로 삼은 것은 옳았다. 침팬지가 얼마나 뻔뻔하게 높은 자리를 차지하려고 애쓰는가 보면서 우리는 숨은 다른 동기나 약속이 있는 게 아닐까 찾아보려 애쓰지만 헛수고일 뿐이다."(프란스 드 발, 《내 안의 유인원》)

드 발은 사람을 포함한 모든 유인원들이 이유 없이 본능적으로 권력 잡기를 즐기기 때문에 옛 임금들은 말할 것도 없고 선출직인 대통령도 씨알(民)을 위한다는 것은 거짓말이라 기대할 것도 못 된다는 말을 한 것이다. 미국의 헨리 데이비드 소로도 같은 생각을 보였다. "젊은이들은 복이 있나니 그들은 대통령의 연설문을 읽지 않을 것이다."(소로, 《소로의 일기》)

북한의 김일성 정권에서도 새해가 되면 수령의 신년사 연설문을 외우느라 애를 썼다고 한다. 물론 한국의 대통령은 북한의 독재 세습 정권과는 비교가 안 되지만 열 명 가까운 대통령을 선출해보았지만 미국 에이브러햄 링컨 대통령처럼 민중으로부터 충심으로 존경받는 대통령이 나오지 못한 것은 숨길 수 없다. 류영모는 이렇게 탄식하였다. "우리나라 지도자 가운데 몇 사람이나 얼로 거듭났는지 모르겠다. 얼로 거듭난 사람이 없으면 안 된다. 얼로 거듭나서 한얼님과 이어지지 않으면 몸의 욕망에서 헤어날 수가 없다. 나라의 지도자들이 엄청난 욕심만 가졌기 때문에 이 나라가 아직 이렇다."(류영모, 《다석어록》) 나라 일을 맡아볼 만한 인물로 얼나의 깨달음에 이른 류달영이 있었는데 대통령은 물론 국회의원에 입후보한 일도 없었다. 옆에 권하는 이들이 있었는데도 왜 나를 권력에 관심을 갖는 삼류 인간으로 만들려 하느냐며 말도 못 하게 하였다. 그쯤 되어야 재목인데 재목이 되면 권력을 마다한다.

제 이마에 땀 흘리며 일하여 손바닥에 굳은살이 박히어야 사람 자격이 있다고 말한 레프 톨스토이는 예수와 석가 못지않게 땅의 나라를 부정하였다.

"사람들은 정부가 존재하지 않으면 살 수 없다고 생각한다. 그렇다면 이 땅의 나라에서 정부란 대체 무엇인가? 정부가 필요할 때가 있었다. 잘 조직된 이웃 민족의 침략 위험에 아무런 방어 수단 없이 지내는 것보다 정부의 존재를 인정하는 게 나을 때가 있었다. 하지만 이젠 이러한 정부는 소용없게 되었으며 정부의 해악은 정부가 국민들을 겁주기 위해서 떠드는 온갖 위험들보다 훨씬 더 끔찍하다. 군국주의 정부를 비롯하여 일반적인 모든 정부가 국민들에게 이롭지는 않다고 하더라도 적어도 해롭지는 않을 수 있다. 공자와 맹자가 말하듯이 성군이 나라를 다스린다면 말이다. 하지만 통치 활동의 본질에 따르자면 정부는 폭력 행위를 일삼을 수밖에 없다. 늘 성스러움과는 정반대되는 사람들, 곧 뻔뻔스럽고 파렴치하며 삐뚤어진 사람들로 구성되어 있기 마련이다. 따라서 정부는, 특히 군사력이 막강한 정부는 세상에서 가장 위험한 조직이다.

넓은 의미에서 자본가와 언론을 포함한 정부는 대다수 국민을 소수의 지배하에 두기 위한 조직에 불과하다. 소수가 다수를, 이 소수는 더 적은 소수에 지배당한다. 더 적은 소수는 그보다 더 적은 소수에 지배당하며 이런 식으로 계속되어 마침내 나머지 모든 사람을 군사력으로 지배하고 있는 얼마 안 되는 사람들이나 한 사람에게까지 도달한다. 따져보면 이 전체 조직은 원뿔을 닮았다. 꼭짓점은 권력을 쥔 얼마 안 되는 사람들이나 한 사람에 해당되고 몸통은 나머지 모든 사람들에 해당된다. 원뿔의 꼭짓점, 즉 정상의 자리는 다른 사람들보다 교활하고 뻔뻔스러우며 비양심적인 사람이나 아니면 뻔뻔스럽고 비양심적인 사람의 후계자가 차지하고 있다.

이런 정부가 전권을 행사하도록 허용하고 있다. 이들은 재산 및 생명뿐만 아니라 국민의 정신적·도덕적 발달, 곧 교육과 종교에 대해서까지 권력을 휘두른다. 사람들은 그런 끔찍한 권력 기구를 만들어놓고 누구든 그것을 강탈할 수 있게 해놓았다. (언제나 도덕적으로 형편없는 자가 이 권력 기구를 탈취할 것이다.) 사람들은 권력의 자리에 오른 자에게 노예처럼 복종하고 곧 그 때문에 생긴 해악에 놀라게 된다."(톨스토이,《국가는 폭력이다》)

땅의 나라 국가에 혐오와 환멸을 느끼는 이들이 있는가 하면 국가에 관심과 희망이 있는 이들이 있다. 플라톤의 국가론, 마키아벨리의 군주론, 홉스의 국가론이 그러한 주장이다. 동양 성현이라 일컬어지는 공자와 맹자도 여기에 가까울 것 같다. 그래서 류영모는 공자와 맹자의 인생관이 애매하다고 말하였다. 삶의 목적이 예수와 석가처럼 한얼 나라에 있다는 것으로 보기 어렵다는 말이다. 땅에서 이상 국가를 바라는 것은 그야말로 맹자의 말처럼 나무에 가서 물고기를 얻으려는 어리석음일 뿐이다. 홉스의《리바이어던》에 나오는 말이다.

"사회 상태의 밖에는 항상 모든 사람에 대한 모든 사람의 전쟁이 존재한다. 사람은 그들 모두를 두렵게 하는 공통의 힘이 없이 사는 시기에는 전쟁이라고 불리는 상태에 있으며 그리고 그러한 전쟁은 모든 사람에 대한 모든 사람의 전쟁인 것이다. 왜냐하면 전쟁이란 전투로 싸우는 행동에만 존재하는 것이 아니고 전투에 의해 싸우고자 하는 의지가 충분히 알려진 기간에 존재하기 때문이다. 국가의 목적은 개인의 안전이다. 인간 자신에 대한 구속(우리는 그들이 국가의 구속 속에 사는 것을 본다)을 도입하는데 (천성적으로 자유와 타인에 대한 지배를 사랑하는) 인간의 궁극적인 동인(動因)이나 목적 및 의도는 그들 자신의 보존과 그로인한 보다 만족된 삶에 대한 안목(眼目)이다. 거대한 가정은 만일 그것이 어떤 국가의 일부가 아니더라도 그 자체가 하나의 작은 군주정치의 체제이다. 그러나 그 가정은 그 가족의 수나 기회에 의해 전쟁의 위험 없이 정복되지 않는데 있지 않는 한 본연의 국가는 아닌 것이다."(홉스, 《리바이어던》)

영국 사람인 홉스는 당시 영국이 오랜 종교 전쟁과 토머스 크롬웰의 정변으로 휘청거리니까 리바이어던 같은 괴력(怪力)을 지닌 국가를 바란 것이다. 세계 정복을 꿈꾸는 전쟁광이나 무도한 독재자는 아니기를 바란다니 그런 괴력의 주인공이 어디 있는가? 마르크스가 공산 유토피아를 꿈꾼 것이나 다를 바 없다. 사람이 지닌 삼독(三毒)의 수성(獸性)을 꼼짝 못하게 하는 권능은 성령밖에 없다. 불교의 초능력인 관세음보살도 법성(法性＝佛性)의 인격화이다. 모든 사람에 대한 모든 사람의 전쟁 상태란 사람이 지니고 있는 수성(獸性)의 진(瞋,

anger)을 말한 것이다. 국력 앞에는 개인의 진(瞋)이 꿈쩍 못한다는 말인데 법치가 잘되고 있다는 이 나라에서 9시간 30분마다 살인 사건이 일어나고, 1시간 30분마다 강도 사건이 일어나고, 1시간 30분마다 강간 사건이 일어나고 있다고 한다. 공연히 이 세상을 공산 유토피아를 만든다면서 사람을 얼마나 죽였으며 얼마나 괴롭혔는가? 20세기는 공산 유토피아라는 전염병이 지구를 휩쓸어 유토피아는커녕 생지옥을 만들었다. 그 전염병이 아직도 북한에 남아 있어 수많은 사람들이 총살형을 당하고 강제 수용소에 던져지고 있다.

"사람들이 툭하면 유토피아를 말하는데 이상 세계가 온다면 어떻단 말인가? 유토피아도 상대 세계일 것이고 나고 죽는 세계이겠지, 우주 자체가 한숨인데 유토피아인들 우는 소리가 없겠는가? 한숨은 이상세계에서도 나온다. 그놈의 이상세계가 어떠한지 그 세상 가지고 사람을 심판할 만한 것이 되겠는가? 공산 유토피아 때문에 그렇게 수많은 사람을 죽여도 된단 말인가?"(류영모,《다석어록》)

자본주의의 횡포를 막자면 좌파 사상이 있어야 하는 것도 맞다. 그러나 진정한 좌파의 본보기는 옛날의 예수와 석가요 현대의 레프 톨스토이와 마하트마 간디이다. 권력 맛을 본 좌파는 들여다보면 자본가 못지않은 알부자들이요 탐욕자들이다. 말로만 못 사는 서민을 위한다고 큰소리친다. 서민을 속이는 것이다. 1890년에서 1981년까지 91년 동안 살면서 세상을 겪고 살펴본 이의 바른 소리이다.

"'살생을 좋아하지 않는다(不嗜殺)', '살생을 않는다.(不殺生)'는 사상은 본디 사람이 날 때부터 있는 것만은 사실이다. 유교에서는 짐승

고기를 먹으면서도 죽는 짐승의 꼴을 보고서는 고기 먹기를 꺼린다 하여 점잖은 사람은 짐승 잡는 푸줏간을 될 수 있는 대로 멀리하고 산다. 짐승이 죽는 것을 보면 먹을 수가 없다. 더구나 사람을 죽여서 무엇을 한다는 것은 될 뻔한 말인가? 공자와 맹자도 늘 말하기를 불살생을 사상의 원칙으로 하고 참으로 바로 살겠다는 사람이라야 천하를 다스릴 수 있는 사람이라고 하였다. 천하를 통일하고 경륜할 수 있는 사람은 애매한 사람은 한 사람도 죽이지 않는 불기살생자(不嗜殺生者)라야 할 수 있다고 말하였다. 태평양전쟁 동안에 일본 사람들이 동양의 질서를 바로잡아야 세계가 평화로워진다고 할 때, 이 사람은 생각하기를 살생을 좋아하지 않는 자가 천하를 바로잡는다고 말하였다. 거짓말 잘하고 사람 죽이기 좋아하는 공산주의는 미끄러질 것이다.(1957년도에 한 말씀) 밤과 낮이 있듯이 악이 있으면 선이 있다. 악이 찌그러질 때가 있고 선이 찌그러질 때가 있다. 자꾸 돌고 돈다. 악이 아주 없어지느냐 하면 그렇지 않다. 선이 아주 없어지느냐 하면 그렇지 않다. 악이 줄기찬 반면에는 선도 곧장 힘 있게 뻗고 있다. 무슨 한얼님의 뜻이 있다. 악이 망할 날이 멀지는 않을 것이다.

옛날에 이상(理想)의 시대가 있었다는 사상도, 미래에 이상의 시대가 올 것이라는 사상도 있다. 그러나 우리가 추측한 범위 내에서는 옛날에 좋은 때도 없었고 차차 내려오면서 언짢아졌다는 것도 믿어지지 않는다. 앞으로 이상의 나라가 온다고 하여도 거기서는 정신적으로 얼마나 키가 커지겠는가? 얼마나 좋은 것을 보겠는가? 무엇이 이상적으로 될 것인지 몸을 가진 이상 그대로 바로 되리라고 믿어지지 않는다. 이 상대성 속에서 원만한 이상적인 무엇이 일어난다는 것은 이 사람은 믿어지지 않는다.

예수가 못 박혀 죽었다. 마하트마 간디가 살해를 당했다. 고금(古今)의 역사상 꼿꼿한 사람의 최후가 미움을 사지 않고 삶을 마친 일이 드물다. 세상은 여러 층으로 되어 있다. 그야말로 천 층이요 만 층이다. 그 가운데서도 서로가 미워하는 일이 적은 사회가 올라서는 사회이고 서로 미워함이 많은 나라일수록 참 보기 흉한 나라이다."(류영모,《다석어록》)

어떤 때는 이 몸뚱이에 짐승 성질을 유전적으로 넣어주신 한얼님이 원망스러울 때가 있었다. 한얼님께서 한얼님의 생명인 영성(얼나)만 넣어주셨으면 좋지 않겠느냐는 생각인 것이다. 그러나 한얼님께서 하신 일에 무슨 까닭이 있을 것이다. 얼나를 깨닫는 시기가 예수와 석가는 빨라서 30대 후반이다. 대개는 50대 전후가 되어서 얼나를 깨닫는다. 그 나이 때는 이미 몸나의 전성기를 지난 때이다. 장미꽃을 기르는 이를 보면 찔레꽃 가지를 잘라 삽목을 하여 뿌리를 내려 얼마만큼 자라면 그 줄기를 잘라버리고 장미꽃 가지를 잘라 접목을 한다. 그러면 장미꽃 가지가 잘 자라 장미꽃을 피우게 된다. 수성(獸性)의 몸이 어느 정도 다 자라면 제나를 부정한 뒤에 거기에 영성(얼나)을 접목해 얼나를 키우는 것 같다. 예수가 광야에서 시험을 받을 때가 접목하는 접령(接靈)을 시키는 때인 것이다.

"유혹자(제나)가 예수를 데리고 높은 데 올라가 밑에 있는 도성(都城)을 내려다보면서 모든 영광을 너에게 줄 것이니 내게 굴복하라고 말하였다. 상대 세계인 이 세상을 인정해야지 그렇지 않으면 너희는 남에게 뒤떨어져 죽는다는 뜻이다. 이것은 무리(無理)이다. 도둑놈이 세상에서 도둑질 안 하면 못 산다는 것과 같다. 당신 같은 이가 그 자리에 앉아야지 당신 같은 이가 세상에 어디 있느냐고 아첨한다. 둘 없는 오직 한 분뿐인 인물이라는 것이다. 건국 초에 위대하다는 영도자에게는 다 그러하였다.

걸핏하면 유물사관(唯物史觀)이라는 걸 들고 나오면서 만족할 만한 물질과 좋은 환경이 있어야 한다고 한다. 물건에 만족을 느끼면 한얼님 찾을 생각을 안 하게 된다. 그러나 우리가 물질에 만족할 것이 없다. 눈에 보이는 물건들을 가져보았지만 보이는 물건만으로 만족을 느끼지 못한다. 보이는 물질은 있다가 잃어버리는 것이라 만족할 수 가 없다. 불가불 그 밖의 것을 찾아야 한다. 참(진리·얼)이 있다면 그것을 가져보았으면 한다. 그리하여 석가는 모든 것을 버리고 집을 나와 보이지 않는 무엇(참)을 찾고자 고행(苦行)을 하였다. 그리하여 보이지 않는 마음에서 참(얼)을 찾았다. 만족할 참(얼)을 찾았다.

우리는 절대인 영원한 참을 찾고 싶다. 그런데 찾기가 어렵다. 오직 하나요 둘이 아닌(唯一不二) 이것이 절대인 참을 찾을 길도 있다. 그런데 사람들은 절대인 참을 찾을 것 없다면서 상대 세계에서 당장 살아야 하지 않느냐 하는 무리한 생각을 하여 참을 깨닫지 못한다. 으뜸 하나(元一)인 참(얼)이다. 내가 죽을 때까지 말하고 싶은 것은 참인 원일(元一)이다. 참인 본디의 하나가 원일(元一)이다. 참(얼)

인 원일은 오직 하나요 둘이 아닌 절대(絶對)이다. 절대는 없는 곳이 없는 얼이다. 삶을 가진 자는 영원히 사랑을 추구해 간다. 그 사람이 올바르게 사느냐 못 사느냐는, 이 세상이 제대로 되느냐 안 되느냐는 사랑할 임(님)을 갖느냐 못 갖느냐에 달려 있다. 우주의 임자요 내 생명의 임자인 빔이요 얼이신 한얼님은 맘과 뜻과 힘을 다하여 사랑할 임(님)이요 그 못지않게 사랑해주시는 임(님)이다."(류영모, 《다석어록》)

풀잎에 맺힌 이슬이요 공중에 떠 있는 비누 거품이라 언제 굴러 떨어질지 언제 폭 꺼질지 모르는 덧없는 목숨을 가지고 어떻게 살다가 끝마쳐야 하는가? 부질없는 목숨이나 두 번 다시없는 귀중한 생명임에 틀림없다. 뜻 있게 값나게 살고 간 예수와 석가의 한살이를 본받아야 한다.

"숙(夙)이라는 글자는 손에 어떤 일감을 붙잡고 있는 꼴이다. 일찍 일감을 붙잡으면 종일토록 건건하게 붙잡고 나간다는 뜻이다. 이처럼 살다가 간 이가 공자요 석가요 예수이다. 이런 점에서 인생을 따지면 공자, 석가, 예수가 따로 있는 것이 아니다. 오직 정신을 하나(절대)에로 고동(鼓動)시키는 것뿐이다. 이 세상은 잘못되었다. 삶의 법칙이 잘못되었으니 못 되었다는 것이다. 세상 사람은 사는 것이 식색(食色)으로 안다. 이것은 멸망으로 떨어지는 것이다. 세상은 못됐다 틀렸다하고 위(한얼님께)로 올라가면 시원하다. 위로 오르면 마음이 넓어진다. 시원하니까 생각이 난다. 생각이 위(한얼님께)로 올라가면 참이다. 내 생각을 통한 성령의 운동이 말씀이다. 내 생각에 한얼님 아버지의 뜻을 실은 것이 말씀이다. 말씀은 한얼님으로부터 온다. 한얼님으로부터 온다 하여 여래(如來)라고 한다. 여여불생(如如不生)이요 내내불멸(來來不滅)이다. 여여하게 그대로 와도 나지 않고 오고 와도 죽지 않는다. 얼생명이기 때문에 나지 않고 죽지 않는 영원한 생명이다. 거짓나인 몸나가 부정될 때 참나인 얼나(참)에 이른다."(류영모, 《다석어록》)

이렇게 이 세상에 집착하지 않고 한얼님께 오르는 얼나의 사람이 많으면 많을수록 개판이요 쥐판인 이 세상도 점점 사람판이 되어 간다. 한얼 나라를 그리는 이가 많을수록 이 세상도 깨끗해지기 때문이다. 제나를 꺾어 이기고 한얼님 아버지께로 돌아가 한얼님의 생명인 얼나를 받아 참나로 깨달아 한얼님의 아들로 살다간 헨리 데이비드 소로 같은 사람이 많다면 이 더러운 세상이 깨끗한 세상이 되지 않겠는가? 소로는 자기 소개를 이렇게 하였다. 한마디로 솔직담백한 고백이다.

"나의 가장 뛰어난 재주는 욕심을 부리지 않는다는 것이다. 나는 기쁘게 땅을 껴안을 수 있었다. 그 속에 묻히더라도 역시 즐거울 것이다. 그곳에서 나는 그동안 한 번도 표현하지는 않았지만 내가 사랑한다는 것을 알 만한 사람들에 대해 생각할 것이다.

이성 간의 교제가 놀라울 정도로 아름답고 너무나 고와서 감히 기억할 수조차 없게 되기를 나는 꿈꾸어 왔다. 사랑을 순수하게 정화시키자. 그러면 나머지 모든 것들은 저절로 정화되리라. 순수한 사랑은 정말로 세상의 모든 병을 치료하는 만병통치약이다.

오늘날 기도를 하고 안식일을 지키고 교회를 다시 더 세우는 것보다 신앙에 어긋나는 일은 없다. 교회는 사람들의 영혼을 치료하는 병원과 같은 것인데 몸을 치료하는 병원만큼이나 사이비들로 넘쳐나고 있다. 그곳에서 신앙적 불구자들이 따뜻한 햇볕을 쬐기 위해 길게 늘어앉아 있는 모습을 본다. 건전한 영혼을 가진 사람들의 즐거운 노동이 어느 날 그만의 병실 하나를 차지하게 될지도 모른다는 걱정으로 노동을 그만두는 일이 없도록 해야 한다.

만약 어떤 학생이 사람에게 필수적인 육체 노동을 계획적으로 회피해 가며 여가를 즐기고 그런 식으로 말년의 은퇴 생활로 접어든다면 그가 얻는 여가는 불명예스럽고 가치 없는 것이다. 그는 궁극적으로 여가를 유익하고 보람 있는 것으로 만들 수 있는 유일한 기회를 스스로 포기한 것이다.

지금 사회를 바라보면서 나는 한얼 나라에서 가정을 갖느니 지옥에서 독신 생활을 하는 편이 낫다고 생각한다. 한얼 나라에서도 내가 먹을 빵은 내가 굽고 내가 입을 옷은 내가 빨 수 있게 되기를 바란다.

만일 당신의 밤과 낮이 기쁨으로 맞이할 수 있다면 당신의 삶이 향기로운 꽃이나 풀같이 향기롭다면 또 당신의 인생이 좀 더 부드럽고 아름답게 빛나게 된다면 당신은 성공한 삶을 살고 있는 것이다."(소로, 《소로의 일기》)

홉스가 말한 만인과 만인의 전쟁 상태라는 말이 소로에게는 해당

되지 않는 것을 보여주었다. 소로는 수성을 지닌 제나(ego)를 초월하였기 때문이다. 얼이 땅속에 묻힌 송장과 함께 있는 것으로 가정하거나 지옥이나 천국에서도 음식을 먹는다거나 옷을 입은 것으로 가정한 것이다. 그대로 믿는다는 말은 아니다. 그런 일은 없기 때문이다. 헨리 솔트는 소로에 대해서 정확한 판단을 보여주었다.

"소로는 자신이 '아니오'라고 말하는 습관을 갖고 있다고 말한 적이 있다. 왜냐하면 다른 사람들이 소중히 여기는 많은 것을 부정하였다. 그 대신 세상 사람들에게는 별반 가치 없게 보이는 목표를 세워 관철해 나가기로 결심했다. 사람들에게 질문하고 부정하고 반박하는 것이 그에게 맡겨진 임무였다.(헨리 솔트,《헨리 데이비드 소로》)

짐승이요 멸망의 생명인 제나(몸나)로 사는 이와 한얼님 아들이요 영원한 생명인 얼나로 사는 이는 그 가치관이 그야말로 하늘과 땅만큼 다른 것이다. 이제까지 예스(yes) 하던 것이 노(no)가 되고 노 하던 것이 예스로 바뀐 것이다. 이것은 소로만 그런 것이 아니다. 예수, 석가, 톨스토이 마하트마 간디에서 뚜렷이 드러나 보인다. 예수가 사형 죄수가 되기를 거리끼지 않았고, 석가는 크샤트리아 계급의 태자가 빌어먹는 탁발승이 되기를 거리끼지 않았다. 러시아의 귀족 톨스토이는 루바시카 농민복 입기를 거리끼지 않고, 바이샤 계급의 간디가 수드라 차림의 옷 입기를 거리끼지 않았다. 류영모는 서울 종로에 살다가 비봉 산록으로 옮겨서 농사를 지었으며 양복 입기를 거절하고 사진 찍기를 사양하였다. 이는 마음속에서 제나로 죽고 얼나로 솟난 인격 혁명 생명 부활이 일어난 증거인 것이다. 이렇게 멸망의 생명에서 영생의 생명으로 솟나는 변화 없이 한얼님의 아들이 된다는 것은 있을 수 없는 일이다.

류영모가 땅의 나라에 대해서 관심을 보인 것은 민주주의 정치제도에 대한 긍정적인 생각이라 하겠다. 예수, 석가가 요즘에 산다면 류영모와 생각이 별로 다르지 아니하였을 것이라 믿는다. 이웃이라거나 형제자매라거나 이 땅에서 괴롬을 덜 받는 것은 매우 바람직한 일인 것이다.

"우리가 역사를 보면 임금(王)이라는 것이 있어서 세상 사람들을 깔고 앉아 충성하기를 바라고 있었다. 지금 생각해보면 참으로 어처구니없는 우스운 일이 아닐 수 없다. 다 같은 사람이 사람 위에 있다는 것이 우스운 일이 아니고 뭣인가? 그 뒤로 민주 정치 제도가 발달되어 지금은 참으로 밝아진 세상이다. 사람 아래에 사람이 없고 사람 위에 사람이 없다. 임금이 없어진 세상에 민주 정치가 시행되는 이 땅에 아직도 우스운 사람(독재자)이 있는 것을 무어라 말할 수 없다. 세상에서 우리 머리 위에 받들어 이어야 할 높은 분은 한얼님밖에 안 계신다. 이것을 모르고 아직도 우스운 짓을 하고 있는 민족이야말로 마지막에 달한 우스운 민족이다.

우리가 민주주의 시대에 사니 그 민주주의라는 것은 참으로 귀한 것이다. 우리는 민주주의가 중하고 귀한 것을 알아야 한다. 씨알 대중(大衆)이 옳고 그른 것을 구별하는 데서 민주(民主)의 무게가 있다. 바른 자리에 옳지 않는 사람이 앉아 있는 것을 분별하여내고 또한 옳은 사람이 바른 자리에 오르지 않는 것을 구별해야 민주주의의 무게가 있게 된다. 그리고 민주주의가 귀한 것은 명분(名分)이 분명해지고 그 권리를 밝혀주기 때문이다. 그 원칙이 틀어지면 헛된 이름만의 민주(民主)가 된다. 그러한 세상에는 마귀가 참여해서 세상을 더럽힌다. 이렇게 되면 높은 자리에 있는 사람은 자만이 심해지고 부끄러운 것이 없어진다. 민주주의가 이뤄진 좋은 세상에 못난 사람 때문에 귀하고 중한 것을 놓쳐서는 안 된다. 이 민중이 스스로가 민주주의 나라의 시민이 된 것을 감격스레 생각해야만 참 민주주의가 바로 된다."(류영모, 《다석어록》)

류영모는 이 나라 사람들이 오랫동안 가족지상(家族至上)의 유교 정신이 뿌리박혀 공익(公益) 정신이 박약한 것을 걱정하였다. 公 자를 파자하면 파(八) 사(厶)가 된다. 곧 파사(破私)이다. 사사로운 것은 깨트려 뒤로 하고 공익을 앞세워야 한다. 그래야 공동체가 살아난다. 제각기 제 욕심만 차리면 그 공동체는 오래가지 못한다. 조선왕조가 멸망한 것이 그 때문이다. 류영모가 옛 조선왕조 때 관존민비(官尊民卑)가 어느 정도인지 잘 보여주는 실례를 들었다.

"우리나라의 옛 물건 가운데는 좋은 것이 많은데 모두가 발전을 못 보고 도중에 쓰러졌다. 그 가운데 대나무 숯으로 만든 먹인 죽묵(竹墨)이 우리나라에서 유명했다. 이것이 유명하다니까 나라에서 자꾸 공짜로 바치라고 하게 되었다. 그러니 안 갖다 줄 수 없고 갖다 주자니 손해만 나고 그래서 죽묵을 만드는 사람들이 한 사람 두 사람 그만두게 되었다. 이와 같으니 나라에 산업 발전이 되겠는가? 이런 말도 있었다.

경기도 광주 남한산성의 술국이 참 맛이 좋다고 관리가 윗자리 상관에게 아첨하는 뜻으로 말했다. 술국이라는 것은 소 뼈다귀를 집어넣어서 끓인 국으로 아침 식전 해장으로 먹는 것인데 보통 사람은 설렁탕 대신 이것을 먹는 사람도 있었다. 이 술국이 맛이 있다는 바람에 광주의 술국을 들여오라고 하게 되었다. 서울에서 사십 리나 떨어진 곳에서 아침 식전에 술국을 갖다 바치기란 여간 어려운 일이 아니었다. 그래도 관청에서 가져오라니 할 수 없이 저녁에 끓여서 밤새껏 걸어서 가져가고 그것이 식으니 다시 덥혀서 바쳤다. 그것이 어찌 술국인가? 그래도 좋다니까 먹어보고는 다른 데 것보다 나은 것 같아 그래서 그 술국 맛이 좋다고 인정됐다. 이러면 한두 사람이 고생하는 것이 아니다. 온 동네가 술국 끓여 갖다 바치느라 바쁘다. 그러면 그 동네는 망하게 되는 것이다."(류영모,《다석어록》)

이 나라는 대통령이 국회로부터 탄핵을 받아 직권 정지를 받았다. 나라 일을 맡은 본인의 치욕이요 나라 일 맡긴 민주(民主)의 모욕이다. 이는 돈으로 환산할 수 없는 이 나라의 손실이다. 이 나라 국민들이 외국인을 만났을 때 외국인이 당신 나라 대통령이 왜 그렇느냐고 물었을 때 얼굴에 모닥불을 붓는 듯하다. 대통령 자리에 오르려면 공익무사(公益無私)해야 한다. 사욕은 털끝만큼도 있어서는 안 된다. 장애자나 근로자는 독대해도 좋지만 재벌 기업인을 독대해서는 안 되는 것이다. 돈 많은 재벌을 만나는 것만으로도 오해를 살 수 있기 때문이다. 대통령에게 높은 연봉을 주고 은퇴 후에도 후한 연봉을 주는 까닭은 재임 동안에 사욕을 내지 말라는 것이다. 대통령 자리에 오르려면 지인지명(知人之明)이 있어야 한다. 덕망 있고 능력 있는 인사를 가려서 등용해야 하기 때문이다. 이 두 가지를 잘하면 훌륭한 대통령이 될 수 있다. 이 나라에는 대통령 하고 싶은 사람은 많은데 자격을 갖춘 인물을 가려내기가 쉽지 않다. 대통령 감을 길러내는 학숙이라도 있어야 할 것 같다. 오늘날 교육 제도 속에서는 대통령 감을 길러낼 수 없을 것 같기 때문이다. 서로 대통령을 안 하려고 해서 제비뽑기로 대통령이 되는 세상이 되었으면 좋겠다. 선거 때가 되면 서로 내가 더 잘났다는 소리 듣기가 참으로 힘들다.

"예수, 석가의 정신 혁명은 우주 혁명이다. 혁명은 위아래 계층을 없애버리는 것이다. 진리인 하나를 나타내 보이는 것이다. 진리(얼)만이 위아래의 차별을 없앤다. 나는 이 상대 세계에서 뭐가 된다는 것은 부정한다. 되는 것은 진리에 있을 뿐이다. 우리의 삶이란 사형수의 집행유예 기간이다. 사형수가 향락을 한다니 요절복통할 일이다. 이 생명은 종당 죽음이 결정되어진 것이다. 사형수들이 못 나가게 얽어매어 놓은 곳이 가정이요 국가이다. 처옥자쇄(妻獄子鎖)란 말이 있다. 따스할 온(溫)이란 죄수(囚)에게 쟁반(皿)에 음식을 담아서 주는 것이 따뜻하단 말이다. 곧 이 세상은 우리 모두가 다 사형수의 처지로서 서로 서로 위로해주는 것이 따뜻한 일이다. 사형수의 몸으로 서로 잘났다고 다투다니 요놈의 사람의 생각이 무슨 도깨비 같은 존재인지 모르겠다. 한얼님을 모르고서 나는 됐다. 내가 낫다. 내가 높다고 하는 것은 거짓된 모양내기이다. 이것이 이 세상 사람들이 하는 짓이다. 이 세상이 죄다 이렇게 못 깨어났다. 왜 이렇게 되어버렸나? 우리의 성품(얼나)이 한얼님께로 갈 건데 한얼님을 모르고 땅에만 붙어 있어서다. 한얼님을 모르고서 이 세상에서 높아지고 싶은데 그 방법으로 깊은 구덩이 옆에 서서 자기가 높거니 라고 생각한다. 요새 자기 차가 지나갈 때 박수 치라 해놓고 그 박수 소리 듣고는 내가 높거니 생각하는 모양인데 그런 얼빠진 짓이 어디 있나? 이는 참(얼)을 믿지 않으니까 이 꼴이다. 남은 모두 형편없는데 나만 무엇이 됐지라고 생각하는 자는 양심이 없는 자다. 우리가 왜 이리 못났을까? 하고 한탄하는 것은 한얼님이 주신 양심이다. 한얼님이 주신 양심으로 무엇을 하는 것이 찬송이요 염불이다. 정말로 한얼님을 사랑하는 이는 참 드물다."(류영모,《다석어록》)

이제는 80년 넘게 살아서 그런지는 몰라도 이 땅의 나라에 대해서는 호기심 가는 데가 없다. 보았으면 좋겠다는 사람도 경치도 없다. 류영모가 자기 이름이 진절머리 난다는 말이 이해가 안 갔었는데 이제는 내 이름조차도 내 이름이라는 생각이 안 들고 낯설다. 해가 뜨고 달이 돋으면 신기하게 느껴지던 것이 없어지고 또 너냐는 생각뿐이다. 그저 예수, 석가가 보던 해요 달이라 반갑다. 옛날엔 뉴스라 신문이라면 신선한 느낌으로 호기심이 가서 듣고 읽었는데 지금은 그게 뉴스도 아니고 신문도 아니다. 인간들이 발버둥 치는 그 이야기에 지나지 않는다. 나에게 남아 있는 한 가지 호기심은 죽는 일이다. 류영모가 한 "죽는 맛을 보려고 왔는데 죽기 싫다니 그게 말이 되는가?"라는 말이 실감이 난다. 한번 죽어보았으면 하는 호기심이 인다.

죽으면 신비에 가린 한얼 나라(한얼님)가 무대의 가림막이 열리듯이 활짝 열릴 것이기 때문이다. 마음속으로 한얼님 아버지라고 소리쳐 불러본다. 내 마음속에 오랜만에 감동의 물결이 인다. 말랐던 눈시울이 기쁨의 눈물로 젖어 온다. "한얼님 아버지! 당신만이 나의 생명이요 기쁨이요 목적입니다."

"예수만 들려야 할 게 아니다. 모세가 구리 뱀을 들어 독사에 물린 자들이 바라보고 나았듯이 인자가 들려야 한다. 물질의 나에서 정신의 나로 솟난다는 것이다. 몸에서 얼로 거듭난다는 뜻이다. 사람의 자식은 모두 얼로 새로 나야 한다는 것이다. 얼로 들리지 않으면 실패다. 우리가 뭐라고 짐승 같은 우리에게 그 영원한 생명을, 위로부터 나는 생명인 얼을 주셨으니 이게 정말 사랑 아닌가? 한얼님 아버지의 사랑이다."(류영모, 《다석어록》)

3부

생명 혁명의 세 단계

자다가 얻은 병인 양 부질없이 태어나 꿈결인 양 덧없이 죽어 꺼지는 나란 도대체 뭐란 말인가? 스님들이 이 뭤고(시슴마)라 하는데 그것은 자신인 나를 두고 하는 말이 되어야 한다. 이 세상에 첫 울음소리를 지르며 태어난 이는 누구나 해야 할 소리다. 나의 비롯도 캐보아야 하고 나의 마침도 헤아려보아야 한다. 결국은 나란 우주의 소산(所産)이라 우주요 우주의 임자이신 한얼님과 나와의 문제이다. 한얼님은 온통이요 나란 온통의 부분이기 때문이다. 그런데 여기에는 한얼님이 대리역을 내세웠으니 곧 아버지와 스승이다. 아버지는 나서부터 30년 때까지요 스승은 50년 때까지이다. 그래서 공자는 30살에 입지(立志)라 하고 50살에 지천명(知天命)이라 하였다. 30살이 넘어서도 아버지가 가장 위이고 50살이 되어서도 스승이 가장 위라고 한다면 덜 된 것이다. 가장 위인 한얼님 아버지에까지 이르도록 올라가야 한다. 가장 훌륭한 스승님은 제자를 한얼님 아버지에게 나아가도록 하는 예수요 석가이다.

바울로가 자신은 3층천까지 올라갔다고 자랑하는가 하면 인도에서는 33천이 있다고 한다. 한얼 나라는 얼의 나라인데 얼로 가득 찬 한얼 나라에 층계가 있을 리가 없다. 이 세상에 한얼 나라(한얼님)에 이르는 데 세 차례 고비의 오름이 있다는 말이다. 아바, 스승, 한얼(父師天)이 그것이다.

예부터 동양에서는 군사부일체(君師父一體)라는 말이 있었다. 그런데 아버지와 스승을 계층으로 보지 않고 평면으로 보았다. 한얼님(天)은 빼어버리고 대신 임금(君)을 넣어놓았다. 생물계는 한때 공룡 전성 시대가 있었지만 인류 역사는 근세사에 이르기까지 군왕 전성 시대가 있었다. 세상을 힘으로 다스린다는 군왕들이 백성 누르기와 나라끼리 싸우기에 골몰하니 세상이 평안할 때가 없었다. 힘 있는 군왕은 자기들이 한얼님인 양 군림하였다. 20세기에 들어와 민주 시대가 되었으나 세계 곳곳에 한얼님처럼 군림하는 통치자들이 아직도 버티고 있다. 참 선진국은 민주 정치가 순조롭게 이뤄지고 있는 나라이다.

아버지(어머니)로부터 받은 것이 짐승인 몸이다. 몸엔 본능적인 수성(獸性)이 있어 짐승 노릇으로 살아간다. 말이 좋아 인류 역사라 하지만 사실은 짐승인 금수의 역사보다 더 야만스럽고 포악하다. 어떻게 하면 짐승들보다 낫게 살 수 있을까 생각하는 이들이 나타났다. 그 스승으로부터 맘(생각)을 받는다. 스승들은 사회적인 공동체의 윤리 의식을 가르친다. 거기에는 손익 이해의 셈이 깔려 있어 일방적인 희생을 꺼린다. 베르댜예프의 말이다.

"제나(ego, 自我)는 처음부터 마련된 것이다. 인격은 스스로 세워야 한다. 제 맘으로 인격을 세우려 애쓴다. 인격 세움은 끊임없는 나와의 싸움이다. 제 맘속에 인격을 뚜렷이 세운다는 것은 고통스러운 일이다. 인격 세움은 괴로운 싸움이다. 그러기에 많은 사람들이 이 괴롬을 참을 수 없어 자칫하면 스스로 인격을 포기하게 된다."(베르댜예프,《주체와 공동체의 철학》)

그러나 한얼님으로부터 얼나를 받는 이는 아예 제나를 버리고 죽인다. 거기에 손익이나 이해를 따지는 일은 없다. 멸망의 생명을 바치고 영원한 생명을 받는데 무슨 손익과 이해를 따질 수 있단 말인가? 거기에는 오직 한얼님 아버지의 사랑을 느낄 뿐이다. 제나를 버리고 얼나를 깨달은 예수의 말을 들어본다. 아예 손익과 이해(利害)를 넘어섰다.

"누가 오른뺨을 치거든 왼뺨마저 돌려대고 또 재판에 걸어 속옷을 가지려고 하거든 겉옷까지도 내주어라. 누가 억지로 오 리를 가자고 하거든 십 리를 같이 가주어라. 달라는 사람에게 주고 꾸려는 사람의 청을 물리치지 마라."(마태 6:39~42)

멸망의 생명인 제나(몸나)를 버리면 영원한 생명인 얼나를 주시는데 따질 것이 어디 있으며 저울질이 뭐란 말인가?

"몸나가 없는 곳에 한얼님이 계시고 한얼님 앞에는 얼나가 있다. 얼나가 있는 한얼님 계시는 곳이 계계(彼岸)이다. 한얼 나라가 계계이다. 사람은 '계계 가온', 곧 한얼 나라에 가자는 것이다. 참나인 얼나를 깨닫자는 것이다. 한얼 나라는 자각(自覺)이다. 자각과 천국이 둘이 아니다. 얼나와 한얼님은 하나이다. 식색(食色)의 제나를 넘어서야 한얼 나라가 이루어진다. 식색(食色)을 해결 못 한 사람은 아직 정신이 없다. 얼나가 임자가 되는 영성존지(靈性尊持), 이것이 한얼 나라이다."(류영모, 《다석어록》)

예수와 석가는 스승이라도 맘의 스승이 아니요 제나가 죽은 얼의 스승이다. 얼나를 깨달은 한얼님 아들이다. 얼나를 깨달은 이라 하여 석가를 붓다(Buddha)라 한다. 그런데 예수는 겸손하여 스스로를 사람(안스도포스, 人子)이라고 하였다. 여래(如來)는 니르바나님을 닮은 이라는 뜻이니 한얼님 아들이란 뜻이다. 베르댜예프와 크로포트킨과 마르크스 같은 맘의 스승을 스승으로 받든 이들이 적지 않았는데 예수와 석가 같은 얼의 스승을 스승 삼아야 한다.

"맘(心)은 덧없는 거다. 심무상(心無常)이다. 나는 예수 믿소 하고는 그 다음에 흔히 '맘 하나만 잘 쓰면 되지'라고 한다. 이렇게 말하는 사람은 맘이 덧없다는 것을 모르고 있다. 즉심시불(卽心是佛)이라고도 하지만 맘이 모든 죄악의 괴수라고도 했다. '네가 맘의 스승이 되어야지 맘을 너의 스승으로 하지 말라.'고 석가가 말하였다. 맘에 따라가서는 안 된다. 맘도 제나가 죽은 얼나의 맘이라야 한다."(류영모, 《다석어록》)

끈끈이 주걱이라는 야생초가 있다. 그 잎사귀에 끈적한 점액이 흘러나오는데 거기에 곤충들이 닿으면 꼼짝 못하고 죽게 된다. 그 식물은 점액에 붙어 죽은 곤충들의 체액을 빨아먹고 산다. 이른바 식충(食蟲) 식물이다. 방충망이 없고 살충제가 귀한 옛날엔 끈끈이 종이가 생필품이었다. 파리가 많던 옛날엔 파리를 제거하는 데 끈끈이 종이가 그만이었다. 그런데 이 세상이 끈끈이 터인 것을 모르고 식색의 쾌락에 빠진다. 환락 유흥에 빠져 패가망신한 사람이 수두룩하건만 사람들이 불나비가 불꽃 속으로 날아들 듯 쾌락을 쫓아든다. 응무소주이생기심(應無所住而生其心)이라 경고를 하는데도 귀에 들리지 않나 보다.

"이 세상에 묵(住)는다는 것은 실상은 몸뚱이만 묵는 것이지 얼(참나)이 묵는 것이 아니다. 묵(住)는 것은 묶(束)이는 것이다. 몸이 묶이지 얼은 자유이다. 얼엔 묵는다는 것은 없다. 그러므로 우리는 세상에서 응당히 묵지 않는 얼나로 살아야 한다. 이 세상엔 머무를 것 없는 것이 참나인 얼이다. 그래서 예수는 아예 '내 나라는 이 세상에 속한 것이 아니다.'(요한 18:36)라고 말하였다. 이 세상은 잘못되었다. 세상 사람들은 삶의 법칙을 식(食)과 색(色)으로 생각하고 있으니 잘못되었다는 것이다. 사람들이 재물(財物)에 대한 집착과 남녀에 대한 애착이 인생이라고 생각하고 있다. 이것이 잘못된 것이다. 사람들은 그게 잘못된 것인 줄도 모른 채로 살고 있다. 우리의 삶을 바로잡자면 먹는 것도 처자식도 잊어야 한다. 식색(食色)으로 사는 것은 전란이요 음란이다. 신앙을 갖는다는 것은 이 세상이 잘못되었으니 바로잡자는 것이다. 잘못된 세상을 바로 살게 하는 것이 구원이다. '영원한 것은 얼나이니 몸나는 부질없다. 내가 너희에게 이른 것은 영원한 생명인 한얼님이 주신 얼나이다.'(요한 6:63)라고 예수가 말하였다. 사람은 식색으로만 사는 것이 아니라 한얼님으로부터 나오는 말씀으로 사는 것이다.(마태 4:4 참고) 한얼님의 생명인 얼은 한없이 풍성하다. 따라서 한얼님의 말씀은 끊이지 않는다. 한얼님께서 주시는 말씀이 영원한 생명임을 알면 당장 마음이 시원하다."(류영모,《다석어록》)

식색을 즐기며 종족 보존을 삶의 목적과 보람으로 아는 짐승 살이에 만족하며 행복해하는 이들에게는 할 말이 없다. 이에 만족할 수도 행복할 수도 없는 이들에게만 할 말이 있다. 몸살이 살(肉)살이의 이 제나(自我, ego)는 참나가 아니다. 다시 말하면 땅의 어머니가 낳아준 나는 짐승으로 언제 죽을지 모르는 무상(無常)한 것이며 탐 · 진 · 치의 수욕(獸欲)을 좇는 죄악된 것이다. 이 제나를 버리고 한얼님께서 주시는 영원한 생명이며 진 · 선 · 미한 거룩한 생명인 얼나로 솟나야한다는 것이다. 그 모범을 보이고 가르침을 준 이들이 예수와 석가를 비롯한 참나인 얼나를 깨달은 이들이다. 이분들이야말로 삶을 성공적으로 살고 간 존경스런 스승들이다. 베르댜예프는 인격을 세우기는 고통이라고 말하였으나 제나(몸나)를 버리고 넘어설까 망설일 때가 어렵지 얼나를 깨닫고 나면 기쁨이 샘솟고 평안이 넘실거린다. 삶을 괴롬이라고 선언한 석가도 이렇게 말하였다.

"세상에서 누릴 수 있는 오욕(五欲)의 즐거움은 선정(禪定)의 기쁨에 비긴다면 애당초 비교가 안 된다."(불경《아함경》)

해야 할 마음 공부가 있다면 제나(몸나)를 버리고 얼나로 솟나는 것이다. 다른 것은 알아도 좋고 몰라도 그만이지만 이것만은 반드시 알아야 한다. 그래서 이 말은 거듭거듭 되풀이 하게 된다. 모든 사람들이 다 제나를 꺾고 얼나로 솟날 때까지 거듭 일러주어야 한다.

석가의 말이다.

"괴로운 몸나와 지각이 모인 맘나의 제나를 없애는 것이 니르바나님께 이르는 얼나이다(苦集滅道)." (석가의 4성제)

"멸망의 생명인 제나(몸나)에서 영원한 생명인 얼나로 바꾸어 옮긴다."(요한 5:24) 공자는 내(제나)가 나 스스로를 이기는 것을 극기(克己)라 하였고 노자(老子)는 자승(自勝)이라고 말하였다. 같은 뜻이다. 사람들은 자꾸만 남을 이기려고 하지만 그것은 짐승 버릇이다. 바른 길은 남을 이기는 것이 아니라 나를 이기는 것이다. 제나(몸나)를 이기면 참나를 깨닫는다(自勝者覺眞). 제나를 이기면 한얼님께 돌아간다(克己復天). 나를 이기어 제나가 죽으면 맘이 빈다. 그러면 빈 맘에 한얼님의 생명인 얼이 와서 임자가 되어 영원한 생명인 인격(人格)이 세워지니 곧 한얼님의 아들이다. 그러므로 참교육은 제나를 이기는 길을 가르치고 깨우친다. 그런데 오늘날 학교 교육은 남을 꺾고 누르는 것을 가르친다. 그러면 남을 짓밟는 못난 사람들만 길러진다. 오늘날 사회를 보면 남을 짓밟는 못난(未生)이들만 들끓지 않는가? 몸힘이 센 이는 힘 여린 이를 괴롭힌다. 앎힘이 높은 이는 모르는 이를 업신여긴다. 돈힘이 너끈한 이는 돈 없는 이를 얕본다. 권력의 힘을 지닌 이는 힘이 없는 이를 짓밟는다. 이런 세상이 지옥이지 달리 지옥이란 없다. 짐승의 수성(獸性)이 설치는 세상이 아귀 지옥이지 그 어디에도 다른 지옥은 없다.

예수의 말이다.

"멸망의 생명(죽음의 제나)을 버리고 영원한 생명(죽지 않는 얼나)으로 옮기면 한얼님 아들이다."(요한 5:24 박영호 의역)

얼나로 솟나면 제나(몸나)로 짐승 노릇하던 때는 전생(前生)의 일인 듯 아득하다. 짐승 새끼인 제나(몸나)와 한얼님 아들인 얼나는 그야말로 한얼과 땅만큼 다르다. 그러므로 얼나로는 제나(몸나)의 아버지(어머니)와는 털끝만큼도 상관이 없다. 그래서 땅의 아버지를 아버지라 말라는 것이다. 이 말은 얼나로 솟난 이에게만 해당되는 말이다. 제나(몸나)의 사람에게는 당치 않는 말이다. 제나(몸나)와 얼나가 무슨 관계가 있다면 이런 것일 것이다.

"제나(自我, ego)란 일생동안 신을 신이다. 발에 편히 맞도록 아름답게 지어서 흙 떼고 먼지 털고 약칠하고 솔질하여 빛나게 닦아 힘있게 바로 살고 조심조심 길 찾아 마음 놓고 걷다가 갈 길 다 간 뒤에는 아낌없이 내어주리라. 남이 지은 신이니 뜻 있게 신다가 갈 길 다 간 뒤에는 아낌없이 내어주리라. 이 제나(ego)란 신발과 같다. 이 신발은 일생을 신는다. 신이 낡아진다는 것은 자아 발견이란 뜻인데 삶의 의미란 말이다. 인생의 뜻을 알았으면 아무 때 죽어도 좋다. 인생의 의미란 참나가 한얼님의 아들이라는 것을 깨닫는 것이다. 참나가 한얼님의 아들임을 깨달으면 아무 때 죽어도 좋다. 내 맘에는 벌써 영원한 생명(얼나)이 깃들어 있기 때문이다. 한얼님의 아들인 얼의 나는 죽지 않는 생명인 얼나를 가졌기에 이 껍질의 나인 몸은 아무 때 죽어도 좋은 것이다. 자기 사명(몫, 하이금)을 가지고 사는 삶, 언

제 죽어도 좋다고 하는 삶 그것이 영원한 생명인 얼나이다."(류영모,
《다석어록》)

기독교 신도들은 하나같이 예수를 믿는다고 말한다. 불교신자들
은 부처를 믿는다고 말한다. 그런데 그 믿는다는 말을 생각해보면
믿는 내용을 알 수 없다. 예수 믿는다는 말은 일요일에 교회에 나간
다는 말인 것 같고 부처를 믿는다는 말은 이따금 절에 다닌다는 말
인 것 같다. 좀 더 밝히면 살아서 복 받고 죽어서 천당 가려고 교회에
가거나 절에 간다는 것이다. 이것이 이른바 기복 신자들의 일반적인
생각이다. 예수는 사마리아 여인에게 이렇게 말하였다.

"너희는 알지 못하는 것에 예배하고 우리는 아는 한얼님께 예배한
다. 이는 구원이 얼나를 깨닫는 데 있다. 아버지께 참으로 예배하는
이들은 얼인 참으로 예배할 때가 오나니 곧 이제라, 아버지께서는 이
렇게 자기에게 예배하는 이들을 찾으시니 한얼님은 얼이시니 예배하
는 이가 얼인 참으로 예배하여라."(요한 4:22~24 박영호 의역)

괘종의 시계추처럼 교회나 사찰에 왔다 갔다 한다고 신앙 생활을
하는 것이 아니다. 믿는 것을 바로 알고 바로 믿을 때 신앙인이 될 수
있다. 류영모는 믿는 이란 어버이가 낳아준 제나(몸나)를 버리고 한
얼님이 주시는 얼나로 솟나 한얼님을 아버지로 받들며 얼로 교통하
는 것이라고 말하였다.

"사람은 분명 짐승인데 짐승의 욕망을 좇으려는 생각을 버림이 한
얼님이 주신 얼나로 솟나는 우리 정신이 나아갈 길이다. 다시 말하면
사람도 짐승과 다름없이 어버이로부터 태어나서 다른 짐승과 다름없

이 직접·간접으로 다른 동식물들을 잡아먹으면서 살고 있다. 그런데 한얼님으로부터 영원한 생명인 얼을 받아서 짐승인 몸을 지녔으나 짐승이기를 거부하며 맘속에 짐승 욕심의 수욕(獸欲)의 어둠(無明)을 몰아내어 한얼님의 아들이 된다. 한얼님의 아들인 얼나는 한얼님께로 돌아가 한얼님과 하나 되려는 게 참삶의 길이다. 이 제나(몸나)는 거짓나라 우리는 참나(얼나)를 찾아야 한다. 우리 삶의 목적은 얼인 참나를 찾는 것이다. 한얼님 나라에는 참나인 얼나가 들어간다. 예수가 말하기를 '사람이 한얼님께서 주시는 얼로 솟나지 아니하면 한얼님 나라에 들어갈 수 없느니라. 몸(어버이)에서 난 것은 몸이요 얼(한얼님)로 난 것은 얼이니라. 얼나로 새로 나야 한다는 말을 잘못 알아듣지 말라. 바람이 제멋대로 불어 바람 소리는 들리나 어디서 와서 어디로 가는지 알지 못하듯 얼나로 새로 나는 사람도 그 얼은 볼 수 없으나 그 말씀으로 안다.'(요한 3:5~8)라고 하였다. 가짜 생명인 제나(몸나)는 죽어야 한다. 반드시 몸나의 죽음이 있어야 한다. 그런데 사람들은 이 세상에서 가짜 생명인 몸뚱이를 연명시키는 데만 궁리하고 골몰하고 있다. 그래서는 안 된다."(류영모,《다석어록》)

몸이 죽었다가 부활해서 한얼 나라에 들어갔다는 것은 예수의 말과는 전혀 반대되는 다른 말이다. 예수를 믿는다면서 예수의 가르침을 반대로 뒤집었다. 이는 예수를 업신여김이요 한얼님을 거스름이다. 예수는 분명히 말하였다. "영원히 사는 것은 얼이니 몸은 부질없다."(요한 6:63 박영호 의역) 예수는 이런 일이 일어날 것을 미리 알고서 이러한 말을 하였다.

"한얼 나라는 어떤 사람이 밭에 좋은 씨를 뿌린 것에 비길 수 있다. 사람들이 잠을 자고 있는 동안에 제나의 사람들이 와서 밀밭에 가라지를 뿌리고 갔다. 밀이 자라서 이삭이 됐을 때 가라지도 드러났다. 일꾼들이 주인에게 와서 '주인 밭에 뿌리신 것은 좋은 씨가 아니었습니까? 그런데 가라지는 어디서 생겼습니까?' 하고 묻자 주인은 '제나의 사람들이 그랬구나.' 하고 대답하였다. '그러면 저희가 가서 그것을 뽑아버릴까요?' 하고 일꾼들이 다시 묻자 주인은 '가만 두어라. 가라지를 뽑다가 밀까지 뽑으면 어떻게 하겠느냐? 추수 때까지 둘 다 함께 자라도록 내버려 두어라. 추수 때에 내가 추수꾼에게 일러서 가라지를 먼저 뽑아서 단으로 묶어 불에 태워 버리게 하고 밀은 내 곳간에 거두어들이게 하겠다.'고 대답하였다."(마태 13:24~30 박영호 의역)

짐승인 제나(몸나)로 죽고 한얼님 아들이 된 얼나로 솟난 이는 탐·진·치(貪瞋痴)의 짐승 노릇을 버리고 한얼님의 얼로 한얼님의 뜻이 담긴 한얼님의 말씀을 전하고 한얼님의 사랑을 베푼다. 이를 예수는 이렇게 말하였다.

"나는 너희에 대해서 할 말도 많고 판단할 것도 많지만 나를 보내신 분(한얼님)은 참되시기에 나도 그분에게 들은 것을 그대로 이 세상에 전할 뿐이다. 내가 스스로 아무것도 하지 아니하고 오직 아버지께서 가르치신 대로 말하는 줄도 알리라. 나를 보내신 이가 나와 함께 하도다. 내가 항상 그의 기뻐하시는 일을 행하므로 나를 혼자 두지 아니하셨느니라. 너희가 내 말을 간직하면 참된 내 제자가 되고 진리(말씀)를 알리니 진리가 너희를(생사에서) 자유케 하리라."(요한 8:23 요한 8:28~29, 요한 8:31~32)

눈으로 서로 볼 수 있는 사람과도 맘으로 소통하기가 어려운데 하물며 사람과는 차원이 다른 우주이시며 우주의 임자이신 한얼님과 생각으로 소통한다는 것은 신비이기에 쉽지 않다. 그러나 한얼님의 생명인 얼을 받으면 한얼님과 아버지 아들 사이이기에 쉽게 얼로 교통할 수 있다. 다만 짐승인 제나를 깨끗이 죽여야 한다. 제나가 조금이라도 살아 있으면 거짓된 생각이 끼어들기 때문이다.

"거룩한 생각은 한얼님과의 영적(靈的)인 교통에서 얻는다. 몸나의 욕망에 사로잡힌 사람은 못된 생각이 일어날 수밖에 없다. 영감(靈感)을 얻는다는 것은 한얼님과 영통한다는 말이다. 한얼님과 얼로 통하여 당초에 생각하지 못한 것을 생각해내면 그것은 참으로 이상하고 신통할 수밖에 없다. 사람이란 거죽으로 보면 저 자연의 나무나 바위만도 못하다. 흙덩이에 지나지 않는 이 몸에 신통 영통한 정신 작용이 있기에 사람을 만물의 영장(靈長)이라 할 수 있다. 참(진리)을 안다는 것은 한얼님과 얼로 교통이 되어서 아는 것이다. 한얼님과 얼로 통하는 게 있어야 사람의 정신이 올바르게 발달이 된다. 꼭무슨 신앙이 아니더라도 자꾸 한얼님과 얼로 통해야 하는 일이 나아간다. 구약성경에도 자연에는 성령이 충만하다고 이른 데가 있다. 동양에서는 기상천외(奇想天外)라는 말이 있다. 한얼님께서 일러주시는 것을 알아내는 것이 나아가는 것이다."(류영모,《다석어록》)

공자가 말하였다. "옛 성현의 말씀을 열성으로 익히어 새로운 진리를 안다면 스승이 될 수 있다(溫故而知新 可以爲師矣)."《논어》위정편) 예수야말로 옛것을 열성으로 익히고 새 말씀을 생각하여 사람들을 가르친 인류의 드높은 스승이라고 할 것이다. 예수도 자신의 생각이 새로워 옛사람들의 생각과 다른 점이 있는 것을 알고 있었다. 그래서 이렇게 말하였다.

"생베 조각을 낡은 옷에 붙이는 자가 없나니 이는 기운 것이 그 옷을 당기어 헤어짐이 더하게 됨이요, 새 포도주를 낡은 가죽 부대에 넣지 아니 하나니 그렇게 하면 부대가 포도주도 쏟아지고 부대도 버리게 됨이라. 새 포도주는 새 부대에 넣어야 둘이 다 보전되느니라." (마태 9:16~17)

예수는 에덴동산을 발자국 소리 내면서 걸어 다니고 흙으로 빚은 아담의 콧구멍에 입김을 불어넣는 인태(人態)의 신인 야훼신은 예수에게는 신이 될 수 없었다. "한얼님 아버지는 만유(萬有)보다 크시고" (요한 10:29) "바람처럼 보이지 않는 얼(성령)이시다."(요한 3:8) "만유보다 크면 만유를 안고 있는 빔(허공)이요 바람과 같다면 없는 곳이 없는 얼(성령)이신 한얼님이시다. 예수가 "아버지는 나보다 크시다." (요한 14:28)는 아버지는 온통이시고 아들은 한긋(點)이다. "아버지와 나는 하나이다(요한 10:30)."라고 한 것은 아버지와 아들이 얼로는 같다는 말이다.

그런데 예수는 또 이렇게 말하였다.

"한얼님의 나라는 볼 수 있게 내려오는 것이 아니다. 또 여기 있다

저기 있다고도 못 하리니 한얼님의 나라는 너희 맘속에 있다."(누가 17:20~21 박영호 의역)

만유보다 크신 한얼님께서 너희 맘속에 있다면 내 맘속이 무한 우주의 허공만큼 크단 말인가? 류영모는 마음과 허공이 하나임을 느끼고 알았으니 예수의 이 말을 바로 알아들었을 것이다. 이 마음은 제나의 마음이 아니고 제나로 죽고 얼나로 솟난 이의 마음이다. 류영모의 이 마음은 '몸'이라고 쓰기도 했다.

마음과 허공(虛空)

마음이 속에 있다고 좇아 들어 못 봤거늘
허공이 밖에 있대서 찾아나가 만날손가?
제 안팎 모르는 임자 아릿다운 주인인가?

달라붙은 속알이 마음을 제 속이라만 녁이고
터무니도 모르는 이 한데를 밖이라고만 암
우주를 휩싼 허공도 빈 마음을 속에 드는구먼

온갖 일에 별별 짓을 다 보아주는 마음이요
모든 것의 가진 꼴을 받아주는 허공인데
아마도 이 두 가지가 하나인 법 싶구먼

제 맘이건 쉽게 알고 못되게는 안 쓸 것이

없이 보고 빈탕이라 망발을랑 마를 것이

임께서 나드시는 길 가까움직 하구먼

자연(自然) 자연을 못잊어 제절로를 못 잊겠어

만물도 천지를 천지는 태허공을 못 잊어

모름직 못 잊을 천지 아름 알린 내 빈탕

(류영모, 《다석일지》)

예수가 한얼 나라 너희 맘속에 있다는 말은 너희 생각 속에 있다는 말이다. 그러니 한얼님을 만나고 싶고 알고 싶으면 생각하라는 말로 알아들어야 한다. 얼의 나라는 말씀의 나라라 곧 생각의 나라이다. 예수와 석가가 누구인가? 깊이 생각하고 깊이 느낀 이다. 선정(禪定)이나 기도(祈禱)라 하는 것은 깊이 생각하고 깊이 느끼는 것이다.

"깊이 느끼고 깊이 생각하여 마음을 비우고 마음을 밝게 하면 우리 마음속에 깨닫게 되는 것이 있으니 그것은 얼생명을 키워 가는 것이다. 그래서 깊이 느끼고 깊이 생각하여 높게 실천하고 참되게 삶이 생명의 핵심임을 알게 된다. 가온찍기(고)야말로 찰나에 영원한 진리를 깨닫는 순간이다. 그래서 한얼님을 그리워하고 생각한다. 한얼님의 뜻이 말씀으로 마음속에 샘솟는 것이다. 이 세상에 많은 사람들이 참나이신 얼나를 무시하고 살고 있다. 참으로 기막히는 일이다."(류영모,《다석어록》)

지난 세기에 이 지구 위에는 수십억의 사람들이 줄곧 살았다. 그런데 자율적인 정신으로 한얼님을 그리고 생각한 이는 아주 적었다. 헨리 데이비드 소로, 레프 톨스토이, 마하트마 간디, 류영모 등이 진흙 속에서 아름답게 피어난 연꽃 같은 생각의 꽃을 피웠다. 생각의 꽃을 피운 한 사람인 알베르트 슈바이처가 이렇게 한탄을 하였다.

"생각하기를 버린다는 것은 정신적인 파산(破産)을 선언하는 것이다. 사람이 생각함으로 참(진리)을 알 수 있다는 신념이 무너졌을 때 회의(懷疑)가 비롯된다. 현대를 이처럼 생각하지 않게 함으로 사람을 회의적이게 만들려는 사람은 모든 사람들로 하여금 스스로 참을 찾으려는 의지를 무너뜨리려고 한다. 그리고 권력이나 선전으로 그들에게 강요하는 것을 참(진리)으로 받아들이게 하려고 한다. 그리하여 대부분의 사람들은 스스로 생각하여 참에 다다라보려는 의지력을 잃어버린다. 그러나 강요된 거짓 참에 만족하는 사람은 극히 적다. 그리하여 대다수의 사람들은 회의적인 자리에 머물러 있다. 그들은 참에 대한 그리움을 잃어버렸다. 참에 대한 사상을 갖지 못하고서 갈팡질팡 허덕이며 방황하고 있다."(슈바이처,《나의 생활과 사상》)

우주의 소산(所産)인 내가 우주이며 우주의 임자이신 한얼님이 내 생명의 근원인 아버지이시다. 그 아버지와 생각으로 교통하여 한얼님의 생명인 얼로 하나 되는 것이 참 삶의 길이다. 그런데 생각을 안하는 것은 스스로 멸망의 길로 나아가는 것이다. 얼로 아버지와 아들이 하나 되어 영생에 든 예수의 말을 들어본다.

"나(얼나)는 아버지 안에 있고 아버지는 내 안에 계신 것을 네가 믿지 아니하느냐? 내가 너희에게 이르는 말이 나 스스로 하는 것이 아니라 아버지께서 내 안에 계셔 그의 일을 하시는 것이다. 내(얼나)가 아버지 안에 있고 아버지께서 내 안에 계심을 믿으라."(요한 14:10~11)

예수가 골방에서 얼로 기도하라는 것은 얼나로 아버지와 아들이 하나 되라는 말이다. 얼나로 아버지와 하나 된 아들은 한얼님의 말씀을 하고 한얼님 사랑을 베푼다. 류영모가 기도에 대해서 한 말이다.

"생각은 우리의 타고난 바탈(性)이다. 생각을 통해서 한얼님(한얼나라)에게 다다르는 것을 참나인 얼나의 깨달음이라고 한다. 우리에게 생각처럼 감사한 것은 없다. 생각처럼 귀중하고 감사한 것은 없다. 거룩한 생각은 나의 정신 생명을 약동케 한다. 거룩한 생각이 자꾸 나와야 한다. 지금 내게서 나오는 생각이 자꾸 샘솟아 나와서 사상(思想)이라는 바다가 된다. 이 참된 생각 때문에 얼의 바다, 얼의 나라가 있음을 믿는다. 내게서 나오는 말씀밖에 믿을 게 없다. 한얼님을 생각하는 것은 기쁨이다. 한얼님을 생각하는 것이 한얼님께로 올라가는 것이다. 몸삶은 덧없어도 얼삶은 영원하다."(류영모, 《다석어록》)

예수는 한얼님의 생명인 얼(성령)을 참($\alpha\lambda\eta\theta\epsilon\iota\alpha$, 알레세이아)이자 생명($\zeta\omega\dot{\eta}$, 조에)이자 말씀이라고 하였다. 요한복음 8장에만 참(진리)이란 말이 여섯 차례나 나온다.

1. 너희가 내 말을 간직하면 진정한 내 제자가 될 것이며 참(진리)을 알지니 참이 너희를 짐승 성질에서 자유케 하리라. (요한 8:32 박영

호 의역)

2. 지금 한얼님께 들은 참을 너희에게 말한 사람인 나를 죽이려 하는 도다. (요한 8:40)

3. 그는 처음부터 사람을 죽인 이요, 참이 그 속에 없으므로 참에 서지 못하였다. (요한 8:44)

4. 나는 참을 말한다. (요한 8:45)

5. 내가 참을 말하는데도 왜 나를 믿지 않느냐? (요한 8:46)

6. 나를 보내신 이가 참되시매 내가 그에게 들은 그것을 세상에게 말하노라. (요한 8:26)

이것으로도 참(진리)의 뜻이 한얼님의 생명인 얼과 한뜻임을 헤아릴 수 있다. 참이라는 낱말을 언급하면 바로 생각나는 것이 있다. 예수가 빌라도에게 "내가 이를 위하여 났으며 이를 위하여 세상에 왔나니 곧 참(진리)에 대하여 증거하려 함이로다. 무릇 참에 속한 이는 내 소리를 듣는다."(요한 18:37)라고 말하였다. 참에 속한 이는, 곧 얼이신 한얼님의 얼생명을 받은 이는 예수의 말씀을 알아듣는다는 말이다. 빌라도가 한얼님께 속한 이가 아니라 예수의 말씀을 알아듣지 못하였다. 그리하여 진리가 무엇이냐고 물었으나 예수는 아무 대답도 하지 않았다. 빌라도는 얼나를 깨달은 이가 못되므로 설명해주어도 못 알아들을 것을 아는지라 예수가 대답하지 않았을 것이다. 그런데 지금도 빌라도처럼 진리가 무엇이냐고 물을 사람이 많으리라고 생각된다. 참은 한얼님의 생명인 얼나의 객관적인 나타냄이라, 곧 한얼님이시다. 인도에는 한얼님의 이름이 일천 가지도 더 된다. 마하트마 간디가 이 머리 아픈 인도 신명(神名)을 없애버리고자 '참이 한얼님이다(Truth is God).'라고 말하였다. 신(神)이라면 사람의 주관에 따라 신이라 함으로 많아질 수밖에 없다. 그러나 참(眞)이라면 영원불변한 생명이요 존재이기 때문에 여럿이 있을 수 없다. 생사(生死)를 초월한 얼이 참이요 유무(有無)를 초월한 빔(허공)이 참이다. 그러므로 얼이요 빔이신 한얼님이 참(진리)이시다. 류영모는 참에 대해서 이렇게 말하였다.

"요즘처럼 맛으로 사는 시대에 사람들은 참(眞)을 찾기 어렵다. 그리하여 참은 사람들로부터 점점 멀어진다. 한얼님의 뜻을 이루겠다고 하고 나서야 참에 가까워진다. 참은 곧 한얼님이시기 때문이다. 참을 알자는 것은 사람의 슬기이다. 이 슬기(소피아, 프라즈나)는 사람이 지닌 속알(얼나)에서 나온다. 이 속알에서 나오는 슬기를 세상을 건너 니르바나에 이르는 슬기(프라즈나, 프란야, 반야)라고 한다. 그 속알이 있기에 짐승 노릇에 빠져 있는 것을 건져 참이신 한얼님의 뜻을 이루려고 나아가게 된다. 그래, 우리에게는 참을 알려는 슬기가 있어야 한다. 참을 알려는 슬기는 참나(얼나)에서 나온다. 참을 찾으려는 원동력은 슬기에서 일어난다. 참은 성령이신 한얼님이시다. 참을 찾아 알게 하는 것도 한얼님이 보낸 얼이다. 얼나가 한얼님의 아들이다. 참이란 얼이요 빔인 한얼님이시다."(류영모, 《다석어록》)

사람의 마음이 얼나의 절제(節制)를 받아 짐승의 욕심(獸性)을 드러내지 않으면 이를 도심(道心), 양심(良心), 선심(善心)이라 한다. 그래서 스승은 선인(善人)이다. 류영모는 사람의 맘이 짐승 성질(獸性)

을 좇으면 수심(獸心)이고 영성(靈性)을 좇으면 영심(靈心)인데 수심
은 맘으로 쓰고 영심은 '뭄'으로 쓰자고 말하였다. 그래서 류영모는
이렇게 말하였다.

"나라면 맘이다. 맘에 거룩한 생각이 나오고 참이 든 말씀이 나온
다. 이게 이디서부터 나오는지 모른다. 아무래도 큰 얼이신 한얼님
이 계시는데 그의 뜻이 내 맘으로부터 말씀으로 나오는 것 같다. 이
것을 가지고 한얼님의 씨(靈性)라 깨달음의 씨(佛性)라고 한다. 이것
은 예수도 석가도 나도 똑같다. 이 얼나의 뜻을 좇아가면 한얼님께
로 간다. 유교에서는 영심(靈心)을 도심(道心)이라고 한다. 도심이 진
리심(眞理心)이다. 맘의 스승 노릇을 해야 한다. 맘의 고삐를 잘 잡아
야 한다. 제나의 맘에 끌려가면 못쓴다. 제나의 맘을 스승으로 해서
는 안 된다."(류영모, 《다석어록》)

참이 있으면 뒤따라 선(善)이 나오고 미(美)가 따라 나온다. 한얼
님이 참(眞)이시고 한얼님의 얼을 받아 짐승 성질을 절제하는 스승
이 선(善)이다. 선을 '착하다'의 '착'으로 나타내본다. 땅의 아버지 몸
나는 색신(色身)이다. 그러므로 '곱다'의 '곱'으로 나타내본다. 천사부
(天師父)는 참·착·곱이다. 부사천(父師天)은 이 세상에서 한얼님께
로 오르는 계단이다. 예수는 땅에 있는 아버지가 아버지가 아니고 한
얼님이 아버지라 하고 땅에 있는 스승이 스승이 아니고 한얼님이 스
승이라고 말하였다. 그러므로 궁극에는 한얼님이 참된 스승이시고
아버지시다. 곧 한얼님이 진·선·미(참·착·곱) 일치인 것이다.

"유다의 지도자 한 사람이 '선하신 선생님, 제가 무엇을 해야 영원

한 생명을 얻겠습니까?' 하고 예수께 물었다. 예수께서는 이렇게 말씀하셨다. '왜 나를 선하다고 하느냐? 선하신 분은 하느님 한 분뿐이시다.'"(누가 18:18~19)

예수님은 한얼님이 참(진리)이라고 하고서 착(善)까지도 한얼님께로 돌리었다. 어떤 이는 누가복음의 이 말씀만은 예수가 한 말임에 틀림없다고 하는 이도 있다. 복음 기자들이 자기를 안 밝히고 복음서를 쓰면서 송구스럽게도 예수께서 진실되지 않는 말도 한 것으로 써 놓은 데가 적지 않기 때문이다. 류영모는 한얼님은 진·선·미이시라는 예수와 일치되는 말을 하였다.

"이 세상은 거짓이다. 이 세상에서 참(眞)은 못 본다. 선(善)도 미(美)도 마찬가지다. 이 세상에서 참(眞)인 것 같은 것은 절대의 참을 잊지 말라는 것이다. 참(眞)은 제 것이라야 참인데 이 세상에 참은 빌려 온 참이라 참이 없다. 이 세상에서는 불만이 있고 결핍이 있는 것은 참이 아니기 때문이다. 영원하신 한얼님이 참에로 자꾸 오라고 하신다. 이 세상에 진·선·미는 없다. 그러나 이를 잊어버리지 말라고 사이비(似而非)의 진·선·미를 둔 것이다.

우리는 이제(now) 예(here)에 살지 않으면 다음 순간 이제 예는 가버린다. 이제 예에서 만족해야 한다. 이제 예에서 진·선·미를 찾아야 한다. 그러나 사람들이 보통 중간에서 그만둔다. 이 세상에서는 흔히 이만하면 미(美)다 선(善)이라고 하려 한다. 그러나 이 세상에서는 진·선·미가 없다. 절대에서는 이 세상에서처럼 진·선·미가 따로 따로 있지는 않을 것이다. 절대의 한얼님께서는 진이면서 선이면

서 미일 것이다. 진·선·미의 한얼님이시다."(류영모, 《다석어록》)

마하트마 간디가 말하기를 "몸과 맘과 얼이 조화되지 않고서는 아무것도 올바로 되지 않는다."(간디, 《날마다의 명상》)라고 말하였다. 여기에 몸과 맘은 제나(ego)에 속하는 죽음의 생명이다. 얼나는 한얼님이 주시는 영원한 생명이다. 그런데 이 세상의 많은 사람들은 얼나를 모른다. 그러니 모든 일이 바로 되는 일이 없다. 그래서 이 세상이 이 꼴인 것이다. 얼나를 깨달은 이가 많아져야 세상이 나아질 것이다. 그렇다면 당연히 얼나를 깨닫는 이가 많이 나오도록 가르치는 일이 가장 앞서야 할 것이다. 그런데 이 세상 사람들은 얼나라는 것이 있는지도 모르고 있으니 안타까운 일이다.

몸과 맘의 제나가 스스로 낮아지고 없어질 때 한얼님께서 보낸 얼나가 임자가 되어 인격의 주체가 되면 한얼님께서 바라시고 찾으시는 한얼님 아들이 된다. 몸과 맘의 제나가 부정되는 것에 대하여 류영모가 이렇게 말하였다.

"육체가 무너져야 정신이 산다. 몸이 죽고 얼이 산다. 몸나는 진·선·미가 아니다. 몸나는 고·노·병·사(苦老病死)이다. 얼나가 진·선·미다. 몸은 죽어 썩지만 얼은 살아 빛난다. 그러므로 몸으로는 죽어야 한다. '한얼에서 이룬 것같이 땅에서도 이루어지이다.' 하고 죽는 거다. 그것이 아버지의 뜻이다. 밀알 한 알이 땅에 떨어져 죽으러 온 것이다. 몸나는 죽으러 온 줄 알아야 한다. 안 죽는 것은 한얼님뿐이다. 한얼님의 말씀뿐이다. 한얼님의 얼이 내 맘에서 말씀으로

샘솟았다."(류영모,《다석어록》)

"맘은 없어져야 참맘이다. 사람은 저 잘난 맛에 산다. 이것이 교만이다. 교만이 깨져야 한다. 바람이 빠져야 한다. 겸손해져야 한다. 풍선이 터져야 한다. 망상(妄想)이 없어져야 한다. 그리고 실상(實相)이 깨어나야 한다. 그리하여 내가 못난 줄을 알아야 한다. 무상(無相)이 되어야 한다. 내가 없어져야 한다. 그래야 맘이 가라앉고 거울같이 빛나게 된다. 바람이 자고 호수같이 빛난다. 그것이 얼이다. 어른(얼이 온 이)이 되면 망상이 깨지고 실상이 된다. 현상(現象)의 허무를 알게 되고 허무의 실상(實相)을 보게 된다. 이것이 맘이다. 맘은 없어져야 맘이다. 제나가 없는 것이 맘이다. 무념(無念) 무상(無想)이 되어야 맘이다. 이런 맘이 거울 같은 맘으로 얼이다."(류영모,《다석어록》)

"몸과 맘의 제나(自我)가 죽어야 참나(얼나)가 산다. 제나가 깨끗이 없어져야 참나이다. 참나가 우주의 중심이요 제나의 임자이다. 제나의 임자란 제나를 다스리고 책임지는 짐승의 욕망에서 놓여 난(해탈한) 자유인이란 말이다. 제나가 죽어 맘이 깨끗해지면 한얼님을 볼 수 있다. 마음이 깨끗하다는 말은 수욕(獸欲=富貴)을 초월했다는 말이다. 참나와 한얼님이 얼로 하나다. 참나는 얼나이다. 참나(얼나)로는 내 생명과 한얼님의 생명이 하나이다. 참나와 한얼님은 얼로 이어져 있다. 얼생명이 진·선·미의 생명이다."(류영모,《다석어록》)

우리말에도 얼이 빠져 얼빠진 이가 되거나, 얼이 썩어 어리석은 이가 되면 폐인이 되었다는 말이 있다. 예수, 석가의 가르침은 한마디로 한얼님이 주시는 한얼님의 생명인 얼깬이가 되라는 것이요 얼을 잡은 얼잡이가 되라는 것이다. 그런데 메시아(그리스도)라는 트로이의 목마 속에 자칭 사도 바울로가 육체 부활이라는 자신의 케리그마의 도그마(교의)를 숨겨 들어와 예수의 얼나 깨달음 영각(靈覺) 신앙 사상은 초토화되었다. 신학자 조태연의 말이다. "기독교인들은 오직 그리스도의 대속적 죽음과 극적인 부활을 중심으로 하는 바울로의 케리그마적 복음만이 기독교 신앙의 전부라고 믿는다. 일찍이 바울로는 그 케리그마적 복음을 전하면서 이와 다른 복음을 주장하는 사람들을 저주했다.(갈 21:6~10) 기독교가 그동안 그 바울로의 케리그마적 복음만을 기독교 신앙의 전부로 생각했다면 그것은 신학적 편견에 해당한다."(조태연, 《예수운동》) 보수 일색의 한국 기독교에 바른 소리가 들려와 반가웠다.

바울로 교의의 간추림인 사도신경을 외울 필요가 없다고 선언한 류영모는 이렇게 말하였다.

"상대 세계에서 정신으로 만족할 만한 것이라고는 얼밖에 없다. 그러므로 상대 세계에서는 한눈팔 겨를이 없다. 그래, 응무소주이생기심(應無所住而生其心)이다. 참 좋은 말이다. 이 상대 세계는 머물러 맘 붙일 데가 없다는 말이다. 그리하여 이 상대 세계에서 머무르지 않는 참나인 얼나에 맘을 내라는 것이다. 이 말 한마디만 잘 알면 해탈할 수 있고 구원받는 데 이를 수 있다."(류영모, 《다석어록》)

어머니 태집이 내 생명의 비롯(始)이 아니다. 그런 근시안적인 생각을 버려야 한다. 가장자리 없는 태허공이 내 생명의 비롯이다. 지금 우리가 살고 있는 지구는 태양계에 속해 있고 태양계는 은하 우주에 속해 있다. 은하 우주에 일천억 개가 넘는 별들이 여름 하늘에 날파리 떼처럼 뭉쳐 돌아가고 있다. 또 일천억 개도 넘는 은하 우주 별덩어리(성단)가 유한 우주를 이루고 있다. 그 직경이 80억 광년(250조 킬로미터)이나 된다고 한다. 이것은 138억 년 전 우주란의 대폭발로 비롯되었다고 짐작한다. 우주란은 어떻게 생겼나? 무한 우주인 태허공밖에 없었으니 태허공의 소산임에 틀림없다. 그래서 류영모는 이렇게 말하였다.

"장엄(莊嚴)은 정말이지 허공(무한 우주, 무극)이 장엄하다. 허공의 얼굴인 공상(空相)이 장엄하다. 이 우주는 허공을 나타낸 것이다. 이 만물이 전부 동원해서 겨우 허공을 나타내고 있다. 그런데 붓끝 같은 물(物)만 보고 허공을 못 보다니 제가 좀팽이 같은 것이라서 물(物)밖에 못 본다. 그런데 언제 꺼질지 모르는 물거품 같은 몸 하나 가졌으니 평안할 수가 없다. 노자(老子)가 몸 없는 데 가서 무슨 걱정이냐고 하였다. 그러니 이 몸뚱이가 병(病)이다. 마음이 평화하려면 무한 우주인 태공심(太空心)을 가져야 한다."(류영모,《다석어록》)

무한 우주인 태허공(太虛空)이 생명의 근원인 참나이다. 곧 한얼님이다. 한얼님을 마음속에 품으라는 말이다. 참나인 태허공이 없어질까 걱정할 필요가 없는 것이다. 공연히 비눗방울 같은 이 몸에 나를 한정하지 말란 말이다.

은하 우주의 변두리에 있는 태양에서 지구 덩어리가 떨어져 나온 지가 46억 년 전이라고 한다. 태양에서 떨어져 생긴 지구도 처음엔 태양처럼 불덩어리였다. 그것이 식는 데 16억 년이나 걸렸다. 식은 지구 위에 물이 고여 스프의 바다를 이루었다. 거기에 단세포 생명체가 나타났다. 그 뒤에 식물이 나타나 공기에 산소가 생겨 바다가 맑게 되었다. 단세포 생명이 진화하여 6억 년 전에 바다 속에 척추 동물의 시조인 실뱀장어 비슷한 피카이아가 나타났다. 이것이 곧 인류의 시조이기도 하다. 3억 6천 년 전에 이크티오스테가가 육지에 상륙하여 비로소 아가미 호흡이 아닌 허파로 대기를 숨 쉬게 되었다. 유인원의 공동 조상인 프로콘술에서 사람이 떨어져 나온 것이 5백만 년 전이다. 사람의 조상이 서서 걸어 다니게 된 것은 겨우 2백만 년 전이다. 아프리카 화산재 위를 두 남녀가 아기를 데리고 걸어간 발자국 화석이 발견되었다. 이렇게 사람으로 진화해 온 것과 오늘날 어머니의 태 속에서 그 과정을 반복하는 것을 요점 반복이라고 한다. 태아도 단세포 생명체에서 비롯하여 생선 모양이 되었다가, 원숭이 모양이 되었다가 사람 형상을 갖추게 된다. 태아가 자궁 밖으로 태어나자마자 응아 하고 첫 울음을 우는 것은 바다에서 육상으로 올라오는 그 순간이라고 하겠다. 태속의 양수의 염도도 바다의 염도와 비슷하다고 한다. 우리 몸의 수명은 잘 살아야 백 년이지만 46억 년의 역사를 지니고 있다는 것을 잊지 말아야 한다. 맘은 비워서 태허공을 품어야 한다. 태허공이 생명의 근원이요 참나이기 때문이다.

"나 조그마한 게 멍텅한 데가 있다. 멍텅(渾然)이란 좀(小)스러운 것과는 반대이다. 이 우주란 멍텅한 거다. 어린이에게는 할아버지가 수염을 당기어도 멍텅하게 있으니 멍텅구리로 보이겠다. 이 우주는 멍텅하다. 유한 우주 나기(백뱅) 전의 빔(허공)은 멍텅하다. 나란 이 조그마한 몸뚱이가 아니다. 이 몸만이 나라면 짐승처럼 한얼님 아버지를 생각하지 못한다. 이 천지(天地)를 거느리는 얼이 내 본 바탈(本性)이다. 예수, 석가는 빈탕한데(太虛空)에 살았지 이 세상 상대 세계에 갇혀 살지 않았다. 빔(허공)에 가야 평안하다. 빔은 아무것도 없다는 것과는 다르다. 일체가 거기서 나와서 거기에 담겨 있다가 거기로 돌아가는 태허공이다. 이 태허공이 한얼님이다."(류영모,《다석어록》)

이 땅의 생물들이 처음엔 바다에서 아가미로 물숨을 쉬었다. 그 뒤에 뭍으로 올라와 허파로 대기를 숨 쉬게 되었다. 물론 물속에서 아가미로 숨 쉬는 것도 있다. 그런데 지금으로부터 2천 년 전에 물숨도 아니고 기(氣)숨도 아니고 얼숨을 쉬는 이들이 나타났다. 예수, 석가, 노자, 공자 같은 성자들에게 일어난 일이다. 얼숨을 쉬는 얼나의 사람들은 짐승의 몸은 지녔으나 짐승의 수성(獸性)은 온전히 버리고 한얼님의 뜻을 좇는 한얼님 아들이다. 그래서 성인(聖人)이라고 하였다. 聖 자는 귀와 입으로 한얼님의 말씀을 듣고 말한다는 뜻을 지니고 있다. 인류 역사는 금수 시대에서 인류 시대로 인류 시대에서 영성(靈性) 시대로 바뀐 것이다. 물론 얼나를 깨달은 이는 극소수이지만 이어져 내려오고 있다. 석가, 공자, 노자가 나타난 2천5백 년 전후의 시대를 철학자 야스퍼스가 인류 문화의 축의 시대라고 하였다. 나는 장자(莊子)의 말을 좇아 참(진리)의 돌쩌귀(車由)라는 뜻으로 도추(道樞) 시대라고 하고 싶다. 고래는 땅 위에서 허파 숨을 쉬는 포유류인데 무슨 일인지 도로 바다에 들어가 살고 있다. 그런데 아가미로 숨 쉬지 않고 그대로 허파 숨을 쉬기 때문에 15분에서 20분마다 코를 물 밖으로 내밀어 공기 호흡을 한다. 새끼 고래는 3~4분마다 공기 호흡을 한다. 잠수하여 해산물을 채취하는 해녀들은 1분에서 5분마다 숨 쉬러 머리를 물 밖으로 내민다. 성인들은 짐승의 몸을 지녔으니 허파 호흡은 여전히 해야 하지만 얼숨을 쉬러 기도 명상하는 시간을 자주 가진다.

"우리의 숨은 목숨인데 이렇게 할닥할닥 숨을 쉬어야 사는 몸생명은 참생명이 아니다. 한얼님의 얼(성령)을 숨 쉬는 얼생명이 참생명이다. 영원한 생명인 얼생명에 들어가면 숨 쉬지 않아도 끊기지 않는 얼생명이 있다. 내가 어쩌고저쩌고 하는 그런 제나(ego)는 멸망의 생명이라 쓸데없다. 석가의 얼나와 예수의 얼나는 같은 한얼님이 보내신 영원한 생명이다."(류영모, 《다석어록》)

류영모는 믿는 사람(信仰人)이란 '나'의 풀이라고 말하였다. 예수와 석가의 남긴 말씀을 읽어보아도 줄곧 나에 대한 분석이요 해설이다. 예수가 "너희는 아래서 났고 나는 위에서 났다. 너희는 이 세상에 속하였고 나는 이 세상에 속하지 아니 하였다."(요한 8:23)라고 하였다. 이 말이 무슨 말인지 알기가 쉽지 않다. 아래서 났다는 것은 몸나를 두고 한 말이다. 위에서 났다는 것을 얼나를 두고 한 말이다. 예수도 몸나로는 아래서 났다. 예수의 얼나만 위로부터 났다. 아래서 났다는 것은 어머니로 났다는 말이요, 위로부터 났다는 것은 한얼님으로부터 났다는 말이다. 이 세상에 속하였다는 말은 이 세상에서 나서 죽는다는 말이다. 한얼에 속하였다는 말은 한얼님처럼 나지도 않고 죽지도 않는다는 말이다. 석가는 몸나는 생신(生身)이라 하고 얼나는 법신(法身)이라고 하였다. 예수, 석가의 말씀의 알맹이는 이것이다. 생로병사(生老病死)의 몸나(제나)는 버리고 생로병사를 여읜(초월한) 얼나를 깨달으라는 가르침이다.

사람은 누구나 스스로 나고 싶어서 태어난 이는 없다. 나의 의지와는 상관없이 수동적으로 태어난 것이다. 그러니 어떤 의미에서는 나라고 할 수 있는 권한이 없는 것이다. 그래서 어려서부터 나의 존재에 대해서 궁금증이 일어난다. 어른들께 내가 어떻게 낫는지 물으면 사실대로 대답하기가 부끄러워서 그런지는 몰라도 태연히 다리 아래에서 주워 왔다고 대답한다. 그 말을 곧이곧대로 믿는 어린이는 자기가 있었다는 마을 다리 아래에 가서 아무리 두리번거려 보아야 자신의 근원에 대한 의문은 풀 수 없다. 뒤에 자신이 혼인을 하고서야 그 다리가 동네 개울의 다리가 아니라 어머니 두 다리 아래인 것을 알게 된다. 예수가 너희는 아래서 낫다는 말의 아래가 바로 어머니의 다리 아래인 것이다. 그러나 그 아래가 해와 달의 아래인 것도 알아야 한다. 우주가 도와준 우주적인 소산(所産)이 나이기도 하다. 예수가 위에서 왔다는 위는 어디인가? 2004년 7월 7일 도반 김창수, 오창곤과 함께 병상에 누워 지내는 성천 류달영을 여의도 시민 아파트 댁으로 찾아갔다. 그때 류달영이 한 말이 잊혀지지 않는다. "내가 죽는 날은 위에서 정해놓은 것, 죽고 싶다고 죽어지는 것이 아니다." 사람의 생사를 결정하는 위는 한얼님이시다. 예수가 말한 위도 생사를 결정하는 한얼님이시다. 다음은 류영모의 '나' 풀이다. 불교에 스님들이 쓰는 화두가 1700개나 된다지만 결국은 '나' 하나인 것이다. '나'는 아래에서 난 '몸나'와 위에서 난 '얼나'이다.

1. "사람의 몸뚱이라는 것은 벗어버릴 허물 같은 옷이지 별것 아니다. 몸에 옷을 여러 겹 덧입는데 몸뚱이가 옷이라는 것을 나타내는 것밖에 아무것도 아니다. 옷은 마침내 벗어버릴 것이라 결국 사람의 임자는 얼(靈)이다. 사람의 생명에서 불멸하는 것은 얼나뿐이다. 입은 옷이 아무리 화려하고 찬란해도 낡으면 벗어던지게 된다. 그것이 비록 살(肉)옷이요 몸(體)옷이라도 낡으면 마침내 벗어버리고 만다. 그리고 드러나는 것은 얼나뿐이다. 얼나는 영원한 생명인 한얼님이시다."(류영모, 《다석어록》)

2. "사람은 몸나로만 살다가 맘나로 바뀐다. 감정의 맘나로 살다가 참을 생각하는 정신으로 바뀐다. 참을 생각하는 정신에서 제나(ego)가 없는 얼나가 된다. 이것이 사람이 걸어가야 할 인생길이다. 봄이 여름으로 바뀌고 여름이 가을로 바뀌고 가을이 겨울로 바뀌는 것이 자연이다. 하늘땅 펼친 자리에 계속 바뀌어 가는 것이 자연이요 인생이다. 이러한 발전과 변화의 대법칙을 따라 세상에 나타난 하나의 현실이 된 것이 나다. 내가 해야 할 사명을 받아 나의 할 일을 하는 것이 나다."(류영모, 《다석어록》)

3. "나의 속나(얼나)는 참이신 한얼님의 끄트머리다. 사람들이 나가 무엇의 끝인지를 잘 알지 못한다. 그러고는 이 세상의 처음(머리)이 되려고 야단들이다. 그러나 처음(머리)은 한얼님뿐이다. 나는 한얼

님의 가장 *끄트머리*의 한 긋(點)이다. 우리가 참을 찾는 것도 한얼님의 *끄트머리*인 이 긋(얼나)을 찾자는 것이다. 참이라 이 긋이요 이 긋이 참이다. 한얼의 긋은 속나요 참나요 얼나이다. 이 긋에서 처음도 찾고 마침도 찾아야 한다. 이 긋은 우주에 켜진 참의 불꽃이다."(류영모, 《다석어록》)

동학의 선사(先師) 최시형이 지은, 사람들에게 널리 알려진 글이 있다. 식일완만사지(食一碗萬事知). 밥 한 사발을 먹으면 모든 것을 안다는 뜻이다. 사람은 사람이 해야 할 일을 알면 되지 모든 것을 다 알 필요도 없고 다 알 수도 없다. 이 말은 먹는 밥값을 하라는 뜻으로 생각된다. 이 사람은 올해로 3만 날을 살았다. 하루 3끼니를 먹었다면 9만 그릇이다. 9만 그릇을 먹고서도 사람이 참나 되시는 한얼님을 모른다면 그 밥값을 어떻게 치를 수 있겠는가? 이 사람은 이렇게 말하고 싶다. 사일야천명각(思一夜天命覺). 하룻밤을 생각하면 한얼님이 주신 얼생명을 깨닫는다. 얼생명인 얼나를 깨달으면 한얼님 아들이 된다. 예수, 석가 그리고 류영모도 사람이 사는 목적은 한얼님이 주시는 영원한 생명인 얼나를 깨달으라는 것이다.

얼나를 깨닫는 비결은 제나(몸나)가 가짜 나인걸 온전히 아는 것이다. 온전히 알았으면 철저하게 부정(否定)해야 한다. 그리하여 나라는 생각이 없어져야 한다. 예수처럼 "내 뜻대로 마옵시고 아버지 뜻대로 하옵소서."(마태 26:39)

"한얼님 아버지께서 나를 사랑하시는 것은 내가 얼생명을 얻기 위하여 몸생명을 버렸기 때문이다. 몸생명을 내게서 빼앗는 이가 있는 것이 아니라 내가 스스로 버렸다."(요한10:17~18, 박영호 의역)

제나(몸나)를 버리고 나면 무중력(無重力) 상태가 된 것처럼 가벼워져 시름도 걱정도 두려움도 없어진다. 큰 전쟁이 날려면 나고 큰 지진이 있으려면 있어라. 내 얼나는 아버지와 함께 기쁘고 편안하다.

"얼(참나)을 보내신 분은 참(한얼님)이시니 너희는 그(한얼님)를 알지 못하나 나는 아노니 이는 얼(참나)이 그(한얼님)에게서 왔고 그(한얼님)가 얼을 보내셨다."(요한 7:28~29 박영호 의역)

제나(몸나)로 죽고 얼나로 솟난 이는 얼나로 한얼님 아들이 된다. 이는 예수도 그러하였지만 예수만의 일이 아니고 모든 사람의 일이다.

"얼나와 아버지는 하나이다. 아버지께서 주신 얼나로 나는 한얼님 아들이라고 하는 것을 너희가 어찌 불경하다고 하느냐."(요한 10:30~36 박영호 의역)

한얼님 아버지

있다는 건 아예 믿지 말아야
언젠가는 감쪽같이 없어진다.
태어나는 건 아예 믿지 말아야
언젠가는 시시하게 죽어진다.
보이는 건 아예 믿지 말아야

언젠가는 슬그머니 사라진다.

바뀌고 달라지는 모든 것은 조만간에 늙어 죽어 없어져

나서는 죽고 있다가 없어지는 모든 것은 헛뵈는 거짓이라

거짓 것에 홀리지 말아야 고달픈 삶을 헤매지 않으리라

없으면서 있(有)을 드러내고

나지 않고 태어나게 하고

보이지 않고서 보이는 걸 나타내는

없이 계시는 빔이요 얼이신 한얼님

얼생명을 보내오는 참나이시다.

만년설을 이고 우뚝 솟은 히말라야 높은 뫼에 오르는 산악인들

눈뫼가 꿈이요 희망이라 목숨 걸고 굽히잖고 오르고 오르듯

없이 계시는 한얼님이 삶의 목적이요 생명이라

한얼님께 오르고 오름이 이 몸의 삶과 죽음을 넘어선 나의 사명

님께로 나아가고 오름이 기쁨이요 감격이요 은총이라.

(2014. 10. 20 박영호)

제나로 죽고 얼나로 솟남

온통인 한얼님께로 나아가는 길 닦음이 낱동인 제나의 참삶

길 닦음은 땅의 어버이에게서 받은 거짓나인 제나를 죽이는 것

제나를 죽이기는 신화에 나오는 메두사의 목을 자르기처럼 어렵다.

목을 자르면 떨어진 머리가 다시 목으로 돌아가 붙어버린다.

예수 석가도 수시로 홀로 한적한 곳에서 기도 명상을 한 것도 그 때문
예수는 제나를 버리라 하였고 석가는 제나를 없애라 하였다.
제나가 없는 깨끗한 빈 마음에 한얼님 생명인 얼나가 들어오신다.
거짓나인 제나가 완전히 죽을 때 참나인 한얼님 아들 얼나가 깬다.

제나의 몸으로 부귀영화를 누려보겠다고 예수 석가 찾는 건 잘못
석가는 빌어먹으며 살았고 예수는 십자가에 못 박히어 죽었다.
이 누리에서 행복을 찾는 것은 산에 가서 물고기를 찾는 어리석음
사람의 일생이란 사형수의 집행 유예 기간인 것을 똑바로 알아야
멸망의 생명인 제나를 버리고 영원한 생명인 얼나로 솟남이 은총
제나로 죽으란다고 자살해 죽으란 말이 아닌 것이니 옳게 들어야
이 몸도 한얼님께서 주신 것이라 한얼님께 돌려드리고 나란 생각 잊음
제나에서 얼나로 생명 옮김이 영원한 생명으로 한얼님께로 돌아감

(2013. 11. 1 박영호)

한얼님이 주시는 얼로 솟난(거듭난) 한얼님 아들의 입으로 전해지
는 한얼님의 말씀을 복음(福音, 유안겔리온)이라고 말한다. 석가는 말
할 것 없고 예수의 말씀 가운데도 복음으로 들리는 말씀이 있다. 그
런 복음의 뜻을 알고 나면 덩실덩실 춤이라도 추고 싶을 정도로 마
음에 기쁨이 샘솟는다. 석가는 물론 예수의 말씀도 한얼님을 향한 깊
은 기도, 높은 명상에서 얻은 것임을 알게 되고 느껴진다. 류영모는
《주역(周易)》에 나오는 수사입기성(修辭立其誠)이라는 말을 좋아하여

자주 말하였다. 책을 읽는 것은 수사입기성이라고 말하였다. 말씀을 고르고 골라 참(진리)을 세운다는 뜻이다. 그런 말씀이 곧 복음이다.

"말이 타락하면 사람의 권위는 자꾸만 땅에 떨어진다. 우리가 쓰는 말과 글이 존경을 받아야 한다. 말과 글이 쓰레기통에 떨어짐은 자기의 정신을 쓰레기통에 던지는 것이나 마찬가지다. 사람의 권위는 말의 권위에 있다. 그렇기 때문에 말 한 번 하려면 좋은 말, 높은 말을 고르고 골라서 해야 한다. 옛말에 수사입기성(修辭立其誠)이라 했다. 수사(修辭)란 말은 고른다는 뜻이다. 말이란 우리 정신의 양식인데 아무것이나 먹을 수 있는가? 좋은 말, 좋은 글을 고르고 골라서 먹어야 하지 않겠는가? 우리가 물 한 모금 마시려고 해도 고르고 고르는데 하물며 말씀을 사르려면 얼마나 고르고 또 골라야 할지 알 수 없다. 수사(修辭)를 해야 참말을 할 수 있다. 그것이 입기성(立其誠)이다."(류영모,《다석어록》)

이 사람이 4복음서 가운데 고르고 고른 복음이 예수의 이 말씀이다.

"너희는 스승이라는 일컬음을 받지 말라. 너희의 스승은 오직 한 분이시니 한얼님이시다. 너희들은 모두가 형제이다. 땅에 있는 이를 아버지라 말라. 너희 아버지는 한 분이시니 한얼님이시다. 또한 지도자라는 일컬음을 받지 말라. 너희 지도자는 너희에게 오는 얼이시다. 너희 가운데 남을 섬기는 자가 되어야 하리라. 누구든지 자기를 높이는 자는 낮아지고 누구든지 자기를 낮추는 이는 높임을 받는다."(마

태 23:8~12 박영호 의역)

이 말씀은 단지 네 마디 말씀이다. 그러나 땅의 나라를 한얼 나라로 옮겨주는 놀라운 말씀임에 틀림이 없다. 그런데 라인홀드 니부어는 아버지 어머니에 대한 예수의 가르침은 사회 윤리에 어긋나는 일이라면서 현대 사회에 적용할 수 없다고 하였다.

"예수의 가족들이 예수를 찾아왔다고 알렸을 때 예수는 냉정하게 대답하기를 '누가 내 모친이며 동생이냐. …… 누구든지 한얼님의 뜻을 행하는 자가 내 형제요 자매요 어머니다.'라고 하였다. 죽어 가는 아버지에게 장례를 치르는 마지막 효도를 다하고 오기까지 제자 되기를 유보하려는 젊은이에 대해서 똑같은 정신으로 충고하고 있다. '죽은 이를 장사하는 일은 죽은 자들에게 맡겨 두라.' 그런 다음에도 역시 비타협적인 어조로 나보다 아버지나 어머니를 더 사랑하는 사람은 내게 합당하지 않다고 말한다. 누가 14:26에는 더욱 무정한 말씀이 나타난다. '누구든지 내게 오는 사람은 자기 아버지나 어머니나 아내나 자식이나 형제나 자매를 버려야 한다. 또 자기 목숨까지라도 버리지 않으면 내 제자가 될 수 없다.' 이러한 윤리는 현대 사회에 적용할 수 없고 어떤 가상의 사회에도 적용할 수 없다라고 한 칼 바르트(Karl Barth)의 말에 거의 모든 사람이 동의한다. 여기에서 예수가 주장하는 윤리의 엄격주의와 비신중적인 특성이 드러난다. 예수가 말하는 윤리관의 기초에는 종말론적인 요소가 존재한다. 예수에 의해서 형성된 윤리적 요구는 인간의 현재적인 실존을 통해서는 성취되기가 불가능하다. 그 주장들은 본질적인 실재에 대한 초월적이며

신적인 통일성으로부터 생겨난 것이며 그것의 최종적인 성취는 한얼님께서 이 세상의 현세적인 무질서를 최종적인 통일성으로 개변(改變)시킬 때에만 가능하다."(니부어,《그리스도인의 윤리》)

니부어의 신학 석사 논문 제목이 〈영혼 불멸의 교리에 대한 그리스도교의 공헌〉이었으며 그 논문의 골자는 그리스도교가 영혼 불멸의 교리에 공헌을 했다는 것이며, 그리스도교가 예수의 육체적 부활을 포기할 때 영혼 불멸의 교리가 바로 보존된다는 내용이었다 한다. 니부어가 젊은 나이에 예수의 육체 부활 신앙이 예수의 얼나 깨달음의 영성 신앙을 가리고 있는 것을 알아차린 것이다. 예수의 십자가 죽음과 장사한 지 3일 만에 무덤에서 다시 살아난 것이 바울로 신학의 핵심이다. 그것은 기독교의 초석인 사도신경이 그것을 증거하고 있다. 그런데 니부어는 얼나 깨달음에서 사회 윤리에 집중하여 한때 마르크시즘(공산주의)에까지 관심을 가지게 된다. 니부어는 총명한지라 마르크스주의가 독선화되고 종교화되는 데 커다란 위험성을 직감하게 되었다. 스탈린의 숙청과 일인 독재에 소름끼치는 전율을 느끼고는 공산주의를 우주적인 악이라 혹평함과 동시에 민주주의 정치 제도를 최상의 정치 제도로 확신하게 된다.

그런데 니부어가 예수를 윤리(倫理)의 스승으로 접근하는 것이 잘못이다. 예수는 영성의 스승이다. 예수가 땅의 아버지를 아버지라 말라는 말은 니부어는 감당치 못할 것이다. 세상의 윤리로는 있을 수 없는 일이다. 그러나 영성의 나라에서는 땅의 아버지를 버리는 것이 기본이다. 예수가 몸의 피붙이들에게 냉정한 것도 기본이다. 그러나 짐승인 제나(몸나)의 짐승 성질을 죽여 없앴기 때문에 세상 윤리를 넘어선 아가페의 사랑을 실천하였다. 예수에게는 세상의 사회 질서를 유지하자는 윤리 생활이 목적이 아니다. 제나의 수성(獸性)을 깨끗이 버리고 한얼님이 주신 얼나의 아가페(얼사랑) 삶을 실현하자는데 니부이는 회의를 일으켜 종말론으로 오해를 하였다. 예수는 영원한 생명인 얼나가 참나임을 깨달아야 한다고 말하였다. 영원한 생명인 얼나에는 시작도 없고 종말도 없다. 생사(生死) 유무(有無)를 초월한 예수에게 종말론이란 무의미하다. 니부어는 아직 상대 세계에 대한 집착을 버리지 못하고 있는 것을 드러낸 것이다.

어버이가 낳아준 짐승인 제나(몸나)로 죽고 한얼님이 주신 얼나로 솟난 뒤에 몸의 혈연 관계를 지닌 땅의 어버이와 형제자매를 만나도 담벼락과 마주한 것같이 꽉 막혀 답답할 뿐이지 정신적인 대화가 되지 않는다. "우리가 서로 사귄다는 게 낯바닥 익히는 데서 그친다. 깊이 얼을 알려고 안 한다. 이게 기가 막힌다. 그저 얼굴이 훤히 생기면 그게 좋단다. 얼굴이 보살같이 생겼으면 그대로 믿어버린다. 우리가 얼굴에 막혀서 이런 짓을 한다."(류영모, 《다석어록》) 사람은 잠시 사귀어도 얼로 사귀어야 한다. 얼로 사귀면 이천 년 전 예수가 친형제 이상으로 가깝게 느껴진다. 술 권하고 담배 권하고 오락 권하는 것이 사귐이 아니다. 사람을 죽이는 일이다. 예수가 말한 "나(얼나)와 아버지는 하나이다."(요한 10:30)라는 말이 사실이요 진실임을 느낀다. 깨달은 얼나로는 한얼님만이 참아버지요 나(얼나)는 한얼님의 아들임이 의심 없이 믿어진다. 예수가 한얼님 아버지를 보여 달라는 빌

립에게 이렇게 말하였다.

"얼나를 깨달은 이는 아버지를 보았거늘 어찌하여 아버지를 보이라 하느냐? 얼나는 아버지 안에 있고 아버지는 얼나로 계신 것을 네가 알지 못하느냐? 내(얼나)가 아버지 안에 있고 아버지께서 내(얼나) 안에 계심을 알아야 한다."(요한 14:10~11 박영호 의역)

요한복음 7장에 있는 이 말씀은 읽으면 읽을수록 예수는 참으로 한얼님의 아들임을 믿게 되고 그 말씀이 고맙고 기쁘다.

"나(얼나)를 보내신 이는 참(한얼님)이시니 사람들은 그를 알지 못하나 나는 아노니, 이는 내(얼나)가 그에게서 났고 그가 나(얼나)를 보내시었다."(요한 7:28~29 박영호 의역)

예수가 이 말을 사람들에게 한 것은 예수가 자신이 한얼님 아들인 것을 자랑하는 것이 아니라, 너희도 나처럼 어버이가 낳아준 제나(몸나)를 부정하고 한얼님이 주시는 얼나로 솟나(거듭나)라는 가르침이다. 예수에게 복 달라고 빌고 조르는 것이 예수를 믿는 것이 아니다. 그것은 짐승된 욕심일 뿐이다. 예수는 이 세상에서 동가식(東家食) 서가숙(西家宿) 하며 머리 둘 곳 없이 살다 갔다. 세상에서 말하는 복(福)과는 인연도 없고 관심도 없이 산 예수에게 복을 달라고 매달리는 것은 어이없는 일이다. 예수에게 가르침을 구할 것은 영원한 생명인 얼나를 깨닫는 길인 것이다. 예수 혼자만 한얼님 아들이라는 것이 아니다. 모든 사람들이 한얼님 아버지가 주시는 얼나를 받고 참나로 깨달아 예수처럼 한얼님 아들이 되자는 것이다. 사람들이 예수에게 물었다. "우리가 어떻게 하여야 한얼님의 일을 하오리이까?" 예수가 대답하기를 "한얼님께서 보내신 이(얼나)를 깨달아 믿고 좇는 것이 한얼님의 일을 하는 것이다."(요한 6:29)라고 하였다. 한얼님의 일을 하면 한얼님 아들이요 한얼님 아들이 얼나를 깨달은 이다. 예수가 사람들에게 "한얼로 계시는 너희 아버지의 온전하심과 같이 너희도 온전하라."(마태 5:48)라고 한 것은 너희도 얼나를 깨달아 한얼님의 아들이 되라는 말씀이다. 류영모가 이렇게 말하였다.

"예수는 찾아온 유대인 관원 니고데모에게 그가 알고자 하는 그 표적(이적)에 대해서는 말을 않고 얼나로 거듭나라고 말했다. 거듭난 다로 옮겨진 낱말 아노센(ανωθεν)은 위로부터(from above)라는 뜻이다. 거듭나다는 위(한얼님)로부터 오는 얼로 새로 나라는 뜻이다. 땅의 어머니로부터 태어난 몸나는 어머니 하문(下門)으로 났으므로 아래서 난 것이다. 아래서 난 건 몸나이고 위로부터 난 건 얼나이다. 영원 절대한 한얼님은 얼이라 얼이 아니면 한얼님과 관계할 수 없다. 예수는 한얼님의 얼을 바람에 비겼다. 바람은 어디서 와서 어디로 가는지 모르지만 그 하는 일은 알 수 있듯이 얼나로 남도 알 수 없으나 그 하는 일로 짐작할 수 있다. 얼나로 거듭난 사람의 언행에는 삼독(三毒)을 볼 수 없다."(류영모,《다석어록》)

짐승인 제나로는 가장 가까운 이가 이 땅의 아버지(어머니)인데 예수는 땅의 아버지는 아버지가 아니라고 말하였다. 더욱 놀라운 것은 이 땅의 어버이가 낳은 제나(몸나)는 참나가 아니라는 것이다. 이것은 그야말로 날벼락 같은 놀라움이 아닐 수 없다. 사람들이 가장 소중하게 여기는 제나와 가족을 버리라는 데는 니부어조차도 고개를 설레설레 흔든 것이다. 다시 한 번 그 말을 곱씹어본다.

"사람의 원수가 제 피붙이 가족이다. 아버지 어머니를 얼나보다 더 사랑하는 이는 얼나를 깨닫지 못한다. 아들이나 딸을 얼나보다 더 사랑하는 이도 얼나를 깨닫지 못한다. 또 어버이가 낳아준 제나(몸나)를 버리고 얼나를 좇지 않는 이도 얼나를 깨닫지 못한다. 몸나를 아끼는 이는 얼나를 잃을 것이요 얼나를 위하여 몸나를 버리는 이는 얼나를 얻는다. 얼나를 깨닫는 이는 얼나를 보내신 한얼님 아버지를 맞이한다."(마태 10:37~40 박영호 의역)

제나(몸나)를 거짓나로 부정하니까 몸나와 인연이 이어진 가족, 동포, 인류가 부질없게 된다. 이러한 사상은 기존의 모든 사상을 부정하는 일이 된다. 그런데 예수와 석가는 가족을 부정하라고 하였을 뿐만 아니라 스스로 그렇게 살고 갔다. 예수는 아버지가 일찍 돌아가 아버지에게 직접 말하는 것은 없으나 어떤 여인이 예수에게 "당신을 밴 태와 당신을 먹인 젖이 복이 있소이다라고 하니 예수께서 이르기를 오히려 한얼님의 말씀을 듣고 지키는 자가 복이 있다."(누가 11:27~28)라고 하였다. 이는 예수가 자신을 낳은 어머니의 존재를 고맙게 생각하지 않을 뿐만 아니라 부정한 것이다. 석가는 어머니가 일찍 돌아가 어머니의 얼굴도 알지 못하였다. 석가가 29살에 출가하여 6년 고행 끝에 제나 너머의 얼나를 깨달아 제나의 생사(生死)를 뛰어 넘었다. 그 뒤 아버지와 처자가 있는 가비라 성으로 돌아와서도 성 안에 사는 주민들 집을 찾아다니며 밥을 빌었다. 그것을 알게 된

부왕 슈도다나가 달려와서 아들 싯다르타를 보고서 "왜 집에 양식이 없는가? 어찌하여 걸식을 하느냐? 샤카(석가)족에는 거지라고는 없었다. 집안 망신시키지 말고 집으로 돌아가자."라고 하였다. 그러자 석가는 아버지에게 "나는 샤카족이 아닙니다. 니르바나님의 아들로서 붓다 선배들의 뒤를 이어 밥을 빌어먹는 것입니다."라고 대답하였다. 예수, 석가의 생각이 일치하는 것을 보고 놀라지 않을 수 없다.

류영모도 예수, 석가의 생각 그대로이다. 어버이가 낳아준 몸나는 참나가 아니며 한얼님이 주신 얼나가 참나로 영원한 생명이라고 말하였다.

"짐승을 기를 때는 우리가 쓸 만큼 사랑하며 길러야지 그 이상 사랑하여 기를 필요가 없다. 얼나를 위해 몸뚱이를 길러야지 이 몸뚱이를 지나치게 사랑하거나 전 목적으로 삼아서는 안 된다. 우리의 몸뚱이는 짐승이요 몸삶은 짐승 살이다. 한얼님 아들인 얼이 어째서 이런 짐승 속에 있는지 알 수 없다. 우리는 우리 마음에 온 한얼님의 얼을 기르기 위한 한도 안에서 몸의 건강을 힘써야지 몸을 삶의 전 목적으로 해서는 안 된다. 몸이란 짐승은 적당히 쓰기 위해서 적당히 길러야지 그리하여 잡을 때는 아낌없이 잡아야 한다. 항상 몸나는 얼나를 위한 것임을, 그리고 얼나는 위(한얼님)에서 왔다는 것을 잊지 말아야 한다. 오늘날 세상은 몸나밖에 모른다. 그리하여 몸이 미끈하게 잘생긴 이를 부러워한다. 우리가 눈, 귀, 코, 입, 몸, 뜻 육근(六根)에 붙잡히면 이 짐승인 몬에 잡아먹혀버린다. 이 짐승인 몸의 욕망을 좇지 말고 한얼님 아들인 얼나의 뜻을 좇아야 한다."(류영모, 《다석어록》)

제나(ego)를 부정함으로 땅의 아버지가 없어지고 얼나를 긍정함으로 한얼님 아버지가 나타난다. 그리고 보면 땅의 아버지는 한얼아버지께로 뛰어오르는 뜀틀 역할을 한다. 땅의 아버지는 부정하면 은총이 되나 긍정하면 원수가 된다. 류영모는 이렇게 말하였다. "한얼님을 찾으라고 우리를 이 세상에 내놓으셨다. 우리에게 삶을 사는 시간을 주는 것도 그 시간 동안에 한얼님 당신을 찾으라고 주신 것이다. 한얼님이 나의 나인 참나(얼나)라 우리는 찾지 않을 수 없다. 우리를 사람으로 살리는 동안에 한얼님에게 다다라야 한다."(류영모, 《다석어록》)

예수와 석가는 35살 즈음 거의 같은 나이에 제나에서 얼나로 생명 바꿈을 하였다. 예수도 38살에 십자가에 죽은 것으로 역사적 예수를 연구한 정양모가 말하였다. 요한복음에도 유대인들이 예수에게 이르기를 "네가 아직 오십도 못 되었는데 아브라함을 보았느냐."(요한 8:57)라고 한 것으로도 40살 전후가 되었기에 50살도 못 되었을 것으로 추리가 된다. 그런데 예수와 석가의 공통점은 뚜렷한 스승이 없다는 것이다. 예수와 석가 앞에는 예수와 석가처럼 구경각을 이룬 이를 찾을 수 없었다. 예수와 석가는 스승 없이 스스로의 기도 명상으로 제나에서 얼나로 땅의 아버지에서 한얼아버지로 솟날 수 있었다. 그리고 뒤로는 예수와 석가가 사람들에게 직접, 간접으로 스승이 되어 주었다. 직접 스승이 된 것은 예수와 석가의 말씀(가르침)을 직접 들은 제자들이 있었던 것이고, 간접 스승이 된 것은 예수와 석가의 말씀을 적은 경전을 통하여 예수와 석가를 사사(師事)가 아닌 사숙(私

淑)을 하는 것이다. 예수와 석가는 한얼님(니르바나님)과 얼로 교통하는 가운데 "나와 아버지는 하나이다."(요한 10:30)라고 하는 홀황(惚恍, 《노자》 14장)의 이른바 법열(法悅)을 느꼈다. 거짓나인 남녀의 몸뚱이가 서로 얼싸안아도 황홀한데 한얼님 아버지와 한얼님 아들이 얼로 일체감을 느끼는데 기쁨이 없겠는가? 예수는 십자가 죽음을 앞두고도 기쁨이 넘치고 석가는 빌어먹으면서도 즐거움이 넘쳤다. 류영모의 말이다.

"영원히 갈 것은 오직 생각 하나만이다. 영원 무한(한얼님)을 아는 것은 생각 때문이다. 이런 물질이 아닌 생각뿐인 얼의 나라가 있을 것이라 해서 한얼님, 니르바나님이라 한다. 영원히 가는 것은 한얼님을 생각하는 얼나뿐이다. 참(Dharma)이라, 말씀(logos)이라 하는 게 이것이다. 참으로 한얼님의 뜻을 좇아 한얼님 아버지께로 올라간다는 것이 그렇게 기쁘고 즐거울 수가 없다. 한얼님 속에 하나 되는 것은 황홀한 것이다. 얼나로는 내 생명과 한얼님의 생명이 하나이다. 얼로는 한얼님 아버지와 한얼님 아들이 이어져 있다. 얼이 한얼님의 생명인 것이다."(류영모, 《다석어록》)

어버이가 낳아준 몸나(제나)를 참나로 알고 사는 이는 아무리 배운 것이 많고 아는 것이 많아도 세상의 지식을 가르치는 선생은 될 수 있어도 한얼님께로 가는 얼나를 깨우치는 스승은 될 수 없다. 얼나를 깨우쳐줄 수 있는 스승은 제나로 죽고 얼나로 솟난 이만이 될 수 있다. 얼나를 깨달은 예수와 석가만이 스승 될 자격이 있다. 그런데도 오히려 얼나를 참나로 깨달은 이를 이단(異端)이라며 박해를 서

습지 않았다. 예수가 십자가에 못 박혀 죽은 것은 로마 총독 때문이 아니다. 바리새인 사두개인이라 불리는 제사장을 비롯한 유대교 지도부의 음모와 계략에 의한 것이다. 그런데 사도신경에는 빌라도에게 죄를 떠넘겼다. 사도신경을 지은 이들이 친유대교 세력이라는 것을 짐작게 한다. 그들이 예수를 싫어하고 미워한 것은 유대교의 수입원인 제사 의식을 반대하고 비평하였기 때문이다. 예수는 예루살렘 성전에 나타나서도 비둘기 한 마리도 제물로 바친 일이 없다. 한얼님께 예배를 드리고자 하면 참인 얼로 예배(기도)를 올리라고 말하였다. 그리하여 예수를 폭력적인 독립 운동(메시아 운동)을 기획하고 스스로 왕이 되고자 한다는 모략을 한 것이다.

석가도 예수와 마찬가지로 모략과 시련을 겪었다. 석가는 얼나를 깨닫자는 깨달음을 가르친 이다. 석가는 브라만교의 제사 의식을 철저히 부정하였다. 그리하여 살인의 누명을 씌우려 하였고 여인을 건드려 임신케 하였다는 누명을 씌우려 하였다. 산에서 돌을 굴려 죽이려고 하였다. 오늘날까지도 석가가 무신론자라는 오해를 받는 까닭도 제사 의식을 부정하였기 때문이다. 석가는 제나를 부정하고 얼나를 깨달아야 한다는 것을 주장하였다. 그 얼나는 니르바나님이 주신다고 하였다. 예수의 가르침이 뒤에 좇는 사람들에 의하여 반대로 뒤집어지듯 석가의 가르침도 뒤에 좇는 사람들에 의해 다시 의식 제사로 종교화하였다. 20세기에 와서 얼나 깨달음을 부활시키려 한 레프 톨스토이는 러시아 정교회로부터 파문을 당하였고 마하트마 간디는 힌두교도에게 총격을 받아 죽었다.

헨리 데이비드 소로는 이단에 대해서 시원스런 말을 하였다.

"이 세상의 지혜란 한때는 받아들이기 어려웠던 현자들의 이단 사상인 것이다."(소로,《소로의 일기》)

성천(星泉) 류달영은 이단에 대해서 놀라운 말을 하였다.

"내가 예수를 존경하고 내 생명의 임(님)으로 믿는 까닭에는 첫째가 그가 위대한 이단자(異端者)이기 때문이다. 복음서는 곧 위대한 이단자가 흘린 의로운 피로 적힌 기록이다. 소금이 달지 않고 언제나 짜듯이 진리는 어느 시대에 있어서도 이단자라는 낙인을 면할 수 없다. 이단자라는 낙인찍히기를 두려워하고서는 진리와 동행할 수 없다고 생각한다."(류달영《종교와 교육의 의미》)

예수는 사람들이 탐·진·치(貪瞋痴)의 짐승 성질을 좇아 살기에 이 세상이 생존 경쟁으로 얼마나 사납고 모진지를 잘 알았다. 그래서 얼나로 솟나 짐승의 성질을 버리고 살기가 어렵다는 것을 잘 알고 있었다. 마태복음 5장에 있는 예수의 말씀에 복된 일이란 어울리지 않는 옮김이다. 세상에서 복되다면 부귀영화를 누리게 되는 것인데 박해 속에 시련을 겪는 얼나를 깨달은 한얼님 아들의 삶이 어찌 복되다 행복하다고 할 수 있는가. '복된'의 헬라어 마카리오스(μακαριος)에는 참는다는 뜻이 들어 있다. 그러므로 박해와 시련을 잘 참으라는 말로 들어야 한다. 이것이야말로 한얼님 아버지의 은혜이시다. 그러므로 '은혜로워라'라고 옮기는 것이 자연스럽다.

"얼나를 깨닫고자 간구하는 이는 은혜로워라. 한얼 나라가 그들의 것이다.

몸나를 슬퍼하는 이는 은혜로워라. 얼나로 위로를 받을 것이다.

겸손한 이는 은혜로워라. 땅에서도 뜻있게 살 수 있을 것이다.

올바른 삶에 애쓰는 이는 은혜로워라. 마음이 흐뭇할 것이다.

이웃에 얼사랑을 나누는 이는 은혜로워라. 위로부터 얼사랑을 받을 것이다.

마음이 깨끗한 이는 은혜로워라. 한얼님을 만날 것이다.

화평케 하는 이는 은혜로워라. 한얼님의 아들이 될 것이다.

옳은 일을 하다가 박해를 받는 이는 은혜로워라. 한얼님의 나라가 그들의 것이다.

얼나 때문에 모욕을 당하고 박해를 받으며 터무니없는 말로 갖은 비난을 다 견디어내는 이는 은혜로워라. 기뻐하고 즐거워하여라. 한얼님께서 기뻐하시리라."(마태 5:3~12 박영호 의역)

예수는 이미 얼나를 깨달아 한얼님의 아들 노릇을 하는 이들이 세상 사람들의 미움을 받아 죽임을 당할 수도 있다는 것을 비유로 말하였다.

"예수가 말하였다. 포도밭 임자가 포도밭을 농부들에게 소작으로 빌려주어 소작농들이 포도밭에서 농사를 짓고 임자는 소작농들로부터 소작료를 받기로 하였다. 포도밭 임자는 소작농들에게 세를 받아오도록 심부름꾼을 보냈다. 소작농들은 포도밭 임자가 보낸 심부름꾼을 붙잡아서 매질을 하였다. 심부름꾼은 거의 초주검이 되었다. 그 심부름꾼들은 돌아와 포도원 임자에게 일렀다. 임자가 말하기를 소작하는 사람들이 심부름 간 그를 잘 몰랐기 때문이니라. 임자는 다른 심부름꾼을 또 보냈다. 그 소작농들은 먼저처럼 그에게도 매질을 하였다. 그러자 포도원 임자가 이번에는 자신의 아들을 보내면서 말하기를 아마 소작농들이 내 아들에게는 얼마의 경의를 보일 것이다. 내 아들이 그 포도밭의 상속인인 것을 그들은 알 것이기 때문이다. 그런데 소작농들은 주인의 아들까지 붙잡아 죽였다. 누구나 귀 있는 이는 들어라."(도마 65)

비유는 일부분이지 전체로 확대하여 풀이하면 비유의 본뜻을 어기게 된다. 이 비유는 얼나를 깨달아 한얼님 아들 노릇하는 스승의 자리에 선 이를 박해한 비유일 뿐이다. 한얼님 아들인 얼나는 죽지도 않고 죽일 수도 없다. 예수의 몸이 한얼님 아들이 아닌 것이다. 아우구스티누스나 키르케고르 같은 이들이 예수가 이 세상에 온 것을 두고 한얼님이 몸을 입고 사람이 되어 이 세상에 왔다고 한 것은 지나친 생각이다. 한얼님과 성령을 구분한 것도 잘못이고 예수의 몸나까지 한얼님이라 한 것도 잘못이다. 류영모는 이렇게 말하였다. 이 자리에도 꼭 필요한 말씀이라 거듭 인용한다.

"우리가 예수를 따르고 그를 쳐다보는 것은 그의 몸(色身)을 보고 따르자는 것이 아니다. 예수는 내 속에 있는 속알, 곧 한얼님의 얼씨가 참생명임을 가르쳐 주었다. 그러므로 먼저 내 속에 있는 속알(얼나)을 따라야 한다. 그 속알(얼나)이 예수의 참생명이요 나의 참생명이다. 몸으로는 예수의 몸도 내 몸과 같이 죽을 껍데기지 별수 없다.

내 맘속에 있는 한얼님의 얼씨인 한얼님 아들을 믿지 않으면 이미 죽은 것이다. 죽은 몸을 나로 착각하고 있는 것이다. 위로부터 난 얼 생명인 한얼님 아들(얼나)을 알지 못하면 그게 이미 심판받고 정죄 받고 죽은 것이다. 위로부터 보내주시는 얼로 솟날 생각을 못하니 그 것을 모르니까 이미 죽은 거다. 몸의 숨은 붙어 있어도 죽은 목숨이 다."(류영모, 《다석어록》)

키르케고르는 예수의 십자가상만 보아도 마음이 떨려 잠을 못 이 룬다고 말하였다. 몸나에 붙잡힌 사람들이 예수가 십자가에 못 박혀 죽은 것으로 생각하는데 예수의 참생명인 얼나는 십자가에 못 박혀 죽는 생명이 아니다. 예수의 표현대로 바람과 같은 얼을 어떻게 십자 가에 못 박는단 말인가? 예수의 얼나가 타고 다니던 수레와 같은 몸 나가 죽은 것이지 예수의 얼나는 생사(生死)를 초월한 영원한 생명인 것이다. 그런데 예수가 십자가에 못 박혀 죽었고 장사 지낸 지 사흘 만에 다시 살아났다는 것은 무슨 소리를 하는지 모르겠다. 예수의 얼 나, 곧 한얼님의 아들은 십자가에서 못 박혀 죽은 일도 없으며 따라 서 다시 살아날 리도 없다. 이천 년 동안 엉뚱한 생각에 사로잡힌 데 서 깨어나야 한다. 예수도 석가도 얼나로 한얼님 아들 노릇을 하였 다. 바꾸어 말하면 사람들의 스승 노릇을 하고 갔다. 예수와 석가는 얼나로는 생로병사(生老病死)를 여의었다고 말하였다. 얼나는 몸나 (生身)와는 관계없이 영원히 존재한다고 말하였다. 예수가 말한 보혜 사(保惠師), 석가가 말한 법등명(法燈明)이 언제나 계시는 얼나, 곧 한 얼님(니르바나님)이시다.

예수와 석가는 그들의 가르침도 뒤로 하고 얼나의 가르침을 받으라고 하였는데 예수의 가르침을 좇겠다는 이들이 예수의 가르침도 내버리고 자신이 만든 교리를 내걸어놓고 이것을 안 믿으면 저주를 받으라고 위협을 하였으니 할 말이 없다. 칼 야스퍼스의 바른 말이다.

"기독교 도그마(교의)의 빛나는 역사를 장식하는 이와 같은 신앙 고백이나 다른 종류의 신조들은 예수와는 아무런 관련이 없다."(칼 야스퍼스, 《소크라테스, 붓다, 공자, 예수》)

인류 역사에 스승다운 스승을 만나기가 어렵다. 그런데 예수와 석가야말로 높이고 싶고 본받고 싶은 훌륭한 스승이다. 그런데 사람들은 예수와 석가를 신앙의 대상으로 높이면서 그 가르침을 그르쳤다. 세상 사람들 가운데는 스승의 자리에 올라 올바르게 한얼님을 가르치는 스승 노릇을 하면 될 일인데, 스스로가 한얼님이 된 듯이 섬김을 받으려 하는 덜 된 스승들이 있다. 예수는 자신을 좇는 제자들을 선한 목자처럼 돌보았다. 예수가 말한 목자의 스승관은 참으로 잊어서는 안 될 귀한 말씀이다.

"나는 착한 목자이다. 착한 목자는 자기 양을 위하여 목숨을 바친다. 목자가 아닌 삯꾼은 양들이 자기 것이 아니기 때문에 사나운 짐승(이리)이 가까이 오는 것을 보면 양을 버리고 도망쳐버린다. 그러면 사나운 짐승이 양들을 물어 가고 양떼도 뿔뿔이 흩어져버린다. 그는 삯꾼이어서 양들을 조금도 생각하지 않기 때문이다. 나는 착한 목자이다. 나는 내 양들을 알고 내 양들도 나를 안다. 이것은 마치 아버지께서 나를 아시고 내가 아버지를 아는 것과 같다. 나는 내 양들을 위하여 목숨을 바친다."(요한 10:11~15)

예수는 또 스승과 제자 사이를 포도나무에 비겼다.

"나는 포도나무요 너희는 가지다. 누구든지 나에게서 떠나지 않고 내가 그와 함께 있으면 그는 많은 열매를 맺는다. 나를 떠나서는 너희가 아무것도 할 수 없다."(요한 15:5)

예수는 자기 목숨보다 더 아끼는 제자들을 한얼님 아버지께로 돌린다. 제자들이 참스승님이신 한얼님께 나아가 배우게 하자는 것이다. 한얼님께서는 한얼님의 생명인 얼(성령)을 보내어 얼을 깨닫게 하여 가르치신다. 예수 자신은 이제 스승의 자리에서 물러나 제자들과 동급인 벗이 되겠다고 한다. 그러므로 임시 스승인 자신은 떠나가는 것이 제자들에게 유익하다고 말하였다.

"사실은 내가 떠나가는 것이 너희에게는 더 유익하다. 내가 있으면 너희가 나를 의지하므로 너희가 한얼님이 보내시는 얼(보혜사)을 깨닫는 것이 늦어진다. 내가 떠나가면 너희는 한얼님이 보내시는 얼(보혜사)에 의지하게 됨으로 얼나 깨닫기에 좋게 된다."(요한 16:7 박영호 의역)

"벗을 위하여 제 목숨을 바치는 것보다 더 큰 사랑은 없다. 내가 일러준 것을 지키면 너희는 나의 벗이 된다. 이제 나는 너희를 제자라 부르지 않고 벗이라고 부르겠다."(요한 15:13~15 박영호 의역)

사람이 정신적으로 다 자라면 스스로 제나를 이기고, 얼나로 솟나면 솟난 얼나로 한얼 나라에 들어간다. 얼나는 한얼님의 생명이지 낱동(개체)의 생명이 아니다. 한얼 나라에 들어가면 참나로 깨달은 얼나로 한얼님 아버지와 하나 된다. "아버지와 나는 하나이다."(요한 10:30) 그런데 한얼님의 얼의 긋이 내게 온 것이라 "아버지는 나보다 크시다."(요한 14:28)라고 하였다. 한얼님으로부터 받은 얼나만이 한얼님께로 돌아간다. 그러므로 "내(얼나)가 곧 길이요 진리요 생명이니 얼나로 말미암지 않고는 아버지께로 올 자가 없다. 너희가 얼나를 알았다면 한얼님 아버지도 알았을 것이다."(요한 14:6~7 박영호 의역) 그래서 얼나로는 하나이기 때문에 "얼나를 깨달은 이는 나의 하는 일을 저도 할 것이요 또한 이보다 큰 것도 하리라."(요한 14:12 박영호 의역)라고 말하였다. 예수는 스스로 이렇게 하여 한얼님 아들의 자리에 이르렀다. 제자들에게도 이렇게 되기를 바라서 제자들에게 마지막 고별의 강의를 한 것이다. 그 고별의 마지막 강의가 요한복음 14장, 15장, 16장에 실려 있다. 앞으로는 너희들이 직접 참스승이신 한얼님께 나아가 한얼님이 주시는 얼을 받아 그 얼의 가르침에 좇으라는 것이다. 예수가 제자들에게 마지막으로 가르친 것은 참스승님은 내가 아니라 한얼님 아버지이시고 나는 너희들의 벗이라고 선언하였다. 빛나는 사도(師道)의 정신을 보여주었다. 이것이 참스승의 모습이다. 거기에 죽음의 모범인 사범(死範)까지 보여주었다. 사범(死範)이야말로 사범(師範), 스승의 모범이다. "예수의 삶이란 맨 처음부터 의미 있는 죽음을 목표로 산 삶이었다."(김재준,《인생의 한계》)

"보라 너희가 다 각각 제 곳으로 흩어지고 나를 혼자 둘 때가 오나니 벌써 왔도다. 그러나 내가 혼자 있는 것이 아니라 아버지께서 나와 함께 계신다. 이것을 너희에게 이르는 것은 너희도 얼나 안에서 평안을 누리게 하려는 것이다. 세상에서는 너희가 환난을 당하나 담대하라. 내가 세상을 이기었노라."(요한 16:32~33 박영호 의역)

세상을 이기었다는 예수의 말은 예수의 고별 강의의 마지막 말인 만큼 그 뜻은 깊다. 예수는 언제나 져주라고 말하고 실천한 사람이다. 오른편 뺨을 맞으면 왼편을 돌려대며 오 리를 가자고 하면 십 리를 따라가고 겉옷을 달라고 하면 속옷까지 주는 예수이다. 겨루어 이긴 일이라고는 없는 예수이다. 마지막에 유대교인들의 간교한 모략에 의하여 스스로 이스라엘 왕이 되려고 한다는, 로마 황제에 대한 반역자라는 누명을 쓰고 십자가에 못 박혀 죽었다. 황제 자리를 갖다 바친다 해도 피비린내 나는 그 자리에 앉을 예수가 아니다. 예수는 자신이 십자가에 못 박혀 죽는 사실을 분명히 알고도 나는 세상을 이기었노라고 말한 것은 얼른 알기가 어렵다. 이 세상에 져도 모질게 진 싸움이라 하겠다. 예수의 가르침을 좇는다는 크리스천들도 예수의 삶은 아주 실패한 것으로 말한다. 그러나 그것은 인생을 보는 진리관(眞理觀)이 없는 데서 나온 잘못된 생각이다. 예수는 제나로 온전히 죽고 얼나를 온전히 드러내는 것을 이긴 삶으로 본 것이다. 제나로 온전히 죽지 않으면 얼나를 온전히 드러낼 수 없다. 수많은 사람이 이 세상을 살고 갔지만 예수처럼 제나로 온전히 죽고 얼나를 온전히 드러낸 이가 드물다. 예수의 삶은 바꾸어 말하면 이 세상을 온전히 이기고 한얼님 나라를 드러낸 것이다. 그래서 예수라 하면 얼나가 먼저 드러난다. 예수의 삶을 보고도 겨우 지은 죄의 대속밖에 생각하지 못한 것은 유대교 제사 종교에서 벗어나지 못한 미숙한 생각이다. 사람이 온전히 죄악에서 자유롭게 되려면 제나로 죽고 얼나로 솟나는 것이다. "너희가 내 말을 알아들으면 참으로 내 가르침을 좇는 이가 되어 얼나를 깨달을 것이니 얼나가 죽음(죄악)에서 자유케 하리라."(요한 8:31~32 박영호 의역) 예수가 십자가에서 죽었다는 것은 예수의 거짓나요 그림자 나인 몸이 죽었을 뿐이다. 예수의 참나요 알맹이 나인 얼이 죽은 것은 아니다. 말을 똑바로 한다면 예수의 껍질이 벗어진 것이지 알맹이는 멀쩡하다. 그러므로 예수가 십자가에 못 박혀 죽었다는 말은 거짓말이다. 예수는 자신의 이러한 변화를 새 아기의 태어남에 비기어 말하였다.

"정말 잘 들어 두어라. 너희는 울며 슬퍼하겠지만 세상은 기뻐할 것이다. 너희는 근심에 잠길지라도 그 근심은 기쁨으로 바뀔 것이다. 여자가 해산할 즈음에는 걱정이 태산 같다. 진통을 겪어야 할 때가 왔기 때문이다. 그러나 아이를 낳으면 사람 하나가 이 세상에 태어났다는 기쁨에 그 진통을 잊어버리게 된다. 이와 같이 지금은 너희도 근심에 싸여 있지만 내가 다시 너희와 만나게 될 때에는 너희의 만남은 기쁨에 넘칠 것이며 그 기쁨은 아무도 빼앗아 가지 못할 것이다." (요한 16:20~22 공동 번역)

예수는 짐승인 몸나의 죽음에서 한얼님 아들의 탄생을 말하고 있다. 몸나의 죽음에서 오는 슬픔보다는 얼나의 탄생에서 오는 기쁨이 더 크다고 말하였다. 그런데 몸이 죽어서 장사 지낸 지 사흘 만에 살아났다는 이야기는 예수의 생각이나 말씀과는 전혀 관계를 지을 수 없는 진리에서 벗어난 주장이다. 동방 정교회에서는 사도신경이라는 것이 없다. 로마 가톨릭 어느 교회 가운데 아타나시우스를 추종하는 신도들이 4세기경에 만들었다는 사도신경을 가지고 수많은 예수의 가르침을 좇는 영각 신앙(그노시스)을 이단으로 몰아 괴롭히고 죽였으니 그 잘못이 크다고 아니할 수 없다. 그 사도신경을 아직도 교회에서 외우고 있으니 참으로 안타까운 일이 아닐 수 없다. 예수의 제자(사도)들과는 털끝만큼도 관련이 없는 위칭(僞稱) 사도들에 의해 만들어진 사도신경도 이제 마지막에 이르렀다.

위조 화폐는 있는 자체가 악이다. 없어지는 것이 선이다. 우리의 몸나도 거짓나라 죽는 것이 선이다. 사는 것이 악이다. 그런데 그 몸나가 죽는 게 참인데 그 몸나가 장사 지낸 지 사흘 만에 다시 살아나 가깝던 사람을 만나다가 몇 사람이 쳐다보는 가운데 승천을 하였다니 그런 거짓말이 어디 있는가. 몸뚱이로 태어나 안 죽은 이가 없고 또 죽었다가 살아난 이도 없다. 거기에 예수도 예외일 수 없다. 참으로 몸이 살아났다고 한다면 예수는 분명히 죽기 전처럼 활동했을 것이다. 그랬다면 죽기 전보다 몇만 배의 전도 효과를 보았을 것이 아닌가? 죽어서 다시 살아난 이가 무엇이 두렵단 말인가?

죽음에 대한 류영모의 올바른 판단을 들어본다.

"땅에 빚진 것, 꾸어 온 것, 시간과 공간에 빚진 것, 마지막 때 털어버리는 것은 송장되어 드러눕는 것이다. 죽는 게 시간과 공간에 빚진 속박에서 벗어나는 것이다. 우리가 이 세상에 나왔다는 것은 몬(物,

肉)에 갇혔다는 말이다. 이 세상에서 나온 것은 참 못난 것이다. 물질에 갇혀 있음은 참 못난 것이다. 이 살틀(肉身) 쓴 것을 벗어버리기 전에는 못난 거다. 내 말의 마지막에는 공(空)을 말하는 것이다. 빔(허공) 아니면 안 된다. 제 맘에 속(나라는 생각)이 아직 남았다면 불안(不安)을 못 면한다. 속이 없을 만큼 작아야 한다. 제나(自我, ego)가 없어져야 한다."(류영모, 《다석어록》)

류영모의 이 말은 "영원히 사는 것은 얼이니 몸은 부질없다."(요한 6:63)를 길게 말한 것이다. 류영모의 말을 짧게 말하면 "영원히 사는 것은 얼이니 몸은 부질없다."(요한 6:63)가 된다. 이 글을 읽고 그 진리 정신을 바로 안다면 몸의 부활을 믿는다는 말은 하지 않을 것이다. 몸으로 신선이 되어 죽지 않고 오래 산다느니 죽은 몸이 다시 살아나 하늘나라에 간다는 것을 믿는 것은 모든 종교를 멸망시키는 것이며 몸이 다시 사는 것을 믿자는 것도 멸망이라고 한 류영모의 죽음에 대한 말을 한마디 더 들어본다.

"한얼님 아들이란 몸의 죽음을 넘어선 얼의 나다. 진리(얼나)를 깨닫는 것과 죽음을 넘어선다는 것은 같은 말이다. 몸은 죽지만 얼나의 진리 정신은 죽지 않는다. 지금도 예수의 진리 정신은 폭포수처럼 내 생각 위에 쏟아져 온다. 죽음이란 몸의 멸망이요 진리 정신의 승리이다. 그래서 예수는 십자가의 죽음을 맞고서도 '내가 세상을 이겼다.'라고 말하였다. 제 몸의 죽음을 지켜볼 수 있는 것이 진리 정신이다. 제 몸의 죽음을 보고 미소 지을 수 있는 정신이 성숙한 진리 정신이다. 예수처럼 '나는 죽을 권리도 있고 살 권리도 있다.'고 할 수 있을 때, 이때의 나는 온전한 진리 정신인 얼나이다. 온전한 진리 정신은 영원히 죽지 않는다."(류영모, 《다석어록》)

제자들의 발을 씻어주는 의례(儀禮)는 예수에게만 볼 수 있는 것이다. 예수는 그때 이미 자신이 죽게 될 것을 짐작하고 제자들과 고별 의례에 들어간 것이다. 죽었다 사흘 뒤에 살아날 것을 알았다면 그런 의식은 할 필요가 없다. 세족 의례의 기록이 요한복음 13장에 실려 있다. 13장, 14장, 15장, 16장, 17장은 불교로 치면 석가가 죽음을 앞두고 한 언행(言行)을 적어놓은 《열반경(涅槃經)》에 해당된다. 그런데 불교 《열반경》은 잘못 이름 지어진 점이 있다. 석가가 깨달은 것은 이 세상의 나라가 아닌 열반의 나라, 곧 니르바나의 나라이다. '니르바나 나라'는 곧 예수의 '한얼님 나라'와 이름만 다른 하나로 영원불변의 얼나라인 것이다. 얼나라의 한긋 또는 한올이 내 맘속에 나타난 것이 얼나로 석가의 다르마(法)요 예수의 프뉴마(靈)이다. 그러니 석가의 모든 말씀이 열반경인 것이다. 곧 얼나의 말씀인 것이다. 그래서 예수는 공생애에 들어선 첫마디가 한얼 나라를 깨달으라는 것이었다.('회개하라 천국이 가까이 왔느니라.' 마태 4:17) 석가가 80살이 되어 돌아가기 직전의 언행을 따로 열반경이라 하게 되어 석가가 죽기 전에 한 언행으로만 각인되어 니르바나(열반)가 죽음으로만 알게 되어버린 것이다. 예수의 한얼 나라와 석가의 니르바나 나라는 말은 다르지만 실체는 하나이다. 그런데 그 뜻이 잘못 이해되고 있다. 예수의 한얼 나라를 천당으로 아는가 하면 석가의 니르바나는 사람이 죽는다는 뜻으로 쓰이고 있다. 예수의 한얼 나라는 이른바 천당이 아닌 얼의 나라이다. 석가의 니르바나는 죽음이 아니고 얼의 나라이다. 사람의 생각 속에 얼을 보내주는 얼의 나라이다. 얼의 나라나 한얼님이나 같은 뜻이다. 지금의 기독교, 불교를 바로 세우고자 한다면 예수의 한얼 나라, 석가의 니르바나 나라의 뜻부터 바로 찾아야 한다. 예수와 석가가 깨달은 얼나는 한 생명이다. 예수와 석가는 얼나로는 하나이다.

"내 몸은 이미 늙어서 나의 나그네 길은 벌써 마지막에 이르렀다. 나의 나이는 지금 80살에 이르렀다. 몸뚱이의 꼴이 낡은 수레 같구나. 이제 내 몸은 굳세기를 바랄 수 없다. 나는 일찍이 너희들에게 말하였을 것이다. 사람이 나는 것과 죽는 것은 때가 있는 것이다. 세상에 난 사람은 죽지 않을 수 없다. 나는 이 세상에 나와 니르바나 나라에 들어갈 길을 열었으니 니르바나님이 보내주시는 얼(Dharma)을 참나로 깨달으면 나고 죽음의 제나를 넘어선 것이다. 그러므로 너희들은 내가 멀리 떠난 뒤라도 이 니르바나님께로 나아가는 참된 길을 잊지 말기를 바란다."(반니 열반경 의역)

석가는 얼이요 빔(空)이신 니르바나님의 실존이 참나임을 깨달았다. 석가의 생명의 근원인 니르바나님과 예수의 한얼님 아버지의 존재는 같은 한 존재이시다.

"니르바나님의 실존은 먼저는 없었다가 이제 생긴 것이 아닌 영원한 생명이다. 니르바나님의 존재를 참나로 깨달은 아드님은 세상에 나타나든지 안 나타나든지 니르바나님은 영원히 항상 존재하신다. 모든 중생은 번뇌에 붙잡혀서 이것을 알지 못하였기 때문에 니르바나님을 없다고 말한다. 그러기 때문에 니르바나님의 아들(如來)이 나타나서 지혜의 등불로 니르바나님을 깨닫도록 깨우친다."(《대승열반경》, 박영호 의역)

불경은 팔만대장경이라는 말이 있을 정도로 수많은 경전이 있다. 스님이 일생을 두고 읽어도 다 못 읽을 것이다. 그 많은 경전 가운데 석가가 직접 쓴 경전은 한 글자도 없다. 그 가운데 정경(正經, canon)이라 할 수 있는 것은 최초의 결집인 《잡아함경》이다. 직제자들이 기억하는 것을 적어놓은 것이다. 이른바 5백 나한이라 일컬어지는 여러 제자들이 각자가 기억하고 말한 것을 적어놓았으니 짧은 말이 가짓수는 1362경이나 된다. 그 가운데 '열반경'이라 이름 붙여진 것을 옮겨 적는다.

"비구여 자세히 듣고 잘 생각하여라. 나는 너를 위해 설명하리라. 비구여 물질(몸)을 싫어하고 욕심과 번뇌를 일으키지 않아 마음이 해탈하면 이것을 가리켜 비구가 얼나(Dharma)를 깨달아 니르바나님에게 이르는 것이라 한다. 이와 같이 느낌, 생각, 지어 감(行), 의식을 싫어하고 욕심을 없애고 모든 번뇌를 일으키지 않아 마음이 바로 해탈하면 이것을 가리켜 비구가 얼나를 깨달아 니르바나님에게 이르는 것이라 한다."(《잡아함경》 열반경, 박영호 의역)

그러므로 석가가 죽을 나이에 이르러서 말과 짓을 적은 것만 열반경이 아니라 예수와 석가가 진리의 말씀을 편 때의 모든 언행을 적어놓은 것은 모두가 열반경이요, 천국경인 것이다. 바꾸어 말하면 한얼 말씀이다. 중국의 한퇴지(韓退之)는 "얼나를 깨달은 이가 스승님이시다(道之所存 師之所存)."라고 말하였다. 철학자인 야스퍼스는 예수와 석가를 인류의 스승으로 받아들여야 한다고 말하였다. 참으로 바른 말이다. 예수와 석가를 두고는 인류의 스승이 없다고 할 것이다. 그런데 이제의 기독교와 불교가 예수와 석가를 인류의 스승으로 모시고 온 것은 대단히 고마운 일이다. 그런데 그 이름보다 더 중요한 것은 가르침인데 가르침이 왜곡되거나 사장(死藏)되어 있음도 숨길 수 없는 사실이다.

그러니 인류 역사는 스승 없이 죄악의 역사만 엮어 내려온 것이다. 규모는 아주 거대하게 발전한 학교 교육은 지식과 기술의 교육이 이뤄졌지만 지혜의 진리 교육은 없었다고 하겠다. 예수와 석가를 가르친 학교가 있었지만 올바른 얼나의 깨달음 교육은 찾을 수 없는 것이 현실이다.

15살에서 20살까지 서울 연동교회에서 타율적인 신앙 생활을 해오던 류영모가 도산 안창호와 손을 잡고 교육 입국의 나라 사랑 정신으로 평북 정주(定州)에 오산(伍山)학교를 세운 남강 이승훈의 부름을 받아 교단에 서게 되었다. 그때 류영모는 20살이 된 1910년 9월이었다. 오산학교에서 이미 교사로 근무하고 있던 시당 여준과 단재 신채호의 권독으로 불경과 《노자(老子)》를 읽게 되었다. 석가와 노자의 사상을 알고서는 예수를 보는 눈이 달라졌다. 거기에 춘원 이광수가 일본에서 귀국하는 길에 가지고 온 레프 톨스토이의 종교에 관한 저서(《종교론》, 《교의 신학 해부 비판》, 《통일복음서》 등)에 대단한 영향과 감동을 받았다. 그리하여 오산학교에 갈 때는 열렬한 근본주의적인 교의 신앙이던 류영모가 22살 때 오산학교를 떠나올 때는 교의 신학을 떠난 자율적인 신앙인이 되었다. 예수를 바로 알자면 석가와 노자 같은 다른 성자들도 알아야 한다는 것이었다. 그래도 류영모에게 예수는 얼나의 깨달음을 깨우쳐주는 둘 없는 스승이었다. 류영모는 바울의 원죄 대속 신앙을 떠나 예수의 얼나 자각(自覺) 신앙을 갖게 되었다. 이는 누가 가르쳐준 것이 아니라 석가와 노자를 읽고서 예수의 영성 신앙을 알아낸 것이다. 다음 말은 류영모 70살 때의 말이다.

"한얼님 아버지 모신 아들인 얼나를 참나로 보는 이것이 예수가 인생을 보는 눈이다. 절대의 아버지가 계셔 그의 아들 노릇하는 것이 참나인 얼나라는 거다. 예수는 말하기를 '내 나라는 이 세상엔 없다.'라고 했다. 나도 예수와 같은 이러한 인생관을 가지고 싶다. 이런 점에서 예수가 나와 관계가 있는 것이지 이밖에는 아무런 관계가 없다. 이걸 신앙이라 할지 예수를 믿는다고 할지 나는 모른다.

예수는 간단하게 말했다. 영원한 생명이란 죽음을 부정하는 것이다. 나서 죽는 몸나가 거짓 생명임을 아는 것이다. 이 껍데기 몸이 죽는 것이지 참나인 얼나가 죽는 게 아니다. 그러므로 몸나의 죽음을 무서워하고 싫어할 까닭이 없다. 보통 죽음이라고 하는 것은 이 껍데기 몸이 퍽 쓰러져 못 일어나는 것밖에 더 있는가? 이 몸이 그렇게 되면 어떤가? 진리의 생명인 얼나는 영원하다."(류영모, 《다석어록》)

류영모는 스승의 자격을 갖추려면 예수와 석가처럼 한얼님으로부터 얼생명을 받아 제나로 죽고 얼나로 솟나야 한다고 하였다. 이것은 한얼님 아버지로부터 한얼님 아들의 인증을 받아야 스승이 될 수 있다는 것이다. 시험 치고 논문 써서 사람에게 인증 받는 것 가지고는 인생의 스승이 될 수 없다고 하였다. 예수는 학교를 다니지 못해 사람들로부터 "배우지 아니하였거늘 어떻게 글을 아느냐?"(요한 7:15)라는 소리를 들었다. 그런데 류영모는 예수가 류영모 자신에게 오직 한 분의 스승님이라고 말하기를 서슴지 아니하였다.

"이 사람에게도 뜻 가운데 인물이 있다. 내가 잘못할 때에 나에게 잘하라고 책선(責善)하는 벗을 의중지인(意中之人)이라고 한다. 사람들이 날더러는 책선을 하지 않는다고 하는 이도 있지만 내게 책선을 하는 이는 예수이다. 내가 참으로 마지막까지 영원히 잊을 수 없는 이는 예수이다. 훌륭한 스승님을 기리는 택덕사(擇德師)에도 마찬가지다. 내게 스승님이라고는 예수 한 분밖에 없다. 예수를 스승으로 하는 것과 예수를 믿는다는 것과는 사뭇 다르다. 나는 스승이라고는 예수 한 분밖에 모시지 않는다.

스승과 제자 사이에는 공자가 말한 온고지신(溫故知新)이 있다. 묵은 것(고전)을 생각하면서 언제나 새로운 길을 찾아가는 것이 온고지신의 스승과 제자 사이다. 사제(師弟) 관계는 이러해야 한다. 묵은 것에 익숙해야 새 힘이 나온다. 스승의 말을 녹음해놓은 것을 듣기만 한다는 것이 아니다. 제자는 스승에게 배워 새로운 길을 찾아가는 것이 참된 사제의 관계가 이루어지고 거기에 새로 인도(仁道)가 서게 된다.

잠깐 있는 이 세상 한때를 영원하다고 생각할 수 없다. 절세숙명(絶世宿命)이란 것이 참으로 이상하지 않은가? 우리는 짐승인 몸나로

이 세상에 태어나서 한얼님 아들인 얼나로 거듭나 저 세상에 계시는 한얼님께로 올라가자는 뜻이다. 영원한 생명인 얼나에 다다르지 못하여 뒤떨어져 버림받지 않도록 해야 한다. 이 뜻을 알면 옆 사람에게도 알게 해서 건져야 할 임무가 있다. 이것이 예수의 이러한 가르침을 좇겠다는 크리스천의 사명인 것이다. 그런데 오늘날의 전도는 새 시대의 무당 노릇을 하고 있는 실정이다. 참으로 예수를 믿는다고 하기가 부끄러운 일이 되었다. 말할 수 없이 섭섭한 일이라 아니할 수 없다."(류영모,《다석어록》)

예수를 존경하는 것은 바람직한 일이요 아름다운 일이다. 그러나 한얼님 아버지밖에는 예수나 석가일지라도 신격화하고 절대화하는 것은 예수와 석가를 영광되게 하는 것이 아니요 오히려 모욕되게 하는 것이다. 어떤 이들은 예수 이후로는 한얼님의 계시를 받는 이가 없다는 주장을 하였다. 그렇다면 인류 역사를 더 이어 갈 필요가 없을 것이다. 과공비례(過恭非禮)라는 말이 있다. 지나치게 공경하는 것은 예의가 아니란 말이다. 예수는 한얼님 아버지로부터 한얼님의 생명 얼 한 긋을 받아 한얼님 아들로서 한얼님 아버지를 얼나로 받들고자 하였다. 그러한 예수에게 한얼님 아버지의 자리에 모시려는 것은 예수를 영광되게 하는 것이 아니라 모욕되게 하는 것이다.

예수는 뒤를 잇는 제자들에게도 스승으로서 겸양의 말을 솔직하게 말하였다. 예수는 제자들의 발을 씻어줄 때도 자신을 "내가 스승이 되어 너희 발을 씻겼으니 너희도 서로 발을 씻기는 것이 옳으니라."

(요한 13:14)라고 말하였다. "너희에게 이르노니 얼나를 깨닫는 이는 나의 하는 일을 저도 할 것이요 또한 이보다 큰일도 하리라."(요한 14:12 박영호 의역) 이 말은 온고지신(溫故知新)할 수 있다는 말이다. 바둑을 가르쳐준 스승에게 보은하는 길은 바둑으로 스승을 이겨주는 것이라고 한다. 마라톤 경주도 신기록을 내어 선배들이 세운 기록을 깨는 것이 마라톤의 발전을 위해 바람직하다. 스승보다 나은 제자를 기르는 스승이 참으로 훌륭한 스승이라 일컫는다. 거기에 진리 정신의 발전이 이루어지기 때문이다.

사학자인 아널드 토인비는 인류 역사를 정치 변혁사로 보지 않고 문화(종교) 발달사로 보았다. 20세기 세계의 위기는 고등 종교 사상의 출현으로 안정이 된다 하여 고등 종교의 탄생을 염원하다가 세상을 떠났다. 토인비 자신이 제나로 죽고 얼나로 솟나는 종교적인 체험을 뚜렷이 못하였기 때문에 예수와 석가의 본래 사상을 바로 알지는 못한 것 같다. 그 이상의 진리는 없기 때문이다. 그러나 발달된 현대 과학과 철학의 뒷받침이 되면 보다 분명한 표현이 될 수 있을 것이다. 2천 년 전에 왔던 예수와 석가가 오늘에 온다면 핵심은 변함이 없더라도 말씀은 달라질 수밖에 없을 것이다. 보고 듣는 것이 그때와 이제와는 너무나 달라졌기 때문이다. 진리 되시는 한얼님은 다름이 없지만 보고 듣는 것으로 진리를 나타낼 수밖에 없기 때문이다.

류영모는 이렇게 말하였다.

"사람의 생평(生平)을 언론(言論)한 것이 사상이다. 그래서 오늘날까지 무슨 철학, 무슨 주의(主義), 무슨 종교 따위가 완결(完結)을 보앗다고 하는데 아직도 완결을 못 보았다는 것이 옳은 말이다. 무슨 사상, 무슨 신조(信條)를 좇아가면 구원을 얻을 수 있다고 한다. 이 것은 기정론(既定論)이다. 그러나 이 사람은 미정론(未定論)을 주장한 다. 인생은 역사가 끝날 때까지 미정일 것이다. 과학조차도 증명할 수 없는 일이 허다한데 더구나 구름을 잡는 것 같은 형이상(形而上) 에 완결을 보았다고 하는 것은 당치 않는 소리이다.

무슨 논(論), 무슨 설(說)은 다 생평(生平)을 염두에 두고 항상 무엇 을 얻었다고 하다가 나온 한 이론이다. 그 이론을 끝까지 하려고 하 다가 그만 붓을 놓고 죽으면 세상 사람은 그 사람의 논(論)을 완결된 것으로 보고 떠들지만 하다가 죽은 것이지 다 끝맺은 것은 아니다. 완전한 결론이란 것은 없다. 이같이 모든 것이 미정이라면 어떻게 해 야 하는가? 한 가지 뚜렷한 것이 있다. 그것은 모든 기존 이론에 묶 이거나 매달리지 말고 맘을 맘대로 하는 것이다. 맘에 따라서 미정고 (未定稿)를 이어받아 완결을 짓도록 노력을 하는 것이다.

예수가 이르기를 "나를 믿는 사람은 내가 하는 일을 할 뿐만 아니 라 그보다 더 큰 일도 하게 될 것이다."(요한 14:12)라고 했다. 이것이 알 수 없는 말 같으나 예수 당신이 해놓고 간 것이 미정고이니까 이 것을 계승하는 후대의 사람들이 더 큰 일을 할 수 있다는 뜻이다. 예 수가 가까이 한 한얼님을 후대(後代)가 마침내 더 가깝게 보고 듣는 데까지 갈 것이라는 말이다. 스승과 제자 사이에도 모순이 있다. 스 승도 제자도 완전하다는 것은 없다. 사상의 끄트머리가 어디이며 언 제 완전하겠는가? 미정고(未定稿)로 가르치는 스승과 제자 사이에 모순이 없다는 것은 말이 아니다. 이 미정고는 인류가 계속하는 날까지 계승할 사상의 줄이다. 일반적으로 선생을 하늘과도 같이 대단하게 생각하는데 대가(大家) 선생이라고 모순이 없는 것이 아니라 모순이 있다. 사상의 원고를 마치려면 마침내 한얼님이 마칠 것이다. 왜 그러냐 하면 시작이 한얼님이기 때문이다. 그래서 어떤 뜻으로는 사람은 한얼님이 쏘는 빛의 끄트머리 또는 한얼님이 잡고 쓰시는 붓의 끄트머리로 있는 것인지 모르겠다. 이 시간까지 한얼님이 잡고 쓰시는 붓끝의 역할을 우리가 하고 가는 것이다.

'나에게 오라. 내가 말하는 신조만이 여러분을 구원하고 여러분의 사는 길일 것이다.' 마치 무함마드가 한 손에 쿠란을 한 손에 칼을 들고 권유하듯 한다. 이런 그릇된 짓은 다 자기가 미정고라는 것을 모르고 있기 때문에 그러한 것이다. 무엄하게도 한얼님의 자리까지 빼앗아 앉겠다는 것이다."(류영모, 《다석어록》)

류영모는 예수를 더없는 스승으로 모시다가 예수와 우리가 차원이 다른 것이 아니라고 말하였다. 예수가 잠시 동안 한얼님을 대신하여 스승의 자리에 서서 제자들을 가르쳤으나 제자들의 생각이 얼마큼 자라자 제자들에게 참스승님은 한얼님이시니 한얼님의 얼을 받아 배우라고 이르고 자신은 제자들과 동격인 벗이라고 말하였다. 류영모는 스스로 그러한 길을 밟은 것이다.

류영모가 예수를 스승님으로 모실 때의 생각이다.

"사람의 아름다운 모습은 그 섬김에 있다. 사람이 지닌 본연의 모습은 모든 생명의 임자요 온통(전체)이신 한얼님을 섬김에 있다. 역사적으로 이 땅에 온 많은 사람 가운데 참으로 한얼님을 섬기고 사람을 사랑함에 가장 으뜸가는 이는 예수가 아니겠는가? 한얼님과 온 인류를 섬김에 자신의 몸조차 바친 이가 예수이다. 한얼님의 아들 자리에서 한얼님을 아버지로 섬겨 영광되게 하고 온 인류로 하여금 한얼님 아들이요 영원한 생명인 얼나로 솟나 살도록 본을 보인 이가 예수이다. 이에 한얼님 아버지를 섬기기에 맘과 뜻과 힘을 다한 예수를 스승으로 기리고 찬미하며 본받는 것이 사람의 본성이 아니겠는가?"
(류영모,《다석어록》)

류영모가 예수의 실체를 알았을 때의 생각이다.

"예수의 생명과 한얼님의 생명은 얼생명으로는 한 생명이다. 예수의 몸나는 몸의 어버이가 낳았지만 예수의 얼나는 예수가 광야에서 기도하는 동안에 스스로 깨달았다. 스스로 깨달았다는 것은 한얼님으로부터 받은 것이다. 예수도 나도 얼로는 모두가 한얼님이 주신 얼씨다. 예수의 얼나를 믿으니 내 얼나도 믿어야 한다. 얼나를 믿으니 얼나의 근원이신 한얼님 아버지도 믿어야 한다. 얼로는 한 생명이다. 내게 온 얼나를 믿는 것이 예수를 믿는 것이요 한얼님을 믿는 것이다. 예수와 나는 얼로는 한얼님으로부터 온 얼씨다. 예수가 먼저 익은 열매라면 나도 익어서 영근 열매가 되어야 한다."(류영모,《다석어록》)

예수의 가르침을 받고 스스로 얼나를 깨달은 류영모의 생각이다.

"나와 무한하고 영원한 한얼님의 관계를 생각하면 이상한 느낌이 들면서 내가 얼사람이라는 것을 깨닫게 마련이다. 얼나를 가만히 깨닫고 보면 제나(ego)가 보잘것없고 하잘것없는 것을 알게 된다. 여러분이나 예수나 나도 마찬가지다. 한얼님에게서 떨어져 여기에 나온 이상은 우리가 생각해야 할 것은 오직 원대(遠大)하시어 온통(전체)이신 한얼님께서 보내주신 얼나를 생각하고 위(한얼님께)로 올라갈 것을 일편단심 해야 할 것이다. 한얼님 아버지와 닮지 않은 제나(自我)에서 한얼님 아버지와 하나인 얼나를 붙잡고 줄곧 한얼님께로 올라가는 것이다."(류영모,《다석어록》)

예수처럼 한얼님 아들인 얼나로 솟나 얼나로는 예수와 동격임을 말한 류영모의 생각이다.

"예수나 우리나 모두 다 이 세상에 한번 턱 나와본 것이다. 여기서는 별수 없이 비유를 쓸 수밖에 다른 길이 없다. 내가 포도나무라면 한얼님 아버지는 포도 농장 임자이다. 이것이 아버지와 아들이라는 것이다. 여기서 단단히 주의할 것은 비유란 전체가 들어맞는 것이 아니다.

예수하고 우리하고 차원이 다른 게 아니다. 예수, 석가는 우리와 똑 같다. 예수가 '나는 포도나무요 너희는 가지다.'(요한15:5)라고 했다고 예수가 우리보다 월등한 것이 아니다."(류영모,《다석어록》)

예수의 가르침을 통해 얼나를 깨닫고서 결정한 류영모의 삶의 방향이다.

"한얼을 밑동으로 하는 이는 한얼을 우러러보고 땅에서 나서 땅을 밑동으로 하는 이는 아래와 친하려고 한다. 본디 사람은 남녀의 만남이란 사변이 난 뒤 나온 것이기에 본능적인 호기심에 살맛(肉味)을 찾아다닌다. 몸은 짐승 성질을 좇아 악(惡)과 친하려고 한다. 그러나 사람에게는 몸만인가 하면 그렇지 않다. 한얼님의 아들이 될 천성(天性)이 있다. 천성은 한얼님 아버지께로 올라가려는 본성이다. 예수는 무엇이냐 하면 천성을 좇아 한얼님 아버지와 친하려고 하였다. 자신이 한얼님으로부터 나온 것을 잘 알기 때문에 한얼님과만 친하려고 하였다. 우리도 한얼님 아버지와 친하려는 본성(얼나)이 있다. 이 본성을 한얼님께로 돌리려는 것이 한얼님 아버지를 섬기는 것이다. 한얼님께로 가느냐 땅의 세상으로 가느냐 하는 것은 나 자신의 선택에 달렸다. 그런데 많은 사람들이 천성을 버리고 수성(獸性)을 좇아 즐기려고 한다. 도둑질이라도 해서 맛있는 음식을 먹고 살맛에 재미를 붙여 살고 싶은 마음이 자꾸 생기는 것은 우리가 본디 짐승이기 때문이다. 아주 짐승이면 괜찮은데 그렇지도 못하다. 위로 올라가서 한얼님과 친하려는 본성이 있기 때문이다. 아랫길에서나 윗길에서나 한얼님 아버지를 섬겨야겠다는 마음이 있다."(류영모, 《다석어록》)

예수의 동격으로 얼나로 한얼님 아들이 되어 한얼아버지 효(孝)를 다하면 그것으로 삶의 보람을 완성하는 것이다. 그런데 기독교와 불교가 생기면서 예수와 석가를 신앙의 대상으로 높이는 일이 벌어졌다. 쉽게 말하면 예수로 인하여 기독교가 생겨났지만 예수는 기독교를 만든 일이 없다. 석가로 인하여 불교가 생겨났지만 석가는 불교를 만든 일이 없다. 예수의 신앙은 한얼님 아버지 신앙이다. 석가의 신앙은 니르바나님 신앙이다. 그런데 예수와 석가의 신앙은 없어지고 한얼님 대신 예수가, 니르바나님 대신 석가가 신앙의 대상이 되어 버렸다. 이것은 그 누구보다도 예수와 석가가 용납하지 않을 것이다. 예수와 석가가 신 아닌 신, 곧 우상이 되기 때문이다.

류영모는 예수를 한얼님의 자리에 올려놓는 데 대하여 이렇게 말하였다.

"사람을 숭배하여서는 안 된다. 그 앞에 절을 할 것은 참되신 한얼님뿐이다. 신앙은 사람 숭배하는 것이 아니다. 한얼님을 바로 한얼님으로 깨닫지 못하니까 사람더러 한얼님 되어 달라는 게 사람을 한얼님으로 숭배하는 이유이다. 예수를 한얼님 자리에 올려놓은 것도 이 때문이다."(류영모,《다석어록》)

그렇다고 한얼님 아닌 것을 한얼님으로 받드는 것이 바람직한 일은 못 되지만 잘못된 일도 아니다. 한얼님을 사모하는 비옴은 마침내는 한얼님께로 이르기 때문이다. 한얼님께서는 바로 찾아오는 것을 바란다. 예수는 바로 된 기도를 이렇게 말하였다.

"한얼님 아버지께 참으로 기도(예배)하는 이들은 얼인 참으로 기도(예배)할 때가 오나니 곧 지금이다. 한얼님 아버지께서는 이렇게 자기에게 기도(예배)하는 이들을 찾으시느니라. 한얼님은 얼이시니 기도하는 이가 얼인 참으로 기도(예배)할지어다."(요한 4:23-24 박영호 의

역)

　한얼님은 가장자리 없는 빔(허공)이시고 없는 곳 없이 계시는 얼이시다. 한얼 나라 보좌에 앉아 계시는 한얼님으로 생각해서는 안 된다. 한얼님을 바로 아는 것이 예배보다 더 중요한 것이다. 얼인 참으로 예배하는 것은 골방에서 혼자서 한얼님과 얼로 통하는 기도를 올리는 것이다. 예수가 그렇게 하였다. 예수는 자기 집이 없으니 골방도 있을 리 없었다. 그러니 혼자 산속에 들어가서 명상 기도를 하였다.

　그런데 요한복음 17장에 기록된 예수의 기도 말씀은 꽤 길다. 그것이 이렇게 알려지게 된 것은 놀라울 뿐이다. 예수가 제자들의 간청으로 기도문을 일러주듯이 일러주었는지 모르겠다. 요한복음 17장에 있는 기도문을 예수가 돌아가시기 전에 한 기도라 하여 결별의 기도라는 이름이 붙어 있다. 그러나 기도문을 읽어보면 결별의 슬픔을 탄식하는 말씀이 아니라 이제까지 예수가 가르치던 제자들을 한얼님 아버지께서 친히 맡아서 가르쳐주십사 하는 부탁의 말씀을 한얼님 아버지께 직접 아뢰는 앙탁(仰託)의 기도 말씀이다. 이미 제자들에게는 말하였다. 몇 년 동안 너희들에게 한얼님 아버지에 대해서 가르침을 주었으나 나는 잠시 동안의 대리 스승이었으며, 앞으로 참스승님이신 한얼님으로부터 가르침을 받으라고 하였다. 그래서 이제는 참스승님이신 한얼님께서 저희들을 거두어 직접 가르쳐 달라는 간청이요 호소이다. 아버지와 아들 사이에 말없이도 통할 것이지만 사람들에게 알게 하고자 함인 것이다.

"지금 제가 아버지께로 가오니 제가 세상에서 이 말을 하옵는 것은 저희로 제 기쁨을 저희 마음에 가득히 가지게 하려 함이니이다. 제가 아버지의 말씀을 저희에게 주었사오며 세상이 저희를 미워하였사오니 이는 제가 세상에 속하지 아니함 같이 저희도 세상에 속하지 아니함을 인함이니이다. 제가 비옵는 것은 저희를 데려가시기를 위함이 아니요 오직 잘못되지 않기를 바람이니이다. 저희를 진리(성령)로 거룩하게 하옵소서. 아버지의 말씀은 진리(성령)니이다.(요한 17:13~17 박영호 의역)

예수가 "진리(얼)로 거룩하게 하옵소서. 아버지의 말씀이 진리(얼)니이다."(요한17:17)라고 한 것은 한얼님의 얼인 말씀으로 제자들의 맘에 제나(ego)가 살아나지 않게 하여 한얼님 아버지께서 주신 얼나가 인격의 임자 노릇을 할 수 있도록 해 달라는 말이다. 제자들에게는 예수가 말한 바 있다. "이제 한얼님 아버지께서 아들 이름으로 보내주신 성령, 곧 보육사(保育師)가 모든 것을 너희에게 가르쳐주실 뿐만 아니라 내가 너희에게 할 말을 모두 되새기게 하여주실 것이다."(요한 14:26 박영호 의역)

요한복음에만 나오는 낱말 파라클레토스(παράκλητος)는 영어로 'comforter'라고 옮겨져 있다. 우리말로는 위로자, 보혜사(保惠師), 협조자 등으로 옮겨져 있다. 이 사람은 보육사(保育師)로 옮겨보았다. 보호하고 기르는 스승님이란 뜻이다. 곧 한얼님 아버지께서 스승 노릇하시는 데 대해서 붙여진 별명 같은 호칭인 것이다. 한얼님의 가르침을 받지 않고는 한얼님의 아들이 될 수 없기 때문이다. 기도란 어떤 뜻으로는 아기가 어머니의 젖을 빠는 것과 같다. 그러므로 기도는 중언부언 말을 많이 할 필요가 없다. 젖을 흠뻑 빨아먹어 마음이 한얼님의 생명인 얼로 충만하면 아무런 부족이나 불만이 없는 것이다.

노자(老子)는 한얼님을 어머니(谷神, 玄牝)라고 하였다. 예수가 한얼님을 아버지라 한 것과는 대조를 이룬다. 서양 여성들 가운데는 예수가 한얼님 아버지라고 한 데 불만하는 이들이 있다는데 한얼님을 어머니라 한 노자가 있는 줄은 모르는 것 같다. 한얼님은 유무(有無) 생사(生死)를 초월하였듯이 암수(女男)도 초월하였다. 생명의 근원임을 나타내자니 아버지나 어머니를 빌려 쓸 뿐이다. 谷 자와 牝 자는 여성을 나타내고 神 자와 玄 자는 한얼님을 나타낸다. 그래서 어머니 한얼님을 드러낸 것이다.(《노자》 6장) 《노자》 20장에는 아예 한얼님을 어머니(母)로 나타내어 "나 홀로 남과 달리 어머니(젖) 먹기를 귀하게 여긴다(我獨異於人而貴食母)."고 하였다. 노자는 한얼 어머님의 젖 먹기를 좋아하였다는 말이다. 한얼님의 말씀이 한얼님의 젖인 것이다. 아기들이 가장 평안할 때가 어머니의 품에 안겨 어머니의 젖을 빨아먹을 때이다. 땅의 어머니의 젖을 빨아먹어도 그러한데 한얼 어머님의 젖인 얼(성령)을 빨아 마시면 얼마나 기쁘고 즐겁겠는가! 노자는 이를 황홀(恍惚)하다고 말하였다. 한얼님 아버지(어머니)로부터 보육을 받는 일은 이렇게 기쁘고 즐거운데 사람들은 이것을 모른다. 겨우 예수, 석가, 노자 같은 이들이 은총을 누려 한얼님의 아들로 자랄 수 있었다. 그들은 땅의 스승을 만나지 못하였다. 세속적으로 말하면 배우지 못한 무학(無學)들이다. 그러나 참스승님인 한얼님의 보육 교육을 너무나 잘 받은 것이다.

미국의 헨리 데이비드 소로는 미국에서 첫 손꼽히는 하버드대학을 나왔으나 진짜 공부는 자연 속에서 만난 우주 정신, 곧 한얼님에게서 보육을 받아 세계적인 사상가로 자랄 수 있었다. 류영모는 대학 공부를 못한 것이 아니라 스스로 아니하고 한얼님의 보육을 받아 한얼님 아들의 자리에 이르렀다. 우주의 임자이신 한얼님의 가르침을 받는 것이 참 대학이다.

"저 거듭난(성숙된) 맘을 따라서 스승 삼으면 누가 홀로 구차히 스승이 없으랴?(夫隨其成心而師之 誰獨且無師乎)(《장자》 재물론 편)

류양모가 제나로 죽고 얼나로 솟나는 가장 깊은 깨달음(究竟覺)을 이룬 인류의 으뜸가는 스승인 예수의 사상을 알게 하여준 것은 말할 것 없이 4복음서이지만 4복음서 가운데서도 요한복음서이다. 그래서 류영모는 요한복음서를 특별히 더 가까이 하였다. 요한복음서 가운데서는 17장을 좋아하였다. 그리하여 단식할 때에 요한복음 17장을 몽땅 외웠다. 단식 중이어서 그런지는 몰라도 17장을 다 읽는 데 8분이 걸렸고 1시간 동안에 7번을 읽었다고 말하였다. 기도의 본보기로 삼았다. 짧은 것도 아니지만 결코 긴 기도도 아닌 것이다. 그런데도 중요한 사상이 모두 들어 있는 것을 볼 수 있다. 따로 말하고자 하는 것은 영원한 생명인 얼나를 깨달아야 한다는 것과 깨달은 얼나로 모든 사람이 하나가 되어야 한다는 것이다. 짧게 나타내면 각령(覺靈)

이요 귀일(歸一)이다. 이것을 갖추어야 참된 스승이 될 수 있고 한얼님(니르바나님)의 아들이 될 수 있다. 예수와 더불어 역사적인 인류의 스승인 석가도 다르마의 얼나를 깨달았고 니르바나의 귀일을 터득하였다.

요한복음 17장에 나타나 있는 예수의 영원한 생명인 얼나에 대한 말씀이다.

"한얼님 아버지께서 얼나를 주신 아들에게 영원한 생명을 주시어 온몸의 수성(獸性)을 다스리는 권능을 주시었습니다. 영원한 생명은 오직 온통이신 얼이요 빔이신 한얼님을 아버지와 아버지께서 보내신 얼나를 깨달아 아는 것입니다."(요한 17:2~3 박영호 의역)

류영모는 "유일하신 참 한얼님과 예수 그리스도를 아는 것이니이다."(요한 17:3 새 번역)에서 예수 그리스도를 빼고 성령으로 바꾸어야 한다고 말하였다. 이 사람은 만민을 다스리는 권세를 온몸의 수성을 다스리는 권능으로 바꾸었다. 그대로 하면 예수가 이 땅의 나라를 다스리는 왕권을 받은 것으로 오해를 일으킨다. 예수는 이 땅의 나라는 내 나라가 아니라고 말하였다. 헬라어 사르코스(σαρκός)는 몸(flesh)이다. 백성으로 옮겨서는 안 된다. 예수는 4만 인구의 예루살렘조차 못 다스렸다. 아니 한 사람도 다스리려 하지 않았다. 예수는 말하기를 자신은 섬김을 받으러 온 것이 아니고 섬기러 왔다고 말하였다.

"예수의 영원한 생명은 예수의 몸이 아니고 얼이다. 예수의 얼은 한얼님이 주신 한얼님의 생명이라 영원한 생명이다. 예수가 한얼님으로부터 받은 얼은 한얼님께서 지금 우리에게도 보내주신다. 줄곧 보내주신다. 얼(성령)은 진리인 말씀으로 우리의 영혼이다. 한얼님이 주신 얼이 있어야 우리의 한 줄기 생명을 유지하게 하여주는 것이 아니겠는가!

기도의 말씀에 '그의 보내신 자 예수 그리스도를 아는 것이니이다.'에서 '예수 그리스도'를 얼(성령)이라고 하든지 예수를 빼고 한얼님 아들이란 뜻으로 그리스도라고 해야 하는 까닭이 있다. 이 기도는 예수 자신이 한얼님 아버지께 올리는 기도인데 '그가 보내신 예수 그리스도를 아는 것이니이다.'라고 한다는 것은 말이 안 된다. 예수는 선한 선생님 소리도 사양한 이다. 이것은 내가 고증을 하려고 일부러 말하는 것은 아닌데 이 기도문을 읽는 데 한 8분이 걸리는 긴 기도이다. 당시에 무슨 녹음기가 있는 것도 속기술이 발달된 것도 아니니만치 이 많은 기록을 다 할 수 있을 리 만무하다. 복음 기자의 주관이 들어간 것이라 생각된다."(류영모,《다석어록》)

다음은 요한복음 17장에 나타나 있는 예수의 얼나로 하나 되자는 귀일사상이다.

"아버지께서 내 안에, 내가 아버지 안에 있는 것같이 저희도 다 하나가 되어 우리 안에 있게 하사 세상으로 아버지께서 나를 보내신 것을 믿게 하옵소서. 내게 주신 영광을 내가 저희에게 주었사오니 이는 우리가 하나가 된 것같이 저희도 하나가 되게 하려 함이니이다. 곧 내가 저희 안에 아버지께서 내 안에 계셔 저희로 온전함을 이루어 하나가 되게 하려 함은 아버지께서 나를 보내신 것과 또 나를 사랑하심같이 저희도 사랑하신 것을 세상으로 알게 하려 함이로소이다."(요한 17:21~23)

낱말이 얼마나 되는지는 모르지만 우리말 사전을 보면 입이 벌어진다. 그 많은 낱말 가운데 사람들에게 가장 감동을 주는 낱말은 엄마요 아바일 것이다. 태산 같은 은혜를 입은 어머니, 아버지를 잊을 수 없기 때문이다. 그런데 나에게는 엄마, 아바보다 더 감동적인 낱말이 있다. 바로 '하나'이다. 이 나라가 남북으로 갈라진 지 70년이 넘어서 그런지 하나라면 남북한 통일이 생각되어서인지 모르겠다. 아니다. 그보다 '하나' 온통(全體) 하나인 한얼님이 생각되기 때문이다. 노자(老子)의《도덕경》에 이러한 말이 있다.

"이래서 거룩한 사람(한얼님 아들)은 하나(한얼님)를 맘속에 품어 세상 사람들의 본보기가 된다(是以聖人 抱一爲天下式)."(노자,《도덕경》 22장)

노자는 한얼님을 온통(전체)인 하나(一)라고 한 것이다. 그 한얼님을 마음속에 품으면 거룩한 사람, 곧 한얼님 아들이 된다. 예수가 "한얼님 나라는 너희 마음속에 있다."(누가 17:21)라고 한 것은 노자의 말과 같은 뜻으로 말한 것이다. 뒤에 마하트마 간디가 이렇게 말하였다.

"한얼님을 마음속에 모시면 나쁜 생각도 못하고 모진 짓도 못한다."(간디,《날마다의 명상》)

내가 하나, 곧 한얼님을 맘속에 품기만 하면 나는 저절로 한얼님 품속에 있는 나를 발견하게 된다. 그 경지를 나타낸 것이 예수의 이 말이다. "아버지께서 내 안에, 내가 아버지 안에 있는 것같이" 그대로인 것이다. 예수가 "내가 저희 안에 아버지께서 내 안에 계셔 저희가 온전함을 이루어 하나가 되게 하려 함은 아버지께서 나를 보내신 것과 또 나를 사랑한 것같이 저희도 사랑하신 것을 세상 사람으로 알게 함이로소이다."라고 한 것은 노자의 말처럼 "세상 사람들의 본보기"가 됨으로 모든 세상 사람들이 한얼님이 주시는 얼생명을 받아 얼나를 참나로 깨달아 얼나로 하나가 된다면 참으로 한얼님이 바라시며 기뻐하실 일인 것이다.

장자(莊子)는 이를 "얼나로 이어져 하나 된다(道通爲一)."(《장자》재물론)라고 말하였다.

예수가 한얼님 아버지께 비옵는 것은 몸삶을 풍족하게 해 달라는 것이 아니다. 제자들도 한얼님이 주시는 얼생명을 받아 참나로 깨닫게 하여 달라는 것이었다. 그리하여 마침내 얼로, 얼나로 하나 되자는 것이 예수의 기도 말씀 가운데 있는 말이다. 이 기도문을 읽을 때면 마음이 울렁인다.

"저희를 진리로 거룩하게 하옵소서. 아버지의 말씀은 진리니이다. 아버지께서 나를 세상에 보내신 것같이 나도 저희를 세상에 보내었고 또 저희를 위하여 내가 나를 거룩하게 하오니 이는 저희도 진리로 거룩함을 얻게 하려 함이니이다."(요한 17:17~19)

짐승인 제나의 짐승 성질(獸性)을 없애고 한얼님 아들인 영성(靈性)을 드러냄이 거룩해짐이다. 한얼님 아버지께는 한얼님 아들이 영광이다. 한얼님 아들에게는 한얼님 아버지가 영광이다. 류영모는 영광이라는 말 대신에 뚜렷이라는 순우리말을 썼다. 예수가 말하는 진리, 곧 참은 얼(성령)을 말하는 것이다. 아버지와 아들이 얼로 교통하는 게 기도하는 것이요 거룩해지는 것이다. 골방에서 아무도 안 보는 곳에서 홀로 한얼님께 기도하라는 것이 예수의 가르침이요 본보기였다. 그런데 마하트마 간디와 슈바이처가 합장하는 하는 모습을 사진으로 볼 수 있었다. 아무도 안 보는 곳에서 기도하였으면 남들이 사진을 찍지 못했을 것이다. 그런데도 그 기도하는 모습의 사진은 깊은 감동을 주었다. 사람의 모습 가운데서는 그 이상의 거룩한 모습이 없을 것이다. 류영모는 '하나'에 대해서 이렇게 말하였다.

"한얼님 아버지와 한얼님 아들은 하나이다. 본디 하나이다. 하나 속에서 나와 하나 속으로 들어간다. 여기서 하나는 잘 생각해야 한다. 이 세상에서 수(數)는 기수법(記數法)으로 무한히 있다고 한다. 그러나 무한히 있을 수 없다. 실상은 '하나'인데 여기다 둘, 셋, 백, 천, 만 등 특별나게 이름을 붙인 것뿐이다. 아무리 승(乘)해보고 제(除)해보아도 하나는 하나대로 그대로 있다. 그 하나로부터 나온 우리는 또한 하나로 돌아간다. 누구나 다 같다. 여기서 빠져나갈 수 있는 인생이란 없다.

이렇게 말하면 말이 안 될지 모르지만 나는 '하나'라는 말 자체도 불만이다. 우리가 만든 말이기 때문이다. 더구나 둘이 아니면 하나라고 할 수가 있겠는가? 하나에다 하나를 더하면 둘이 되는가? 안 된다. 하나나 둘은 모두 신비다. 무엇인지 모르는 것이 무(無)요, 절대요 상대이다. 애당초 있다는 것이 무엇인가? 없다는 것이 무엇인지 잘 모른다. 상대에서 보니까 있다 없다지 있다 없다가 어디에 있는가? 절대(絶對)에서는 있다 없다가 무엇인지 우리는 생각할 수가 없다. 우리는 절대적 유무(有無)를 모르고 있다. 상대적 유무는 과학을 수단으로 해서 조금은 알고 있다고 할 수 있지만 이것도 사실은 그렇게 느끼고 있을 뿐이다.

참(진리), 그것이 무엇일까? '참'은 '하나'다. 이 하나는 둘이 아닐 것이다. 절대다. 절대의 자리는 있다 없다가 안 통한다. 있고 없고가 문제가 아니다. 있는 듯도 하고 없는 듯도 하다. 우리는 절대 존재, 절대 진리를 느끼고 싶고 찾고 싶다. 그런데 찾기가 어렵다. 오직 하나로 둘이 아니다. 유일불이(唯一不二) 이것이 절대 진리요 절대 존재이다. 그리고 그걸 찾을 길도 있는데 사람들은 절대 진리 절대 존재를 찾을 것 없다. 상대 세계에서 당장 살아야 하지 않느냐 하는 무리한 생각에 참 진리(존재)를 터득하지 못하게 된다. 본디 있는 하나 원일(元一)이다. 원일(元一)은 유일무이(唯一無二)이다. 원일불이(元一不二) 이것이 한얼님(니르바나님)이다. '원일불이'를 믿는다. 우리는 원일불이의 하나(절대)에 돌아가야 한다. '하나'에 대해서는 까막눈이어서는 안 된다."(류영모, 《다석어록》)

138억 년 전 이른바 우주란(宇宙卵)의 대폭발(빅뱅)이 일어나기 전엔 아무것도 없었다. 가장자리 없는 영원 무한의 태허공만이 있었다. 그것은 으뜸 하나 원일(元一)이다. 태허공이 품고 있었던 우주란도 본디 없었을 것이다. 그 우주란도 태허공이 낳아 품고 있었을 것이다. 태허공이 품고 있던 우주란이 138억 년 전에 터져 지금까지도 태허공의 무한 우주 안에서 직경 8백억 광년이 되도록 유한 우주가 팽창하고 있다. 그러므로 영원불변의 태허공만이 절대 존재이다. 있다 없다 하는 상대적 존재는 있어도 있는 게 아니고 없어도 없어진 게 아니다. 만물을 내고 거두시는 태허공이 한얼님이시다. 그 태허공이 무소부재의 얼(성령)이시다. 그 얼은 예수와 석가를 비롯한 성인들의 체험으로 계시는 것을 알게 되었다.

예수가 하나 되자는 것은 빔이요 얼인 한얼님과 하나 된다는 것이다. 이 세상에 몇 사람끼리 뜻을 같이 하자는 하나가 아닌 것이다. 한얼님은 안 보이고 예수 자신은 곧 죽어 없어지는데 제자들과 무엇으로 어떻게 하나 되자는 것인가? 얼로 하나 되자는 것이다. 그러니 제자들도 모두 있는 제나에서 없는 얼나로 솟나서만이 하나 될 수 있다. 예수와 석가는 이미 몸으로는 2천 년 앞서 죽었지만 얼로는 한얼님과 하나 되어 지금도 살아 있고 영원히 산다. 이 글을 쓰면서 예수, 석가 그리고 류영모와 같이 있는 것을 느낀다. 그러므로 한얼님은 빔과 얼로 찾아야 한다. 그러니 몸이 죽어 없어지는 것을 무서워하거나 싫어할 까닭이 없다. 없이 계시는 한얼님 아버지께로 돌아가는 것이 무섭고 싫을 까닭이 없다. 유무(有無) 생사(生死)의 제나(ego)를 초월한 얼나로 솟나 모두가 얼나로 한얼님 품에 안겨 한얼님 아버지와 하나 되는 곳으로 이끌어주는 예수와 석가야말로 인류의 역사적인 스승이라 할 것이다. 그런데 이런 어질고 훌륭한 스승을 바로 좇고 본받는 이가 드문 것이 슬프기 그지없다.

그런데 1890년에 한국에 태어난 류영모가 예수와 석가를 바로 알아주고 바로 본받은 것이 존경스럽고 자랑스럽다. 류영모가 예수와 석가처럼 제나로 죽어 얼나로 솟나므로 예수와 석가를 바로 알 수 있었던 것이다. 2천 년 전 석가와 예수가 그랬듯이 류영모도 제자들을 참스승이신 한얼님께로 넘기었다. 제도권 학교에서 졸업시키는 것과 같으면서도 아주 다르다. 제자를 거저 사회에 내보내는 것이 아니라 한얼님께 가르침을 받게 넘긴다. 그래서 스승은 제자에게 말씀 주기를 멈춘다. 이를 단사(斷辭)라 이른다. 그리고 직접 기도 명상으로 한얼님으로부터 말씀을 받아먹으라는 것이다. 한얼님께 의지하는 것은 자율(自律)이라고 한다. 이렇게 한얼님으로부터 얻는 지혜를 무사지(無師智), 곧 스승 없는 지혜라 한다. 예수와 석가의 지혜는 무사지로 한얼님으로부터 기도에서 얻은 것이다. 이를 류영모는 제소리라고 말하였다. 누구에게 들은 소리가 아니다. 스스로 알아낸 창의적인 말이란 말이다. 스승 류영모로부터 단사(斷辭)에 이르는 특별한 가르침을 돈 한 푼 안 드리고 배운 것을 말하고자 한다. 예수와 석가가 언제 돈 받고 가르친 일이 있었던가?

"교육의 열은 대단한데 좋은 재목이 나오지 않고 있다. 그뿐만 아니라 교육이라는 것도 어떤 것인가 하면 그냥 몸뚱이 늘리는 일만 하니 아무리 세월이 가도 그 할아버지에 그 손자지 별수 없다. 덕(德)을 택하여 스승을 얻자니 그런 스승도 없다. 제자도 스승이 하지 못한 일을, 스승도 못했는데 내가 어떻게 해, 하고 꽁무니를 빼서는 안 된다. 스승은 못하더라도 스승이 가르친 대로 할 만한 제자가 있어야한다. 그런데 그러한 제자가 없다. 그런 제자야말로 재목인데 요새는 그런 재목이 없다. 스승도 덕(德)을 좇아 스승을 택하는데 선생 역시덕이 없다. 그래서 스승도 없고 제자도 없다. 여기서 무슨 교육이 이루어지겠는가? 아이들이 몸뚱이만 키워가지고 나오는 것뿐이다."(류영모, 《다석어록》)

요즈음 부모의 자녀 학대가 심각해져 사회 문제가 되기도 하였다. 부모 자격을 엄격히 심사하면 자격 있는 부모가 몇 사람이나 될까? 이 사람도 "어여쁜 자식 매 한 대 더 때려라."라는 속담도 일리가 있다는 생각에서 자식에게 체벌을 한 적이 있는데, 체벌은 잘못임을 마하트마 간디와 맹자의 말을 듣고서 그만두게 되었다. 맹자의 말은 귀기울여 들어야 할 것이다.

"옛날에는 자식을 서로 바꾸어서 가르쳤다. 아버지 아들 사이에는 잘하라고 나무라지 않는 것이니 잘하라고 나무라면 둘 사이가 벌어진다. 벌어지면 좋지 못함이 아주 큰 것이다(古者 易子而敎之 父子之間不責善 責善則離 離則不祥 莫大焉).(《맹자》이루 상 편)

한얼님께서 사람에게 자녀를 낳을 책임을 맡긴 것은 너무나 과분한 일이라 생각된다. 사람이 자녀를 낳아 기를 만한 자질을 갖지 못하고서 자녀를 낳아버리기도 하고 바람직하게 못 기르고 올바르게 못 가르친다.

"자기 자식이 인격자인지 아닌지도 모르고 자기 자식을 장난감으로 취급하는 어른도 있다. 어린이에게 할 짓 못할 짓 다 해 못된 버릇을 가르친다. 가만히 보면 젖 먹일 때부터 거짓말을 가르쳐준다. 어린아이야말로 참다운 인격자이지 노리개가 아니다. 어린이에게 진리가 깃들면 그들에게서 이 다음에 무엇이 나올지 모른다. 한얼님에게 가장 가까운 사람이나 한얼님의 거룩한 일꾼이 그들에게서 나올지 누가 알겠는가? 그러한 어린이를 노리개로 할 수 있는가?"(류영모, 《다석어록》)

스승님과 한얼님은 아버지(어머니)와 달리 자신의 의지가 개입할 수 있는데 아버지(어머니)는 무조건 받아들일 수밖에 없다. 예수는 아버지 되기를 아예 포기하였다. 석가는 아들 하나를 자기와 같은 어리석은 짓을 안 시키려고 비구 스님으로 만들어 제자로 만들었다. 류영모는 3남 1녀를 낳아 늘 책임감을 빚처럼 느꼈다.

류영모는 산 날이 3만 날(82세)을 넘어서 장이 약해져 설사를 계속하여 건강이 쇠약해졌다. 그 소식을 듣고 구기동 집으로 병문안을 갔더니 반가워하면서 이 사람의 손을 덥석 잡았다. 손잡은 일은 그날이 처음이요 마지막이었다. 류영모는 서양식으로 악수하는 인사를 싫어하고 반대하였다. 1967년 9월 7일 김창선이라는 이가 청양 구봉광산 지하 125m에서 일하다가 갱도가 무너져 만 15일 10시간 36분 만에 구출된 일이 있었다. 그때 그 사건에 대해서 이야기하면서 그런 때는 서로 얼싸안아 반겨야지 손만 잡을 수도 없지 않겠느냐고 말한 일이 있다. 여느 때는 자기 손을 자기가 잡는 것으로 인사를 대신하자고 주장하였다. 그날 류영모가 말하기를 저 위에께서(한얼님) 나로 하여금 똥싸개를 면하게 해주시려나 보다고 하면서 죽을지도 모르겠다는 암시를 하였다. 그때 덧붙여 말하기를 "사람이 남녀 둘이 부부로 만나 자식을 쑥쑥 낳는 것도 큰 똥싸개가 아니겠는가?"라고 말하였다. 이 나라 6·25 전쟁으로 전쟁 고아를 해외에 보내기 시작하였는데 전쟁 고아가 없어졌는지도 오래이고 먹고살기도 좋아져 비만을 걱정하게 되었는데도 고아 수출국이라는 오명을 깨끗이 씻지 못하는 까닭이 무엇인지 나로서는 알 수 없다. 류영모는 자식들에게 너 이 세상에 나겠느냐고 동의를 얻지 못하고 일방적으로 낳는 것은 인권 유린이 아니겠느냐고 말하였다. 옛사람들은 태교까지 시켰다는데 교육은 혼인하기 전부터 비롯해야 한다고 하였다. 아기를 꼭 얻고 싶다면 부부가 한얼님 앞에 기도 올린 뒤 한얼님께서 잘 기를 자신 있느냐고 물었을 때 최선을 다 하겠다 맹세를 해야 할 것이다. 그리고 합방을 하자는 것이다. 술 먹고 아기 만들지 말라고 하였다. 류영모는 스승에 대한 관념도 뚜렷하였다.

"군사부(君師父)가 있어 왔는데 그 있는 필요를 아는 것이 중요하다. 군·사·부에서 군(임금)은 없어진 시대에 살고 있다. 스승은 자기보다 더 나은 제자를 길러내야 한다. 이것이 꼭 필요한데 못하고 있다. 그런데 군·사·부는 맨 꼭대기가 아니다. 이걸 맨 꼭대기로 아는 사람이 대부분이다. 군·사·부는 잠시 한얼님 아버지를 대신하는 거짓 자리로 비교하는 자리이다. 사람을 한얼님으로 숭배하여서는 안 된다."(류영모, 《다석어록》)

20대까지는 아버지를 한얼님으로 알고 40대까지는 스승님을 한얼님으로 아는 것은 인정한다. 온전한 사람으로 태어난 것이 아니기 때문이다. 그 나이가 지나서도 아버지밖에 모르고 스승밖에 모르면 그 것은 게으름을 피운 잘못이다. 류영모는 삶의 목적은 한얼님에게 있지 땅 위에 있는 것이 아니라고 말하였다(在天不在地). 이는 예수와 석가의 생각과 일치한다. 군·사·부는 가목적이고 진목적은 한얼님이시다. 예수의 아버지, 석가의 니르바나가 한얼님이시다. 예수는 이렇게 말하였다.

"너희는 스승이라는 일컬음을 받지 말라. 너희 스승은 한얼님이시다. 사람은 모두가 형제니라. 땅에 있는 이를 아버지라 말라. 너희 아버지는 한얼님이시다. 또한 지도자라 일컬음을 받지 말라. 너희 지도자는 한얼님이시다."(마태 23:7~10, 박영호 의역)

석가는 말할 것도 없고 예수는 이렇게 구체적으로 가르쳐주었는데 석가의 가르침도 그렇지만 예수의 가르침이 실천되고 있는 것을 찾아보기 어렵다. 옛 속언(俗言)에 양머리를 내어 걸어놓고 개고기를 판다는 말이 있다. 요즘 예수와 석가의 이름은 버젓이 내걸어 놓고 예수와 석가의 영원한 생명인 얼나의 깨달음 신앙이 사라진 것이 그런 격이 되었다. 류영모는 이렇게 개탄하였다.

"나는 젊어서는 모범을 보이면 다 따라오고 잘될 줄 알았지만 그게 안 된다. 누가 모범에 좇아오는가? 예수, 석가를 본받으려는 이가 어디 있나? 예수, 석가를 본받는 이가 많다면 세상이 요 모양 요 꼴이 되었을 리가 없을 것이다. 예수, 석가를 다 몰랐다. 누구를 존경하고 좇는다는 것이 다 제 욕심 채우려드니까 모르게 되는 거다. 예수, 석가가 바른 말씀을 하였는데 사람들이 못 알아들었다."(류영모, 《다

석어록》)

    류영모가 서울 종로 YMCA 연경반을 맡아 연경 강의를 해 온 지가 32년째가 된 해에 나타난 박영호가(시기로 말하면 3년 뒤에 35년 만에 대미의 종강을 앞둔 때라) 막둥이 제자인 셈이었다. 금요 강의에 빠지지 않고 출석하는 것은 기특한 일이 되겠지만 구기동 집으로 편지를 올리지, 집으로 찾아오지 한마디로 성가신 제자였을 것이다. 그래도 편지 회답을 보내주시고 집으로 찾아간 이 사람을 혼자 앉혀놓고 일기장(《다석일지》)을 펼쳐놓고서 연경반 강의 때와 같이 한두 시간 동안 열강을 하였다. 나는 사막을 헤매느라 목마른 나그네가 오아시스를 만난 듯 스승의 말씀에 빠져들었다. 류영모는 저녁 한 끼니만 먹기 때문에 시간에 구애받는 일도 없었다. 1960년대만 하여도 자하문 밖 구기리 평창리 쪽에는 집이 많지 않아 자연 경관이 좋았다. 성균관대학교 류승국 교수가 자주 다녀간다는 사실을 알게 되었다. 스승 류영모가 류승국 결혼식 때 주례를 선 것으로 알고 있다. 류승국이 하는 말을 들었다. 성균관대학교에서부터 일부러 걸어서 구기동까지 가고 오고를 하였다는 것이다. 마음에 문제가 있던 것도 수려한 경관과 스승의 생사를 초월한 심오한 말씀에 감동되어 깨끗이 풀어진다고 하였다. 류영모 스승으로부터 류승국 교수가 한 말을 전해 듣기도 하였다. 어제께 류승국 교수가 다녀갔는데 와서 하는 말이 "공자, 석가, 예수께서 넘어간 죽음의 고개라면 맘 놓고 믿고 넘어갈 수가 있을 것 같습니다."라고 했다면서 흐뭇하게 생각하는 것 같았다. 듣는 이 사람도 류승국 교수의 근사지심(近死之心)의 지혜가 빛나는 것을 느낄 수 있었다.

이 사람은 젊어서는 편지 쓰기를 좋아하였다. 컴퓨터도 없고 가정집엔 전화도 없었던 시기였다. 주고받는 유일한 수단이 편지로 하는 교신이었다. 함석헌과는 이미 1956년도부터 편지를 주고받았다. 그리하여 책상 서랍에 수북이 쌓인 함석헌의 편지가 보물보다 더 소중하고 자랑스러웠다. 스승 류영모에게는 금요일마다 강의에 참석하였기에 주로 하계 및 동계 휴강 기간에 글월을 올렸다. 어떨 땐 휴강 아닌 여느 때도 글월을 올렸다. 자주 글월 올리는 것이 송구스러워 한 번은 이런 변명의 글월을 쓴 적이 있었다. 때로는 한시나 시조를 써 보내기도 하였다.

"제가 스승님께 자주 글월을 올리는 것은 송아지가 어미 소의 젖을 빨면서 젖이 더 잘 나오게 하려고 제 머리로 어미 소 젖을 들이받는 뜸베질을 하는 것으로 생각해주십시오."라고 한 적이 있었다. 연경반 강의 바로 전에 이 사람이 앉은 곳으로 다가오더니 "뜸베질은 저 위에 (손으로 위를 가리키면서) 대고 해야지 이 늙은이에게 해도 소용없어요."라고 하면서 미소 지었다. 50년이 지난 지금도 그때 미소 지으시던 그 모습이 눈에 선하게 떠오른다. 또 한번은 구기동 집으로 찾아갔을 때의 일이다. 제가 스승께 "선생님께서 5년 동안 서울 연동교회에 다니시고 그 뒤로는 교회에 안 다니셨는데 교회에 안 다니시게 된 까닭이 있다면 무엇입니까?"라고 물었다. "그 말은 내게 스스로 깨달은 바가 있었는가를 묻는 것인데 여기서 나온 것이 아니라

(두 손으로 당신의 머리를 감싼 뒤 두 팔을 하늘 쪽으로 만세 부르듯 쳐들고서) 저 위에서 주신 것입니다." 그 대답을 듣고서는 더 물을 필요가 없었다. 스승 류영모의 생각엔 제나란 생각을 온전히 버리고 한얼님만 드러내야 한다는 생각뿐인 것을 헤아릴 수 있었다. 이 날의 문답은 한마디로 우문현답(愚問賢答)이었다.

"천 가지 만 가지의 말을 만들어보아도 결국은 하나(절대, 한얼님)밖에 없다. '하나'밖에 없다는 데는 아무것도 없다. '하나'를 깨닫는 것이다. 얼나를 깨달으면 '하나'이다. 한얼님의 얼나가 하나(절대, 전체)이다."(류영모,《다석어록》)

류영모가 1955년 4월 26일부터 쓰기 시작한 명상 일기는 1975년 1월 1일까지 20년 동안 이어졌다. 제자 김홍호가 《다석일지》라는 이름을 붙여 복사본을 출간하였다. 《다석일지》로 다석학회(회장 정양모)에서 연구를 계속하고 있다. 《다석일지》를 한마디로 줄인다면 '한얼님'이다. 이 사람이 류영모로부터 실제적인 가르침을 받았다. 이른바 단사(斷辭) 얘기다.

1963년 5월이었다. 스승의 날을 기념하여 자하문 밖 구기동으로 류영모 스승을 찾았다. 스승 내외분은 건강하신 모습으로 반갑게 맞아주었다. 여느 때 같으면《다석일지》를 내놓고 말씀을 할 터인데 그러지 않고 세상 이야기를 하였다. 이미 사망 예정일인 1956년도 지난 지가 7년이 되었다. 그리하여 죽을 날만 손꼽아 기다리는 모습이었다. 내가 호를 하나 지었는데 의알단(宜歹旦)이라면서 宜 자 갓머리

아래에 多가 들어있고 뼈 歹에 夕이 들어 있어 다석(多夕)의 몸은 땅 밑에 들어가고 얼만이 마땅히 한얼 나라에 새 아침(旦)을 맞는다는 뜻이라고 하였다.

스승 류영모로부터 마른하늘에 날벼락 같은 말이 떨어졌다. "박 형, 이젠 나를 찾아오지도 편지를 보내지도 마시오. 이를 말씀을 끊 는다 하여 단사(斷辭)라고 해요. 박 형 맘속에서 들려오는 소리 없는 소리를 듣고서 제소리를 해야 해요." 스승 소리에 놀라 한동안 정신 이 멍하였다. 스승의 말은 한마디로 정신적인 젖떼기(離乳)였다. 어 머니가 아기에게 열심히 젖을 먹이다가 자랄 만큼 자랐으면 인정 없 이 젖을 뗀다. 그것이 사랑하는 자식을 위하는 길이다. 다 자란 아기 에게 늦도록 젖을 빨리면 자식을 바보로 만든다고 한다. 예수가 제 자들이 아직 온전히 자라지 못하였는데도 제자들에게 이르기를 내가 떠나가는 것이 너희들에게 유익하다고 말하였다.

스승으로부터 정신적인 젖을 뗀다는 선언을 받은 나로서는 스승 으로부터 이유할 만큼 성장하였다는 인정을 받은 것이라 기뻐해야 할 터인데, 이제 연세가 높으시어 가르치시는 게 귀찮은가 보다라는 서운한 생각도 드는 것이었다. 석가 붓다가 80살에 쿠시나가라 사라 쌍수 나무 사이에서 숨지기 직전에 찾아온 수바드라를 만나주는 일 을 생각해보았다. 젖떼기는 그것과는 다른 것이었다. 스승의 말씀대 로 앞으로는 스승을 찾지도 글월을 올리지도 않기로 마음을 먹었다. 그런데 나도 모르게 눈시울이 더워져 왔다.

내게는 아직도 풀리지 않는 공안(公案)이 두 가지 있었다. 첫째는 스승의 말씀에 어머니가 낳아준 제나(ego)는 참나가 아니라는 것과 둘째로 이 세상에 죽음이란 없다는 것이다. 알고 보면 이 두 가지 화두(話頭)는 두 가지가 아니고 하나이다. 제나로 죽고 얼나로 솟나면 제나가 참나가 아닌 것을 알게 되고, 얼나는 나지 않고 죽지 않는 영원한 생명이니 죽음은 없는 것이다. 죽을 게 죽는 것은 죽는 것이 아니다. 그런데 이것을 스승께서는 이미 다 가르쳐주었는데 지식으로만 알았지 체험의 깨달음을 이루지 못하였으니 말하자면 죽은 지식에 지나지 아니하였던 것이다. 이를 장자(莊子)는 이렇게 말하였다.

"저 참(얼)은 느껴지고 믿어지나 함이 없고 꼴이 없다. 참(얼)은 준다 해도 스스로 깨달아야지 받지 못한다. 깨달을 수는 있어도 눈으로 보지 못한다(夫道有情有信 無爲無形 可傳而不可受 可得而不可見)." (《장자》대종사편)

스승 류영모가 말하기를 "어머니가 낳아준 몸나(제나)는 참나가 아니다. 가짜 나인 제나(몸나)로 죽고 한얼님이 주시는 얼나로 솟나면 그 얼나가 참나이다." 할 때 얼나에 대한 깨달음이 없으니 전혀 알 수가 없었다. 다음은 장자(莊子)의 말이다.

"한얼님이 하시는 바를 알아 사람이 해야 할 것을 알면 한얼님 아들이 되었다. 한얼님이 하는 바를 아는 이는 한얼님께서 낳은 (아들)이다(知天之所爲 知人之所爲者至矣 知天之所爲者 天而生也).(《장자》대종사 편)

한얼님이 누구신가? 무한 우주(無極)로 계시면서 유한 우주(太極)를 이루시니 한얼님은 무한 우주와 유한 우주 몽땅(전체, 절대)이시다. 사람은 한얼님의 속물인 부분이다. 부분인 사람이 할 바는 온통이신 한얼님을 아는 것이다. 그리하여 부분이 온통으로 돌아가 온통으로 하나 되는 것이다. 이를 아는 것은 한얼님의 생명인 얼나를 받아서이다. 그러니 한얼님이 낳으신 한얼님의 아들인 것이다. 부분인 개체는 나서 죽어야 하고 한얼님의 생명은 얼과 빔으로 영원하고 무한하시다. 류영모는 이렇게 말하였다.

"예수가 말하기를 '내가 길이요 참이요 얼(생명)이니 얼나로 말미암지 않고는 한얼님 아버지께로 올 이가 없다.'(요한 14:6 박영호 의역)고 하였다. 길이 되고 참이 되고 얼이 되는 나(얼나)가 참나인 하나(절대, 온통)의 임(主)이다. 임이 되는 나(얼나)는 이해(利害)에 밝고 기분을 따지고 짜증과 성질을 잘 내고 오만한가 하면 좌절하는 제나(自我, ego)와는 다르다. 그 참나인 임은 온통이요 절대요 하나인 임이다. 이러한 느낌조차도 임이 있어서 그렇게 하는 것 같다. 임이 되는 나는 참나요 얼나인 한얼님이다. 그 임 되는 얼나가 내 맘속에 계신다. 각자(各者)의 내 맘속에 있다. 이 임이 되는 참나(얼나)를 예수도 찾았고, 석가도 찾았다. 예수와 석가를 배우고자 하는 것은 예수, 석가처럼 임이신 얼나를 주일무적(主一無適)하자는 것이다. 지금 당장은 안 될지 모르나 마침내 그 자리에 갈 것이다."(류영모,《다석어록》)

스승 류영모의 단사(斷辭)의 가르침을 좇아 스승을 찾지도 않고 글월도 안 보냈다. 오로지 내 맘속에 소리 없는 소리를 듣고자 기도 하였다. 스승 류영모로부터 일방적으로 단사(斷辭)라는 이유(離乳)를 겪게 되어서 그런지 중국 대륙이 유방으로 느껴지고 거기에 붙은 한 반도가 젖꼭지로 느껴지고 제주도가 젖방울로, 그리고 일본 열도는 젖싸개처럼 느껴지기도 하였다. 그런가 하면 둥그런 하늘이 젖무덤 으로 해와 달이 젖꼭지로 느껴지기도 하였다. 스승 류영모가 저 위에 다 대고 뜸베질을 하라고 하였으니 저 높은 곳을 향하여 열심히 뜸베 질을 하고 호연지기(浩然之氣)의 젖을 빨아 마시었다. 그리고 생각하 면 영감이 떠올랐다. 그것을 노트에 적었다.

헤르만 헤세는 자신의 영성적인 마음의 체험을 이렇게 말하였다.

"체험 그 자체, 곧 번개에 얻어맞은 듯한 깨달음의 상황을 나는 알 고 있으며 몇 번이나 그런 경험을 하였다. 그런 경험은 영성적인 대 가(大家)들에게는 일생 동안 지속되는 것 같다. 영원히 각성된 채 머 문다는 것, 지속적인 존재 형식의 황홀경이란 나로서는 상상할 수 없 는 일이다. 내가 상상할 수 있는 것은 한 번 깨달은 그 다음에는 각 성하는 데 다른 사람들보다 더 쉽게 도달할 수 있다는 것이며, 이러 한 사람은 수면과 무의식 속에 다시 빠져들지만 마음의 섬광(閃光) 이 그를 일깨울 수 없을 정도로 깊이 빠져드는 일은 결코 없다는 것 이다."(김흥호, 《사색》) 헤세는 초입각(初入覺)을 체험한 것이다. 깨달 음이란 참나인 한얼님과의 정신적인 심리적 교통을 말한다. 사람 사 이의 사귐도 깊고 옅은 것이 있듯 한얼님과의 사귐도 깊고 옅음이 있 다. 한얼님과 깊은 영교(靈交)에 들어가려면 제나(ego)를 얼마나 죽이느냐 얼마나 버리느냐에 따른다. 헤르만 헤세는 늙어서도 죽기 전에 아름다운 처녀의 발가벗은 몸을 감상하고 싶다는 말을 한 것을 보면 제나의 수성(獸性)이 늦게까지 살아 있었다. 그래가지고는 구경각(究竟覺)에 이르지 못한다. 이 사람도 초입각은 30살 전에 겪었으나 그 이상 나아가지 못하고 있었다. 단사에 들어가고서는 하루하루가 다르게 정신적인 자람이 있는 듯하였다. 스승께서 바란 것이 이것이 아니었나 생각되기도 하였다. 더 농촌 지역으로 가고 싶어 광명(당시 서면)에서 의왕으로 옮겼다. 옮기고서 아내가 위암으로 세상을 떠났다. 그러나 스승에게 일체 연락 없이 단사를 지키었다. 아내와 사별(死別)을 하고 나니 인생이 달리 보이게 되었다. 그래서 스스로도 임상신학을 하였다는 생각이 들었다. 이제는 근사지심(近死之心)이 아니라 기사지심(旣死之心)에 이르게 되었다. 류영모 스승이 자주 말하던 '안 난 셈치고 살자, 죽은 셈치고 살자'는 말의 뜻을 알게 되었다. 일찍 스승 류영모가 한 말이 있었다. 나 들으라고 한 말인 듯하였다.

"좀 참혹한 이야기인지 모르나 사람이란 세상에서 최후의 불행이라 할 수 있는 홀아비가 되어보아야 신앙을 알기 시작한다. 연애하고 결혼하고 자식 낳고 할 때는 바로 알기 어렵다. 홀아비가 된 뒤에 한얼님을 믿으라는 말은 못할 말이지만 어떤 사람은 장가를 갔다가 아내가 죽자 아내에게 따라갈 수 없으니 신부가 되었다."(류영모, 《다석어록》)

시간의 수레바퀴는 단사하는 동안에도 쉼 없이 굴러가 반 십년이 되었다. YMCA 연경반에서 낯익은 전병호가 의왕 집으로 나를 찾아

왔다. 뜻밖의 일이었다. 전병호의 말이 류영모 선생님께서 박 형이 죽었는지 살았는지 소식이 없으니 찾아보라고 해서 어렵게 찾아왔다는 것이었다. 그동안에 이 사람의 생각을 모아서《새 시대의 신앙》이란 책을 출판한 것을 전병호에게 드리면서 농사 지으며 잘 살고 있으니 걱정 안 하셔도 된다고 말씀 올려 달라고 하였다. 그해 가을 한가윗날에 5년 만에 구기동 스승의 집을 찾았다. 뵙자마자 고별의 인사를 하는 것이었다. "나는 한문보다 우리말 쓰기를 좋아하는데 은혜(恩惠)라는 말 대신에 '힘입어'라고 하고 싶어요. 박 형, 앞으로 한얼님의 힘입어 사시오."라고 하였다. 그리고 이 사람이 지은《새 시대의 신앙》을 잘 읽었다고 하면서 형이하에서 같은 것은 한 가지 동(同) 자를 써야 하고, 형이상에서 같은 것은 합할 합(合) 자를 써야 한다고 말하였다.

그 뒤에 농사하면서 사는 모습을 보고 싶다고 하면서 전병호를 대동하고 의왕 이 사람이 살고 있는 농가를 찾아주었다. 그리고 그 뒤에 우편으로 마침보람(졸업증서)을 보내주었다. 본인 입으로 한얼님에게 인증 받아야지 사람에게 인증 받아서 뭣 하느냐고 주장한 바가 있어 더욱 놀라웠다.

이 사람에게 누가 묻기를 "다석 류영모는 당신에게 누구인가?"라고 하였다. 이 사람은 가볍게 대답해주었다. "류영모는 지난날에는 존경하면서 받드는 스승님이었다. 그러나 지금은 얼나로는 너와 나의 구별이 없는 길벗(道友)이다." 장자(莊子)는 덕우(德友)라는 말을 썼다.

"나와 다석은 스승과 제자가 아니다. 속알 벗일 뿐이다(吳與多夕非師弟也 德友而已矣)."(《장자》덕충부편 참고)

스승 류영모는 자신에게 새해 인사로 큰절 하는 것도 싫어하였다. 그래서 이 사람은 새해 인사로 류영모가 지은 시조를 외웠다. 그러면 기뻐하면서 아멘 하면서 호응하였다. 류영모는 오로지 한얼님만 사랑하고 자랑하고 차랑(행복)하였다. 세배 인사로 절 대신 외운 시조 한 수를 적는다.

하늘로 머리 둔 나는 한아님만 그리옵기
나섬이 기므로 오직 하나이신 님을 이기
섬김에 세운 목숨 그리스도 기름 깊

(류영모)

소중한 머리를 위쪽 하늘로 두는 건 한얼님을 그리워서이다.

이 세상에 나온 것은 한얼님의 은혜라 오직 한웋님을 머리에 인다.
한얼님을 섬기라 내 세운 목숨 한얼님이 주신 얼나가 한얼 아들

(풀이 박영호)

영원한 생명인 얼나를 참나로 깨달은 이는 반드시 우주요 우주의 임자이신 한얼님을 그리워한다. 그리워한다는 것은 생각하는 것이다. 사람이 할 일은 한얼님을 사랑하는 것이다. 한얼님을 사랑함은

한얼님의 뜻을 좇는 것이다. 한얼님의 뜻을 좇는 것은 한얼님이 주신 얼나로 한얼님께 돌아가 '하나'가 됨이다.

예수와 다석

2018년 1월 10일 초판 1쇄 발행

- 지은이 ─────── 박영호
- 펴낸이 ─────── 한예원
- 편집 ───────── 이승희, 윤슬기, 양경아, 유리슬아
- 본문 조판 ───── 성인기획
- 펴낸곳 교양인
　　　　우 04020 서울 마포구 포은로 29 신성빌딩 202호
　　　　전화 : 02)2266-2776 팩스 : 02)2266-2771
　　　　e-mail : gyoyangin@naver.com
　　　　출판등록 : 2003년 10월 13일 제2003-0060

ISBN 979-11-87064-19-0 03100

* 잘못 만들어진 책은 바꾸어드립니다.
* 값은 뒤표지에 있습니다.

이 도서의 국립중앙도서관 출판예정도서목록(CIP)은 서지정보유통지원시스템 홈페이지(http://seoji.nl.go.kr)와 국가자료공동목록시스템(http://www.nl.go.kr/kolisnet)에서 이용하실 수 있습니다.(CIP제어번호: CIP2017034638)